U0517766

商业银行税收的
经济效应研究

Economic Effects of Commercial Banks Taxation

魏　彧◎著

中国社会科学出版社

图书在版编目（CIP）数据

商业银行税收的经济效应研究/魏彧著．—北京：中国社会
科学出版社，2016.5
ISBN 978 - 7 - 5161 - 7816 - 4

Ⅰ.①商…　Ⅱ.①魏…　Ⅲ.①商业银行—税收制度—经济
效益—研究　Ⅳ.①F812.42

中国版本图书馆 CIP 数据核字（2016）第 057836 号

出 版 人	赵剑英
责任编辑	刘晓红
责任校对	周晓东
责任印制	戴 宽

出　　版	中国社会科学出版社
社　　址	北京鼓楼西大街甲 158 号
邮　　编	100720
网　　址	http：//www.csspw.cn
发 行 部	010 - 84083685
门 市 部	010 - 84029450
经　　销	新华书店及其他书店

印刷装订	三河市君旺印务有限公司
版　　次	2016 年 5 月第 1 版
印　　次	2016 年 5 月第 1 次印刷

开　　本	710×1000　1/16
印　　张	20
插　　页	2
字　　数	309 千字
定　　价	76.00 元

凡购买中国社会科学出版社图书，如有质量问题请与本社营销中心联系调换
电话：010 - 84083683
版权所有　侵权必究

摘　　要

　　2008年爆发的国际金融危机重创了全球经济。学者们在反思金融危机爆发原因的同时，认为应借助税收政策工具抑制金融机构风险，加强金融机构监管，保持宏观经济稳定。由此可见，商业银行税收政策业已成为政府与学界重点关注的议题。

　　在金融业成为推动国民经济发展主导力量的同时，经济金融化也给我国国民经济发展带来负面影响，如储蓄水平偏高、间接融资比例高、结构失衡、流动性过剩与收紧交替、金融市场波动幅度过大等一系列金融问题。更引起我们关注的是，我国金融体制仍然落后于实体经济甚至经济整体的市场化进程，而实体经济的发展也受制于落后金融体制，如小微企业融资难、借贷成本高等。同时，银行业的进一步发展还面临着利率管制、同质化竞争严重、银行存差规模逐年扩大等问题。这些都给银行业税收研究带来了新的研究点与挑战。对于商业银行而言，在微观方面，税收对商业银行融资行为、信贷行为以及经营绩效有何具体影响，税收因素在商业银行存贷差扩大和银行信贷保守行为中起到什么作用；在宏观方面，银行发展与宏观经济发展的关系如何，商业银行税收对经济结构的影响如何；面对"后危机时代"复杂多变的金融经济环境，我国应如何制定兼顾税收中性与宏观调控原则的商业银行税收政策？上述问题的解答对于我国银行业乃至宏观经济的协调与发展都是至关重要的。基于此，本书力图从理论与实证角度对上述问题进行系统的研究与探索，为政府制定商业银行税收政策提供参考。

　　全书共分为八章，由商业银行税收理论分析模块、商业银行税收实证分析模块、商业银行税收政策优化模块组成。第一章为导论，主要介绍本书的研究背景、研究思路、研究方法与主要结论。第二章为商业银行税收经济效应基础理论分析，这是全书分析的理论逻辑起点。第三章至第七章为实证分析，其中第三章至第五章为商业银行税收微观经济效应实证分析，分别考察了税收对银行融资行为、信贷行为以及经营绩效的影响；第六章与第七章为商业银行税收宏观经济效应实证分析，分别考察商业银行税收对经济发展与经济结构的影响。第八章为政策分析，主要对商业银行税收经济效应进行综合评价并提出促进银行业发展的税收政策优化路径。

第一章，导论。本章主要包括研究背景与研究意义，文献回顾与述评，本书所采用的研究方法，结构安排与主要结论，以及指出本书可能的创新与不足。

第二章，商业银行税收的经济分析基础与理论框架。本章采用规范分析方法，首先，对商业银行进行一般性分析，考察了商业银行性质以及存在的微观基础；其次，分析商业银行的课税机理；最后，从微观与宏观两个层面，详细阐述商业银行税收经济效应，为后文的实证分析提供理论依据。

第三章，商业银行税收微观经济效应：基于资本结构的实证分析。本章从微观层面分析商业银行融资行为，首先基于信贷市场不完善和持续经营假设，构造数理模型分析商业银行融资成本决定因素；其次进一步考虑银行存在破产的可能性，运用欧式期权定价模型衡量商业银行破产成本，从权衡理论视角考察税率变动对商业银行融资策略的影响；最后利用我国上市银行数据进行实证检验。

第四章，商业银行税收微观经济效应：基于信贷行为的实证分析。本章从微观层面分析银行信贷行为，构建数理模型阐明商业银行税收对银行信贷行为的影响，并利用我国上市银行数据进行实证检验，从税收角度解释银行存贷差扩大的原因。

第五章，商业银行税收微观经济效应：基于银行经营绩效的实证分析。本章结合税收对商业银行融资行为和信贷行为的影响，考察税收对银行经营绩效的影响。首先构建科学、规范的商业银行经济绩效评级指标体系和评价方法，在此基础上从所有制结构差异性视角对上市银行经营绩效进行综合评价，进而探讨商业银行税收对商业银行经营绩效的影响。

第六章，商业银行税收宏观经济效应：基于经济发展的实证分析。在微观分析的基础上，本章从宏观层面考察了商业银行税收对经济增长与经济波动的影响。在经济增长方面，通过所构建的包含银行部门和价格黏性的动态一般均衡模型刻画商业银行税收通过银行信贷系统影响资金供求双方，并最终对经济增长产生影响的传导机制。并在数理模型推导的理论预期的基础上，采用联立方程系统模型考察商业银行税收、信贷扩张与经济增长之间的联动关系。在经济波动方面，继续沿用商业银行税收一般均衡分析框架，构建向量自回归模型，通过脉冲响应，实证分析商业银行税收、信贷与经济波动的关系。

第七章，商业银行税收宏观经济效应：基于经济结构的实证分析。本章着重从产业结构与区域经济结构视角考察商业银行税收对经济结构变化的影响。一方面基于中国投入产出表，测算了金融业实施"营改增"后，金融业增值税的税负平衡点，以此为基础评估"营改增"后金融业及其关联产业减税规模与税收收入变化趋势。另一方面实证分析了商业银行税收对区域经济发展差异的影响。

第八章，商业银行税收经济效应评价与优化路径选择。依据前文的理论分析、实证分析，对我国商业银行税收经济效应进行综合评价，并在此基础上，提出了商业银行税收政策的优化路径。

本书在借鉴已有研究成果的基础上，对商业银行税收经济效应论题进行了一定的拓展与深化，可能的创新主要体现在以下几个方面：

1. 理论分析的探索性

商业银行税收政策通过左右商业银行及其他微观经济体的经济行为影响信贷市场均衡，最终影响宏观经济运行，其作用与传导是一个复杂的过程。本书综合运用宏观经济学、微观经济学、金融学和税收学等理论工具，构建了引入商业银行税收政策变量的三部门（家庭、企业、商业银行）连续时间经济增长模型，逻辑推导出商业银行税收机制的作用机理，全面阐释了商业银行税收对微观经济、宏观经济（经济发展与经济结构）的作用路径与效应。从而构建了商业银行税收经济效应的理论框架，促进了金融理论和税收理论的融合与创新。

2. 数理模型的拓展性

（1）微观数理模型的拓展。拓展了衡量商业银行破产成本的卖方欧式期权模型，阐明所得税发生变化时商业银行融资策略选择的数理机理；拓展了在所得税与银行贷款损失弥补条件下，阐释商业银行信贷行为的数理模型。

（2）宏观数理模型的拓展。进一步引入垄断等因素拓展连续时间经济增长模型，用以阐明家庭、企业以及商业银行的最优行为所达到的竞争性均衡时，商业银行税收宏观经济效应的数理机理。

3. 实证分析的延伸性

（1）税收对银行微观经济行为的影响。应用面板数据模型，得出了所得税确实会提高银行资产负债率，导致银行资本结构非对称调整，流转税与所得税都会扭曲银行信贷行为，导致银行存差规模扩大的实证结论。

（2）商业银行经营绩效的评价。从盈利性、流动性、发展能力、资产安全四个维度构建三级商业银行绩效评价指标体系，运用主成分法对银行经营绩效进行综合评价并分析了银行绩效的影响因素，实证结果显示非国有银行绩效水平排名较高，而国有银行盈利性和安全性较高，税收因素会降低银行绩效水平。

（3）商业银行税收的宏观经济影响。①在含银行部门和价格黏性的一般均衡模型基础上，本书采用联立方程组模型得出了商业银行税收、信贷规模与产出之间存在双向因果关系，以及商业银行税收会降低社会总产出水平的实证结论。②应用向量自回归模型分析商业银行税收与经济波动的联动效应，实证结果表明商业银行税收能够通过直接与间接两种方式影响经济波动，且都具有一定的滞后效应。③构建投入产出模型测量金融业"营改增"效应，金融业"营改增"税负平衡点为7.4%，发现"营改增"不仅能够降低金融业的税负，而且与金融业相关联的17个行业的增值税税负都有所下降。

4. 对策研究的应用性

通过对全额征收法、简易征收法、抵扣法和现金流量法四种银行业增值税征收方法进行比较分析，为我国制定银行业的"营改增"提供参考。

关键词： 商业银行　税收　经济效应　政策优化

Abstract

In 2008, the international financial crisis hit the global economy. Scholars reflect on the reasons for the financial crisis and consider that tax policy should suppress the risk of financial institutions, strengthen the supervision of financial institutions, and maintain macroeconomic stability. Thus, government and academia focus on the issue of commercial bank tax.

The financial industry become the leading force in promoting economic development, while economic and financial development of the national economy also have negative impacts, such as the high level of savings, the high proportion of indirect financing, structural imbalances, excess liquidity and tighten alternately and a series of financial problems. We are more concerned about is that our financial system is still lagging behind the real economy, even the process of market economy as a whole, such as the financing difficulties of small and micro enterprises, higher borrowing costs. Meanwhile, the further development of the banking sector also faces interest rate controls, serious homogenization of banking competition, expanding the size of the difference between deposits and loan. All these have brought new research studies point and challenges of banking tax. For commercial banks, in the micro level, how taxes affect the behavior of commercial bank financing, credit behavior and business performance; how taxes affect commercial bank deposits and loans be widened; what is the role of bank in the conservative behavior of bank credit. In the macro level, what is the relationship between bank development and macroeconomic development? When facing the complex " post – crisis era ", if we taking into account the tax neutral and macro – control principles, how to develop tax policy of commercial banks? It is essential for the coordination of macroeconomic and development of China's banking industry. Based on this, from theoretical and empirical point of view, the paper tries to study these issues systematically to provide reference for the government to develop commercial bank tax policy.

Doctoral dissertation is divided into eight chapters, making up for commercial bank tax theory analysis module, empirical analysis module and commercial banks tax policy optimization module.

The first chapter is an introduction, which describes the research background, research ideas, methods and main conclusions. The second chapter is the theoretical analysis of commercial bank tax economic effects, which is the logical starting point for the full text of the theoretical analysis. The third chapter to seventh chapter is the empirical analysis, in which the third chapter to the fifth chapter is the micro – economic effects of the commercial banks taxation empirical analysis. Sixth chapter and seventh chapter is the macroeconomic effects of commercial bans tax empirical analysis, Chapter eight is policy analysis, which is comprehensively evaluate the economic effects of tax commercial banks, then promote the banking industry to optimize the path of development.

The first chapter is Introduction. This chapter includes research background and significance, research methods literature review and commentary, the structure arrangements with the main conclusions, and noted the innovation and inadequate.

The second chapter is the economic analysis of commercial banks taxes. Using standard analysis method, this chapter firstly generally analyze of commercial banks, investigate the nature and basis of the existence of microscopic; Secondly, analyze the mechanism of taxation of commercial banks; Finally, both in micro and macro levels, elaborate commercial banks tax economic effect, providing a theoretical basis for the empirical analysis of the text.

The third chapter is the micro – economic effects of commercial bank tax. Based on the empirical analysis of the capital structure, this chapter analyzes the micro – level commercial bank financing behavior. First based on the assumptions of credit market imperfections and continuing operations, this chapter construct mathematical model to analyze the determinants of commercial bank financing costs; further considering the possibility of the existence of bankrupt banks, this chapter use the European option pricing model to measure the commercial bank bankruptcy costs, from the view of trade – off theory, investigate the changes on commercial bank financing strategy from the perspective of the tax.

The fourth chapter is about micro – economic effects of taxation of commercial banks. This chapter analyzes the behavior of bank credit from micro – level, then construct mathematical models of commercial banks to clarify the tax impact on bank credit behavior and use of China's listed banks empirical data to explain the reasons for the difference between the expansion of bank deposits from a tax perspective.

Fifth chapter is about micro – economic effects of taxation of commercial banks. This chapter combines the impact of taxation on the financing behavior and credit behavior of commercial banks, examining the impact of taxation on banks operating performance. Herein we build a scientific, standardized performance rating index system and evaluation methods of commercial banks economy. Based on this difference from the perspective of the ownership structure of listed banks, we comprehensively evaluate the operating performance evaluation; then discusses the impact of commercial bank taxation on the operating performance.

Sixth chapter is about commercial bank tax macroeconomic effects. On the basis of microscopic analysis, this chapter examines the impact of commercial banks taxation on economic growth and fluctuations in the macro level. In terms of economic growth, we construct the dynamic general equilibrium model with the banking sector and price stickiness and portrayed commercial bank tax impact both supply and demand of funds through bank credit system, and ultimately have an impact on the economic growth. And in the theoretical mathematical model, using the system of simultaneous equations model, we analyze the linkage between the study commercial bank taxes, credit expansion and economic growth. In the terms of economic fluctuations, we continue to use tax general equilibrium analysis framework, then analyze the relation commercial bank tax, credit and economic fluctuations, by building VAR model, through impulse response.

Seventh chapter is about economic structure effect of commercial bank tax. We focused on the impact of commercial banks taxation on change the economic structure of the region from the perspective of industrial structure and economic structure. On the one hand, based on the Chinese input – output tables, we estimates the financial industry VAT tax balance as the financial industry implementation of the "BT to VAT", and then assess "BT to VAT" the financial industry and its related industries tax scale trends and tax revenues. On the other hand, we also have empirical analysis of the impact of taxation on the difference between commercial banks to regional economic development.

Chapter eight is about the evaluation of the economic effects of commercial banks tax and the optimization path. Based on the foregoing theoretical analysis and the empirical analysis, we build a comprehensive evaluation of the economic effects of China's commercial banks taxation; and on this basis, proposed path of the commercial banks to optimize tax policy.

Herein drawing on existing research results, Doctoral dissertation expansion and deepening the economic effects of the tax on commercial bank. The possible innovations are mainly reflected in the following aspects:

1. exploratory theoretical analysis

The transmission mechanism of commercial bank tax economic effect is a complex process. This paper uses macro and micro economics, finance and taxation science and other theoretical tools. Introducing commercial banks tax, we build up three sectors (households, businesses, commercial banks) continuous – time model of economic growth and to derive the logic commercial bank tax mechanism and promote the integration and innovation of financial theory and tax theory.

2. develop mathematical models

(1) Expand the microscopic mathematical model. We expand the measure of the cost of commercial bank failures seller European option model, to clarify the mechanism of commercial bank financing mathematical strategies; also expand commercial bank credit mathematical models, on the conditions of the income tax and loan losses at the bank to make up.

(2) Expand the macro mathematical model. We introduce of monopoly factors to further expand continuous – time economic growth model to clarify macroeconomic effects mathematical mechanism of commercial banks tax.

3. The extension of empirical analysis

(1) The tax impact on the bank microeconomic behavior. Applications panel data model, we obtained tax does raise bank debt ratio, resulting in the bank's capital structure asymmetric adjustment; and turnover tax and income tax would distort the behavior of bank credit, leading to expand the scale of bank deposits and poor.

(2) Commercial bank operating performance evaluation. We construct of three performance evaluation index system of commercial banks from profitability, liquidity, capacity development, asset security in four dimensions. Using principal component analysis on a comprehensive evaluation of the performance of banks and analysis of the factors, the empirical results show that non – state Bank ranked higher level of performance, while the state – owned bank profitability and high security, tax factors will reduce the level of bank performance.

(3) The macroeconomic impact of commercial bank taxation. ①Based on a general equilibrium model including the banking sector and price stickiness, this paper uses the simultaneous equations model yields a commercial bank tax, Credit and output have two – way causal relationship, as well as commercial banks taxation will reduce the total output. ②We use VAR model to analyze linkage effects of commercial bank tax and economic fluctuations. Empirical results show that commercial banks taxation through direct and indirect are two ways to economic fluctuations, and have a certain lag effect. ③We construct input – output mode to measure the financial sector "BT to VAT" effect, find that equilibrium point increase in the tax burden of 7. 4% , "BT to VAT" is not only able to reduce the tax burden of the financial industry, but also with 17 sectors of the financial industry associated with VAT tax have declined.

4. Strategies applicability

Through the full banking VAT collection methods, such as a simple collection method, the deduction method and the cash flow method, this provide a reference for the development of "BT to VAT" .

Key Words: Commercial Bank   Tax Policy   Economic Effects Policy Optimization

目　　录

第一章 导论

第一节 研究背景与研究意义

一 研究背景

2008 年下半年爆发的国际金融危机重创了全球经济。在雷曼公司破产前的一年内全球股市一共减少 160000 亿美元的市值，而雷曼公司倒闭之后的 10 周内，全球股市跌幅超过 50%，共蒸发 350000 亿美元市值，大约相当于 2008 年全球 GDP 的 2/3。面对金融危机所造成的巨大危害，经济学界对此次金融危机的根源做了诸多解读，认为其导因在于美国房地产市场泡沫以及在此基础上高杠杆的金融衍生工具的泛滥，还有政府监管缺位。学者们在反思金融危机爆发原因的同时，认为应借助税收政策工具调控金融产业进而抑制金融机构风险，加强金融机构监管，保持宏观经济稳定。于是一系列针对调控商业银行金融活动的税收政策，如"银行税"、"银行家红利税"、"金融交易税"、"金融稳定贡献金"、"金融危机责任费"等，被提出或者付诸实施。上述有关银行税收政策提出的目的，有的出于维护金融系统的稳定性，惩罚"大而不倒"的银行金融机构依靠政府给予的"隐形保险"滥发行金融工具，攫取大量社会财富；有的出于弥补政府为了处理金融危机而先行垫付的各种成本，或者用以支付将来任何政府金融危机救助计划；也有的基于更为宽泛的社会成本与收益、公平与效率机制来调整银行等金融机构收益及其高管的薪酬激励。由此可见，各国政府与学者对加强银行等金融机构监管，抑制金融风险的税收政策给予了很大的期望。

在当今这个经济金融化、金融全球化的时代，作为现代经济金融核心的银行业与税收的关系从来没有像今天这样密切，税收政策作为影响银行运行的主要成本之一，几乎影响到商业银行所有经营与发展决策，并在决策过程中发挥着重要作用，商业银行税收不仅是政府收入的重要来源，也是政府促进区域经济发展、优化经济结构、调控宏观经济的重要政策工具。因此，商业银行税收政策是否科学合理，是否符合经济发展规律，不仅直接影响一国金融与经济健康平稳发展，而且也会影响到全球金融稳定。然而，银行机构融资的高杠杆性，金融产品与服务的虚拟性，以及银行业成本与收益的不匹配性与风险性等一系列特征对税收政策的制定提出了更高的要求：一方面，为了促进银行业的健康发展，需要一个"中性"甚至较为"宽松"的税收环境；另一方面，金融创新以及金融衍生品的不断涌现，对于税收政策制定、调控以及征收管理等均提出了更高的要求。这都需要税收理论与制度的研究方面与时俱进，不断创新，不断突破。

自改革开放以来，我国适应市场经济体制的银行已初步形成，整体银行业实力不断壮大，银行在参与宏观调控、支持国民经济发展等方面发挥着举足轻重的作用。在短短的 30 多年中，已经打破由计划经济时代下中央银行既办理银行具体业务又行使中央银行职能的"大一统"银行格局，发展到中央银行与商业银行并存，商业银行中国有大型商业银行、中小股份制商业银行、城市商业银行、农村信用合作社以及外资银行相互竞争相互发展的银行体系。2013 年金融产业增加值增速累计达 10.2%，银行的快速发展所带来的经济货币化、金融化已经成为我国经济发展的显著特征。然而，伴随着我国经济的不断发展和融入全球化进程的不断深入，经济金融化也给我国国民经济发展带来负面影响，如储蓄水平偏高、间接融资比例高、结构失衡、流动性过剩与收紧交替、金融市场波动幅度过大等一系列金融问题。更引起我们关注的是，我国金融体制仍然落后于实体经济甚至经济整体的市场化进程，而实体经济也受制于落后金融体制，如小微企业融资难、借贷成本高等。同时，银行业的进一步发展也面临着利率管制、同质化竞争严重、银行存差规模逐年扩大等问题。这些都给银行业税收研究带来了新的研究点与挑战。对于商业银行而言，在微观方面，税收对商业银行融资行为、信贷行为以及经营绩效有何具体影响，税收因素在商业银行存贷差扩大和银行信贷保守行为中起到什么作用；在宏观方面，商业银行税收、银行发展与宏观经济发展和稳定的关系如何，商业银行税收对经济结构的影响如何以及商业银行税收通过何种传导路径影响整个宏观经济；我国应如何制定兼顾税收中性与宏观调控原则的商业银行税收政策？上述问题的解答对于我国银行业乃至宏观经济的协调与发展都是至关重要的。本书力图从理论与实证角度对上述问题进行系统性的研究与探索，为政府制定商业银行税收政策提供参考。

二　研究意义

在上述研究背景下，银行税收政策对促进银行业发展、经济结构优化、经济发展等方面具有不可替代的重要作用，因而深入探讨银行税收政策对整个经济系统的影响机制，实证评估银行税收政策经济效应，探索我国银行税收政策优化路径，具有十分重要的理论与实践意义。

（一）理论意义

1. 有利于完善银行税收政策理论分析框架

商业银行税收具有微观与宏观经济效应，而国内外学者的研究较为分散且不系统，本书力图构建商业银行税收经济效应完整理论分析框架。

在微观经济方面，当前西方学者已经将银行微观理论与税收经济学相结合，考察税收环境下商业银行的经济行为，而国内相关理论研究还仅仅停留在商业银行税收政策与制度分析层面。因此，本书力图结合西方理论与我国国情，分析税收对我国商业银行经营行为的影响，实现税收学与金融学的融合发展。

在宏观经济方面，国外考察商业银行税收经济效应的文献，大多数基于西方成熟的金融市场，其税收传导路径与正处于转轨期的中国而言有很大不同，不能拿来直接应用；而国内文献对银行税收宏观经济效应的研究往往限于税收政策评估与实践方面，研究比较分散且不系统，并没有充分运用宏观经济学基本理论对银行税收进行更深层次的探讨。本书力图结合内生经济增长理论与商业周期理论考察商业银行税收宏观经济效应，完善商业银行税收宏观经济传导机制。

2. 有利于推进商业银行税收经济效应实证研究

国内有关银行税收政策的实证研究，要么选取上市银行样本，要么对银行业整体进行分析，采用的方法多是面板数据与截面数据分析，缺乏将两者结合起来。而本书不仅从微观视角以全体上市银行为样本，而且从宏观视角选取我国改革开放以来宏观经济数据，并在个体和时间两个维度下考察银行税收经济效应，丰富了商业银行税收经济效应的实证研究。

（二）实践意义

自 2012 年"营改增"试点启动以来，现在已经进入税制改革的关键时期，依据财政部、国家税务总局下发的《关于印发〈营业税改征增值税试点方案〉通知》（财税〔2011〕110 号），以及"十三五"规划纲要中提出"全面完成营业税改增值税改革"，2016 年 5 月 1 日起，金融业纳入"营改增"试点范围。而银行业所缴纳的营业税占到整个金融行业所缴纳营业税的五成以上[①]，从减税效应来看，营业税改增值税对商业银行自身的影响很大。同时银行业"营改增"也涉及减税的规模效应，即大量从商业银行获取贷款、担保、金融咨询等金融服务的企业由于银行业纳入"营改增"试点，获得进项税抵扣，而降低关联行业税收负担，如税制改革难免影响到房地产的发展以及政府对房地产政策调控的有效性。国内鲜有文献测算我国金融业"营改增"的政策效应，而本书对金融业"营改增"减税效应进行测算评估，并提出前瞻性的政策建议。这对准确把握金融业"营改增"税收负担的变动以及对关联产业的影响，提高财政政策宏观调控效率，促进金融业持续健康发展具有重要的实践意义。

第二节　文献回顾与文献述评

本节的文献主要对有关商业银行税收经济效应进行纵览性回顾，

---

① 对《中国税务年鉴》相关税收数据的统计分析得到。

并做出简要述评。而其后各章的文献主要针对每一章所探讨的商业银行税收经济效应主题，进行详尽介绍和阐述。

一　文献回顾

国内外学者对于商业银行税收经济效应的研究成果较多，既有从微观视角通过局部均衡分析考察税收对商业银行融资行为、信贷行为以及银行绩效的影响，也有从宏观视角通过一般均衡框架分析商业银行税收对整个宏观经济系统的影响；既涉及商业银行税收理论分析，又包含国内外商业银行制度分析。由此，我们将从规范分析、经验分析以及制度分析这三个视角分别对商业银行税收文献进行纵览性回顾。

（一）规范分析

本部分主要从规范分析的视角对商业银行微观与宏观经济效应相关文献进行整理。微观研究层面，学者们探讨了税收对商业银行经营行为的影响。银行融资行为方面，自 20 世纪 70 年代将资本结构理论引入金融业中，西方学者利用新古典微观经济分析考察商业银行投融资决策。Klein（1971）最早提出了银行企业论（Theory of the Banking Firm）的观点。国外学者考察税收对银行资本结构的影响时普遍认为，与一般企业类似，商业银行的负债水平（储蓄存款数量）与市场价值正相关，因而企业所得税确实对商业银行有着负债融资的激励效应，尤其是高杠杆的融资特性使得银行资本结构更容易受到税收政策的影响，这也相应加剧了商业银行的财务风险（Karaken and Wallace，1978；Maisel，1981）。银行信贷行为方面，随着以产业组织理论和信息经济学为基础的微观银行学不断发展，20 世纪末以来，西方学者尝试将税收理论与银行微观理论相结合，探讨税收与银行贷款成本的关系。大多数研究结论都认为所得税对银行信贷行为几乎不会产生扭曲影响，具有税收中性的特征，而间接税却对银行信贷的扭曲作用较大（Anatoli Kuprianov，1997）。随着金融业在国民经济发展中的重要性得以体现，我国学术界对商业银行税收理论的研究成果逐渐增多，研究范围也涵盖了银行经营行为的各个领域。在国外学者研究的基础上，李文宏（2004）的博士学位论文首次较为系统地阐述了中国银行业的税收扭曲效应，作者在银行利润最大化条件下考察了营业税与企业所得税对银行最优信贷供给的影响，得出了营业税降低银行最优信贷水平，扭曲了银行信贷行为，而企业所得税并不会影响银行信贷行为的结论。薛薇（2011）从产业组织理论的角度，在考察营业税与企业贷款行为的关系时也得出了与上述研究较为一致的结论；然而作者在考察企业所得税对银行贷款成本的影响时却得出了与上述学者相反的结论，即"所得税非中性"，如果银行贷款利率不能完全弥补因税收而增加的贷款成本，那么银行就会承担部分企业所得税税收负担，最终导致商业银行信贷成本增加，这样一来，所得税同样具有税收扭曲效应。此外，国内学者也研究了税收对银行绩效水平的影响，大部分学者得出税收负担确实降低了我国银行绩效水平的结论。路君平、汪慧姣（2008）认为，银行业税收负担过重限制了银行盈利能力的发挥，降低了银行抵抗风险以及价值创造能力。童锦治、吕雯（2010），李文宏、赵睿璇（2011）也基本赞同上述观点，认为税收负担的降低会改善银行绩效。

宏观研究层面，大量国外文献涉及包括商业银行在内的金融发展与经济发展之间的相互关系，而直接研究包含商业银行税收在内的金融税收与宏观经济关系的相关文献较少。Roubini 和 Sala-i-Martin（1995）考察金融抑制、逃税与长期增长之间的关系，认为对于一些逃税严重或财政收入不足的国家，政府会通过加强金融管制以获得更多的铸币税收入，该政策使商业银行的效率进一步降低，因而金融抑制与逃税、高通胀与低增长相关联。宏观经济波动方面，西方学者在DSGE 框架下对税收政策效应以及传导机制的研究较多，而对于特定的商业银行税收宏观经济效应及其传导机制的研究并没有涉及。大部分学者得出了扭曲性的税收导致经济波动，确实降低社会总产出的结论（Braun，1994；Baxter 和 King，2001；Fatás and Mihov，2001）。Jonsson and Klein（1996）发现扭曲性的税收冲击可以解释瑞典战后经济波动的部分典型事实。Susan Yang（2005）构建包含扭曲税收的RBC 模型，发现如果政府所实施的税收政策能够被经济体预见，那么在政策实施初期，投资、消费以及社会总产出等宏观经济变量相应下降。Mountford 和 Uhlig（2009）的研究也得出相似的结论。国内探讨金融税收政策效应的文献较多，而直接考察商业银行税收宏观经济效应的文献比较少，闫肃（2012）比较详尽和系统地分析了金融业税收经济效应，从宏观层面上考察了税收、金融发展与经济增长之间的关系，得出税收与经济增长之间的相关性不足的结论，但作者并没有进一步明确金融税收对经济增长的传导机制。商业银行税收与经济波动方面，尹音频（2000）探讨了课税影响金融行业自身、金融市场等进而产生金融风险的机理，认为金融税收通过储蓄投资转化、金融体系扩散到经济体系这两个途径影响经济发展水平。

（二）经验分析

在上述商业银行税收经济效应理论研究的基础上，国内外学者通过实证研究检验上述理论的正确性，并揭示变量之间的数量关系。

微观研究层面，国外学者们更多地将税收作为影响商业银行经营行为的因素看待，银行资本结构方面，大部分实证研究也印证了规范分析中存款利息所得税税前扣除增加商业银行债务税盾收益的结论（Maisel，1981；Marcus，1984）。Orgler 等（1983）发现企业所得税通过影响银行边际投资收益税后报酬以及存款收益水平，最终导致商业银行最优资本结构发生变化。2008 年全球金融危机之后部分国外学者对企业所得税诱导商业银行过度杠杆化的问题进行了广泛而深入的探讨（De Mooij，2011；Feld et al.，2011）。Michael 和 Moody（2012）认为所得税对于债务利息减免的规定导致银行债权资本与股权资本的相对成本发生变化，银行权衡金融监管约束与所得税激励后，做出最优的融资决策，作者的实证研究发现，尽管面临金融危机后越来越严格的金融监管，所得税对于负债融资的激励效应仍旧存在，推动银行杠杆比率不断上升。该结论的政策含义在于，仅仅依赖《巴塞尔协议》条款对金融企业资本进行监管是远远不够的，必须通过相应的税收政策加以调节。在此基础上，Keen 和 De Mooij（2012）探讨了企业所得税债务融资偏置对商业银行杠杆率的影响。实证研究结果显示，企业所得税对商业银行混合型金融工具的影响较弱；资产规模较大的商业银行对课税变化不敏感。在考察商业银行融资行为后，部分学者也进一步研究税收与信贷行为的关系，但是直接研究税收与银行信贷行为的实证文献较少，更多的文献是从信贷关系来分析银行税负转嫁的问题。Hemmelgarn 等（2010）的实证研究认为，市场竞争以及银行市场力量强弱决定了其税收负担归宿，即使是在高度垄断的、极度缺乏竞争的市场环境中，商业银行都不可能将税收负担完全转移给客户承担。Lockwood 和 Benjamin（2010）探讨了储蓄中介以及银行支付服务的最优税制问题，在外生的金融中介服务成本差异条件下，原则上不应该对储蓄征税。在借鉴国外学者实证研究的基础上，国内学者对商业银行税收政策的实证研究也逐渐增多。融资行为方面，国内学术界更多地考察所得税债务"税盾效应"与银行融资行为的关系。所谓的"税盾效应"是指银行债务利息可以作为银行经营成本而在税前扣除，从而免缴部分所得税，陈雪芩（2011）认为，考虑到银行资本监管，债务融资税收利益并不会一直增加，在权衡税收利益与债务风险后，银行必定存在一个最优的杠杆比率，作者的研究结果暗示了金融危机后各国加强对金融机构的监管在一定程度上遏制了商业银行过度杠杆化的趋势。银行信贷行为方面，大多数国内学者的实证研究得出流转税确实对银行信贷产生扭曲效应，而所得税却无扭曲效应的结论。辛浩等（2007）以 14 家商业银行为样本构建面板数据模型，实证结果发现营业税与银行信贷资产比率显著负相关，而所得税却与银行信贷无显著相关性，表明营业税确实扭曲了银行信贷，而所得税却无扭曲效应。赵以邗等（2009）实证研究也支持了上述结论，发现营业税确实会降低银行贷款数量，导致存贷差扩大。闫肃（2012）考察了金融业税收的信贷扩张效应，发现直接税与银行信贷规模的相关性较小，而间接税抑制银行信贷规模扩大，具备税收扭曲效应。经营绩效方面，国内大多数文献得出税收对银行绩效有负面影响的结论（李伟、铁卫，2009；童锦治、吕雯，2010；陈宝熙、舒敏，2010；黄颖倩、饶海琴，2012；徐洁、吴祥纲，2013 等）。李庚寅、张宗勇（2005）从市场结构角度出发，发现股份制银行税收负担变化对绩效影响的敏感程度要高于国有银行。路君平、汪慧姣（2008）发现实际税率对银行绩效有着显著负向影响。舒敏、林高星（2010）考察税制对中小银行"盈利性、流动性、安全性"的影响，得出了与上述学者较为一致的结论。李珂（2012）的实证研究也发现我国针对农村金融机构的税收优惠政策提升了相关农村金融机构的盈利能力。

宏观研究层面，在 2008 年前，西方国家奉行"金融自由化"的发展战略，认为税收因素并不是影响金融体系的核心因素，因而对经济发展的影响较弱。而全球金融危机的爆发使得国内外学者们重新审视了税收政策在银行债务与金融风险中的作用以及对宏观经济的影响。Slemrod（2009）考察了金融机构面对税率和金融监管所做出的一系列决策，认为企业所得税增加了金融业的整体风险，导致宏观经济波动。Mooji 和 Keen（2013）在实证研究债务节税收益与金融风险的关系时，发现所得税确实导致银行过度杠杆化，从而显著提升了金融危机爆发的可能性。也有国外学者从更加宽泛的角度探讨财政体制、金融体制与宏观经济的联系，认为发展中国家政府财力不足、金融体制也不完善，政府为了弥补财政收支缺口，不得不加强对金融机构的干预，导致金融效率下降，金融对经济发展的贡献较低（Roubini and Sala－i－Martin，1995；Rigja and Valev，2004；Acemoglu et al.，2006；Huang and Lin，2009）。与西方国家成熟的市场经济体系不同，我国正处于转轨期，金融体系与金融制度处在不断发展与完善过程中，随着金融业在国民经济发展中的重要性不断提升，在借鉴西方学者研究基础上，国内学术界对金融业税收实证研究也逐渐增多，形成了丰富的研究结果。总体而言，国内学者更多地侧重于银行税收政策方面研究，涉及商业银行税收的宏观经济效应方面的文献较少。闫肃（2012）基于 VAR 模型考察了税收、金融与经济增长之间的关联性，由于作者采用的变量为税收总额指标，导致税收与金融产业增加值之间的相关性较弱，最终得出税收与经济增长之间不存在因果关系的结论。也有部分学者从财政体制变革的角度分析了金融深化与经济发展的关系，认为我国分税制改革导致地方政府财政收支压力增大，政府为了提升不断下降的财力，加大对金融干预，不仅整体上降低金融发展对经济发展的贡献程度，而且也会导致沿海发达省份与内陆欠发达省份之间存在金融发展异化的趋势，进一步加剧了地区间经济发展的不平衡性（张军、金煜，2005；陈刚等，2006；尹希果等，2006；张璟、沈坤荣，2008；姚耀军，2010；王定祥等，2011）。

（三）制度分析

国内外关于商业银行税收制度方面研究的文献主要集中在反金融

危机的商业银行税收政策工具选择以及我国商业银行税制优化这两个方面。

1. 反金融危机的商业银行税收政策工具

在 2008 年全球金融危机后,通过反思金融负外部性、金融风险对实体经济所造成的巨大危害,学者和政策制定者积极探索渡过金融危机的税制改革,提出了名目繁多的金融业税制改革方案,如金融交易税、银行税、银行保险税、银行薪酬税等。上述各种税改方案都与目前实施的主体税种有着千丝万缕的联系,金融交易税中有着托宾税的影子并与我国营业税同源,银行薪酬税等实际是调整金融高管薪酬的特殊个人所得税形式,银行保险税其实是一种行业保险费用,而与上述金融税制相比,银行税则是一个全新的税改方案(徐为人,2011)。[①]

银行税的雏形是英国首相在 2009 年二十国集团峰会(G20)上提议征收的"全球金融税",国际货币基金组织(IMF)在综合计划征收银行税的各国提议后,最终形成了以全球所有银行和金融机构为征税范围的银行税体系。英国接受了 IMF 的提议,成为世界上首个开征银行税的国家。征收银行税的目的在于限制"大而不倒"的金融机构追求高回报、过度承担风险的行为以及弥补在金融危机中救助某些金融机构所付出的财政成本。银行税计税依据为引发金融风险的负债,但对于银行核心资本与支付保险的负债项目予以扣除。银行税税率设计既要反映政府为救助金融机构所支付的成本,又要反映银行因政府救助而获得的收益,同时金融机构对系统性风险的反映和破产可能性也要影响税率的变动。基于此,英国最终确定了 2011 年银行税的税率为 0.05%,针对银行风险负债征收。大部分国内学者认为我国尚不满足征收银行税的条件,巴曙松等(2010)认为,银行税属于事后补救措施,而金融危机的爆发是多因素造成的,包括金融机构自身、经济政策问题以及监管方面,不应由银行机构自身承担。郭田勇、赵世宇(2010)也持有类似的观点,认为银行税的象征意义要大于实际意义。徐为人(2011)从政治、经济环境以及银行自身角度分析我国是

---

① 徐为人:《银行税理论与实践研究》,《税务研究》2011 年第 2 期。

否应开征银行税，作者认为经过三次坏账剥离，银行系统资本金充足，完全可以消化金融危机所造成的损失，政府财力充足，银行业自身的税负水平已经比较高，因此基于三方面的原因，我国尚不满足开征银行税的条件。

2. 银行业税制优化

（1）整体思路：降低银行业税收负担。研究银行业税收的一个重要方面是银行业税收负担问题，对此学者们进行了广泛的研究，大部分学者都认为我国银行业税收负担过重，不利于银行业的发展，应对银行业实施低税率、低税负的政策（杨飞，2007；李文宏、赵睿璇，2011）。而闫肃（2012）的研究却表明虽然金融业5%的税率高于交通运输业、建筑安装以及邮电通信业，但是我国银行特殊的"制度性红利"却抵消了过高的营业税税率问题，造成银行业实际税率有所降低；作者进一步认为，在当前我国负利率、高存贷差等金融业体制问题尚未解决的情况下，下调税率，可能会导致信贷过量供给，进而加大金融风险等问题。

（2）流转税方面。国际上通行的是对银行业征收增值税，而我国目前对银行业征收营业税，随着"营改增"的不断深入，银行业下一步将进入增值税征税范围。国内学者对我国营业税改征增值税的研究主要集中于金融业增值税征税模式的选择。国外金融业流转税借鉴方面，魏陆（2011）通过对金融业增值税改革难点分析以及国外金融业增值税制的借鉴，提出适合我国国情的金融业增值税改革三条路径：一是实施简易征收办法以减少改革阻力；二是参考国外发达国家的经验，对核心业务实施免税而对附属业务按照标准税率征税；三是直接将金融行业整体纳入增值税征税范围，另设单独税率。

（3）所得税方面。从世界各国银行所得税实践来看，大多数国家没有对银行适用的所得税进行特别的规定，然而部分国家，如日本对银行规定特别的税率并按照规模标准征收，发达国家实行的是超额累进所得税制。[1] 各国银行业所得税制最大的不同在于银行贷款损失税务处理方面，目前国际上通行的做法是对于银行一般准备金不予以税

---

[1] 李文宏：《中国银行税制结构选择》，《国际金融研究》2005年第2期。

收抵免，而银行特殊准备金可以在税前扣除，两种比较典型的做法是特殊准备法与核销法。其中特殊准备法是银行在提取特别准备金时就予以全部或部分税收减免，目前，英国、法国、加拿大、德国以及俄罗斯等国采用的就是此种方法，但是减免比例各国不尽相同；核销法是在银行提取特殊准备时不得进行税收减免，只有实际核销发生时予以所得税税前扣除，目前，美国、澳大利亚、韩国等国采取此类方法。上述两种贷款损失税务处理方式体现了不同的政策意图，特殊准备法鼓励银行足额及时提取贷款损失准备，而核销法能够避免银行不良资产长期挂账。①

二 文献述评

通过对文献进行归纳与整理，国内外学者对于商业银行税收的相关论题进行了广泛而深入的讨论，形成了丰富的研究成果，既有共识、争议之处，也存在进一步拓展的研究领域。我们现将相关问题归纳总结如下：

（一）研究共识之处

首先，从对商业银行税收研究的重视程度来看。在 2008 年金融危机之前，以市场经济为主的发达国家长期以来秉承"金融自由化"的理念，大多数学者持有尽量减少税收对市场的干预，低税负甚至"零税负"促进金融业发展的观点，因而并不将税收作为影响金融发展的主要因素；而在金融危机之后，学者们意识到信贷盲目扩张、金融工具泛滥、金融发展与实体经济发展不平衡性以及金融发展所带来的负外部性等对实体经济的巨大危害性。因此，通过税收政策对金融业进行有效调控以防范金融危机逐渐成为学者们的共识。

其次，从商业银行税收的研究方法来看。国外关于商业银行税收的研究既涉及微观个体经济行为选择，又涉及宏观经济政策。微观方面，20 世纪末，随着以产业组织理论和信息经济学为基础的微观银行学的兴起，国外学者逐步将有关税收理论与微观银行学相结合，考察商业银行税收的微观效应，从而打破了对商业银行税收研究仅仅停留在制度层面的状况，这样不仅扩展了商业银行的研究，而且也为税收

---

① 薛薇：《银行税收理论与制度研究》，经济管理出版社 2011 年第 1 版，第 90 页。

政策分析提供了坚实的微观基础，国内学者也开始做了上述尝试，但研究成果较少，如薛薇（2012）、闫肃（2012）。宏观方面，随着动态一般均衡方法在宏观领域的广泛应用，学者们也将其用于对各种税收政策动态影响的分析上，这方面的学者有郭庆旺、龚六堂等。

最后，从商业银行税收政策方面来看。大部分学者都持有减轻商业银行税收负担，营造良好的金融业外部税收环境；重视商业银行流转税对银行经营行为的调节，并与货币政策相互协调，共同促进银行业的发展；坚持"税收中性"与加强税收对银行发展的导向作用相结合，以促进中小金融机构与农村金融机构的发展，最终使整个银行业健康协调发展。

（二）研究争议之处

微观方面，由于所分析问题的前提假设不同，所采用的样本不同以及实证方法不同，导致学者们考察商业银行经营行为的理论与实证研究结论有所不同，比如分析所得税是否会影响银行信贷行为方面，在假设银行存贷行为相互独立时，所得税具有"税收中性"的性质，而考虑到银行自有资本以及贷款弥补的税务处理方面，所得税也具有信贷扭曲效应。

宏观方面，学者们对于信贷影响宏观经济机理方面存在争议，这样导致商业银行税收宏观经济效应传导机理同样也存在争议和模糊之处。有些学者的实证研究认为，我国目前信贷主要通过促进资本积累方面影响经济增长与经济波动，而部分学者认为信贷以促进技术进步的方式，逐步成为某些地区经济增长的主要驱动力。因此，税收通过这两方面分别对宏观经济的影响程度有多大，主要通过哪种路径，尚不明确。

（三）薄弱之处

1. 理论分析的不足表现在以下两个方面

第一，理论分析有待深化。国外关于银行税收问题的研究侧重于考察税收对银行经营行为影响以及银行业税收政策效果方面，而国内的研究探讨较为分散，目前还没有文献将税收、商业银行（金融发展）与宏观经济三者放在统一框架下研究，没有站在整个宏观经济全局的高度下研究，也未能将税收、金融发展与经济发展结合起来，考察商业银行税收的宏观经济效应的传导机制，研究框架有待系统化。

第二，研究方法尚待细化。现有考察商业银行税收的文献多从总量和静态角度分析，如分析税收对银行融资行为的影响、考察税收对经济增长影响等方面。而较少文献从结构和动态角度考察，如分析税收导致不同所有制属性商业银行融资、信贷行为以及经营绩效影响的差异性，以及税收对银行资本结构动态调整的非对称性的影响方面。

2. 实证分析的不足表现在以下两个方面

第一，实证方法有待扩展。国内外有关商业银行税收经济效应的研究采用的实证方法为时间序列或者面板数据方法，仅能分析两两变量之间相互关系，而在分析商业银行税收宏观经济效应方面，由于涉及的变量较多，变量之间的影响错综复杂，上述方法显得力不从心，需要我们寻求新的方法解决上述问题。

第二，实证结论有待丰富。国内外学者在考察商业银行税收对银行融资行为的影响时，实证研究大部分得出了所得税确实激励银行负债融资，但是没有更进一步阐明所得税变动后银行资本结构的调整策略；在分析商业银行税收经济增长效应时，大多数文献仅仅考察税收对经济的扭曲作用，而未能结合我国地区间经济发展状况的典型特征来分析商业银行税收对区域经济发展不平衡性的影响。

综上所述，从国内外学者对商业银行税收相关问题的研究来看，2008年金融危机的爆发促使国外学者重新看待税收在金融体系以及整个经济系统中的地位、功能。学者们积极从税收角度研究金融业（含银行业）的调控问题，提出了许多有见地的学术观点和税收政策建议。然而国外学者的研究立足于成熟的市场经济和健全的金融体系，所形成的理论以及提出的政策建议并不完全契合我国经济发展的实际情况。本书拟在借鉴国内外已有研究的基础上，结合我国金融与经济发展状况，试图对商业银行税收政策经济效应进行系统的理论与实证研究，为制定促进我国银行业发展的税收政策提供理论依据、数据支持以及政策建议。

第三节 研究方法、研究结构与主要结论

一 研究方法

（一）规范分析与实证分析相结合

本书将规范分析与实证分析相结合，一方面，结合税收学、微观经济学、宏观经济学、金融学等相关理论，全面、系统考察商业银行税收宏观与微观经济效应，得出流转税确实扭曲商业银行经营行为，影响经济发展的规范分析结论。另一方面，结合我国上市银行微观数据以及改革开放 30 多年来国民经济发展数据，分别从微观和宏观两个层面，验证上述规范分析得出的结论，为下一步研究商业银行税收政策打下坚实的理论与实践基础。

（二）数理分析与经验分析相结合

本书的实证研究主要采取数理模型推导与实证研究相结合的方式。首先，根据相关经济学理论构建符合中国经济现实状况的数理模型，对税收政策与商业银行之间、商业银行税收与宏观经济之间的内在关系与相互联系进行经济学的分析和描述，得到变量之间的变动方向和变化程度的可证伪性质和相应的理论预期。然后根据模型所描述的经济环境，采用微观与宏观数据，选择恰当的变量，构建计量模型，通过实证研究验证上述性质和理论的正确性，并对实证结果进行经济学解释。

（三）静态分析与动态分析相结合

本书使用静态分析、比较静态分析与动态分析相结合的研究方法。一方面，通过静态分析方法不仅考察了银行信贷市场均衡时的商业银行最优资本结构与最优信贷水平，而且在考察商业银行税收宏观经济效应时，从竞争性均衡出发分析商业银行税收对长期经济增长的影响，同时通过比较静态分析，研究税收政策工具变化对商业银行的影响；另一方面，通过动态分析方法，结合商业周期理论，通过脉冲响应分析，考察商业银行税收冲击对各宏观经济变量波动性的影响，并分析了商业银行税收、银行信贷与经济波动之间的联动关系。

二 研究结构

本书结构安排和技术路线如图 1 - 1 所示。

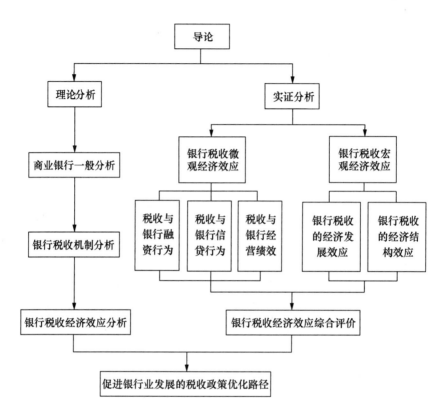

图 1 - 1 研究思路与技术路线

本书的研究思路是：结合商业银行税收对经济影响的传导路径，分别从微观与宏观两个层面对商业银行税收效应进行理论分析与实证检验。首先，应用税收学与金融学理论，构建商业银行税收机制分析框架，系统阐述商业银行税收经济效应作用机理，为后文的实证研究奠定基础；其次，运用微观银行学与税收经济学相关原理，从微观层面构建数理模型考察税收对商业银行经营行为（融资行为与信贷行为）的影响，并结合上市银行微观数据，实证检验上述税收经济效应；再次，结合不完全信息理论与宏观经济理论中的垄断竞争理论构建符合中国现实的包含家庭、企业、银行、政府四部门和产品市场、劳动力市场、信贷市场三市场结构的垄断竞争模型考察商业银行税收的宏观经济效应；最后，在上述理论与实证分析结论基础上，对我国商业银行税收经济效应进行综合评价，进一步结合我国现阶段税收政策与金融发展目标，提出具有针对性地促进我国银行业发展的税收政策优化路径。

全书共分为八章，由商业银行税收理论分析模块，商业银行税收实证分析模块、商业银行税收政策优化模块组成。第一章为导论，主要介绍本书的研究背景、研究思路、研究方法与主要结论。第二章为商业银行税收经济效应基础理论分析，这是全书分析的理论逻辑起点。第三章至第七章为实证分析，其中第三章至第五章为商业银行税收微观经济效应实证分析，分别考察了税收对银行融资行为、信贷行为以及经营绩效的影响；第六章与第七章为商业银行税收宏观经济效应实证分析，分别考察商业银行税收对经济发展与经济结构的影响。第八章为政策分析，主要对商业银行税收经济效应进行综合评价并提出促进银行业发展的税收政策优化路径。

三 主要结论

（一）理论研究结论

1. 微观方面的理论研究主要回答两个问题

（1）税收如何影响资本结构变化，银行融资策略是什么。一方面，通过构建商业银行税后资本收益最大化模型，对比无税和有税时资本成本，我们发现：所得税会提高商业银行股权融资成本同时降低债权融资成本，在此基础上的流转税征收却相对降低股权融资成本，因而存在一种税收补偿机制；贷款损失对商业银行资本成本的影响不确定，取决于贷款损失会计计量与税法规定之间的差异；贷款利息扣除也会降低商业银行资本成本。另一方面，基于权衡理论，我们构建卖方欧式期权定价模型考察面临税收政策变化时商业银行的资本结构非对称调整，我们发现：对于典型高杠杆的商业银行，面临企业所得税实际税率上升时，企业会权衡债务融资税收收益与破产成本增加幅度，可能做出不调整资本结构的融资策略；而面临企业所得税实际税率下降时，企业同样也会权衡债务融资收益与破产成本下降的幅度，从而选择降低资本结构的融资策略。

（2）税收对银行信贷行为的影响，从税收角度如何解释银行存差扩大现象。我们发现：流转税会显著降低银行最优存贷款数量，因而对存差的影响不确定；而考虑商业银行贷款损失情况下，所得税降低商业银行税后贷款收益率，进而降低最优信贷水平，同时也会导致银行存差下降。

2. 宏观方面的理论研究主要回答三个问题

（1）商业银行税收影响经济增长的传导机制是什么。通过构建一个包含银行部门和价格黏性的动态一般均衡模型，用以刻画家庭、企业、商业银行以及政府部门之间的经济行为，通过将商业银行税收因素引入所构建的模型经济中，详细考察商业银行税收、信贷与宏观经济之间的关系。我们发现：商业银行税收首先提高银行信贷成本，而银行信贷为企业资本积累和技术进步提供资金支持，进而导致中间产品企业产出水平降低，通过市场机制的作用，最终产品企业产出水平也相应降低，影响经济增长。

（2）商业银行税收如何影响经济波动。通过格兰杰检验，我们发现商业银行税收通过各宏观变量对经济稳定的影响路径。一是间接途径（信贷渠道），社会产出波动通常受投资的影响，而投资资金主要来源于银行信贷，商业银行税收通过影响信贷规模最终影响经济波动，即商业银行税收→信贷→社会总投资→经济波动。二是直接途径，商业银行税收直接影响金融产业（主要是银行业）创造的价值，而该增加值构成GDP的组成部分，即商业银行税收→金融产业增加值→经济波动。

（3）影响金融业增值税税收负担变化的因素有哪些，作用方向如何。我们构建数理模型发现：营业税改征增值税后金融业税负变化的三个影响因素分别是：①金融企业适用的增值税税率。与金融业适用的营业税税率相比，金融业增值税税率越高，金融业的增值税税收负担也会相应增加。②能够进行增值税进项税抵扣的外购商品和服务的价值占整个金融业购买商品和服务价值总额的比重。该比率越高，意味着纳入增值税抵扣链条的行业越多，金融业进项税抵扣也就越充分，金融业的增值税税收负担降低。③金融业中间投入占整个营业收入的比重，金融业中间投入比率越高，增值税改革后金融业所获得的进项税抵扣的金额就会越大，减税效果也就越明显。

（二）实证研究结论

本书实证部分运用计量经济学的工具与方法，从微观与宏观两个方面，对上述理论研究所得出的理论预期与可证伪性质进行实证检验。具体研究结论如下：

1. 微观研究结论

微观部分的数据主要采用 2003 年至 2103 年在我国 A 股上市的全体银行年报数据，实证研究税收对商业银行经营行为的影响。

（1）税收与商业银行资本结构。通过构建面板数据模型，一方面，我们发现：所得税实际税率显著影响上市银行资产负债水平的提高，即所得税实际税率上升 1%，上市银行资产负债水平上升 0.059%；而流转税对银行资本结构的影响并不显著。从所有制差异的角度来看，所得税增加 1% 导致大型商业银行资产负债水平上升幅度高于非国有大型银行 0.043%；而流转税对国有大型商业银行资本结构提升无显著影响。另一方面，从商业银行资本结构调整的角度来看，实证研究结果显示：对于典型高杠杆的商业银行而言，所得税实际税率上升并没有对资本结构变动产生显著影响；而所得税实际税率下降却与资本结构变动显著负相关，该实证研究验证了我们所提到的实际所得税率变化时，商业银行资本结构调整非对称性的结论。

（2）税收与商业银行信贷。同样我们构建面板数据模型，一方面，我们发现：流转税实际税率在 1% 的显著性水平下对商业银行信贷产生负向影响，即流转税实际税率上升一个百分点导致银行信贷水平平均下降 0.357%；进一步，还考察了在所有制差异条件下，所得税实际税率增加一个百分点，国有大型商业银行信贷规模比非国有大型商业银行信贷规模显著下降 0.252%。换句话说，国有大型商业银行对于所得税实际税率的变动更为敏感，同时流转税实际税率下降一个百分点，国有大型商业银行信贷规模比非国有大型商业银行信贷规模显著下降 1.34%，所有制差异因素在 1% 的显著性水平下正向影响商业银行信贷规模。另一方面，我们还实证检验税收对商业银行存差的影响，实证结果显示：银行流转税税收总额在 5% 的显著性水平下能够促进商业银行存差扩大，即流转税增加一个百分点会导致银行存差增加 0.195%，而银行所得税税收总额在 1% 的显著性水平下也对银行存差产生正向影响，即银行所得税提高一个百分点导致银行存差扩大 0.328%，这样，税收确实在一定程度上导致银行存差扩大；进一步，流转税增加一个百分点，非国有大型商业银行（股份制商业银行与城市商业银行）存差规模比国有大型商业银行存差规模显著增加 0.409%，所得税增加一个百分点，非国有大型商业银行存差规模比国有大型商业银行存差规模增加 0.234%，表明非国有大型商业银行的存差对商业银行税收变动更为敏感。

（3）税收与银行绩效。首先基于因子分析方法构建商业银行绩效评价体系，然后在此基础上考察商业银行绩效影响因素。实证研究结论为：一方面，综合经营绩效水平而言，招商银行综合经营绩效评分最高；除建设银行位居第二位以外，综合绩效排名前五位的银行均为非国有商业银行；股份制商业银行发展能力较强，而国有商业银行盈利能力较强，城市商业银行与国有大型商业银行资产安全性较高。另一方面，我们构建面板数据模型，考察在所有制结构基础上，研究商业银行税收对银行绩效差异的影响，实证结论表明：税收负担对银行经营绩效产生不利影响。其中，所得税税收负担率在 1% 的显著性水平下，与商业银行资产净利率反向相关；而流转税税收负担率对商业银行经营绩效的影响不显著，这可能是由于不同所有制属性商业银行流转税税收负担转嫁不同造成的；相对于国有银行而言，总税收负担变化对股份制商业银行和城市商业银行影响程度更大，而流转税税收负担变化对于非国有银行经营绩效的影响程度更大，所得税税收负担变化对国有银行与非国有银行相对经营绩效水平变化没有显著影响。

2. 宏观研究结论

宏观部分实证研究数据主要来自我国 1978—2012 年国民经济发展数据，实证结论如下：

（1）商业银行税收与经济增长。通过构建联立方程组模型，我们清晰地看出：对于信贷扩张方程而言，通过银行信贷渠道，资本积累和全要素生产率对产出的影响十分显著，且两者对经济增长的贡献程度大致相同，即资本积累和全要素生产率增加 1% 时，经济增长相应增加 0.066%；对于商业银行税收方程而言，信贷规模与商业银行税收呈现十分显著的反向相关性，而经济增长也会带动商业银行税收规模的增长，两者存在显著的正相关性；对于信贷方程而言，GDP 对信贷规模扩张的影响十分显著，经济增长通过"需求拉动"以促使企业将更多的要素投入生产过程中，这样一来，各经济部门对间接融资需求增加，促使信贷规模的扩大。另外，商业银行税收总量与信贷规模显著负相关，银行业税收增加 1% 导致信贷规模下降 0.16%，信贷规模对税收的反较为敏感。

（2）商业银行税收与经济波动。首先，我们验证了理论研究中得出商业银行税收通过间接途径与直接途径对经济波动产生影响结论的正确性。其次，通过脉冲响应函数，我们发现：商业银行税收的信贷间接传导方式表现出一定的滞后性，需要时间的积累才会对宏观经济产生一定影响，而商业银行税收直接影响金融产业增加值，进而对经济波动的影响更为直接。从作用程度来看，商业银行税收通过间接途径抑制宏观经济波动效果比较明显。最后，实证研究表明，在期初自身因素的变化是导致变量波动的主要原因，一方面，我们考察各因素对 GDP 的波动贡献情况，在期初，金融产业增加值、自身变动与社会固定资产投资因素对 GDP 波动贡献的影响较大，表明投资与金融产业产值是影响经济波动的直接因素，而银行信贷与金融税收对 GDP 的波动影响较小，尚不足 10%，属于影响经济波动的间接因素；另一方面，反过来我们也考察了各因素对商业银行税收波动贡献情况，期初对商业银行税收波动影响贡献最大的还是自身因素，为 59.27%，但是自身贡献率随着滞后期的增加逐渐递减；期初对商业银行波动贡献排在第二位的是全社会固定资产投资总额，而受 GDP 信贷及金融产业增加值的影响程度较小。

（3）商业银行税收与经济结构。本书从产业结构与区域经济发展两个方面对商业银行经济结构效应进行实证研究。我们以"增值税扩围"的政策实践为基础，实证分析了营业税改征增值税对金融行业以及上下游产业的影响。一方面，我们测算金融业增值税税负平衡点为 7.4%，金融业增值税税收收入为 10466089.05 万元，同时我们测算的金融业税收弹性为 −9.45%；通过 2007 年中国投入产出表分析，我们测算金融业"营改增"后金融业增值税税基为 141433635.8 万元，而"营改增"前，同年金融业营业税收入总额为 10606203 万元，减税幅度为 140114 万元，占当年金融业营业税收入的比重为 1.32%。另一方面，金融业也不同程度降低了金融业下游产业的税收负担。通过对金融业与其他产业感应系数比较，我们确定了与金融业较为密切的 18 个下游产业。测算结果显示：整体上与金融业供求关系密切的18 个下游产业中，税收负担都有不同程度的减轻，税负变动幅度从0.02% 到 13.27% 不等，金融业"营改增"对金融业下游产业的减税规模在 1891435.28 万元以上。除纺织服装鞋帽皮革羽绒及其制品业税收变化比较异常外，减税幅度最大的产业为服务业中的信息传输、计算机服务和软件业。

　　商业银行税收对区域经济发展影响的实证研究中，首先，总体上商业银行整体对区域经济发展产生了显著的扭曲影响，商业银行税收规模增加一个百分点，导致各地区人均国民生产总值平均下降0.33%，同时，商业银行税收与信贷交叉项增加一个百分点，区域经济将下降 0.22%，两者的效应水平比较接近，表明商业银行税收对区域经济发展的影响效应大部分是通过商业银行信贷渠道实现的。其次，地方政府财政压力与银行信贷的乘积项对区域经济发展水平的影响在 1% 的显著性水平下显著，表明地方政府干预确实降低信贷资金配置效率，最终影响区域经济发展。最后，实证结果显示：与中部、西部省份相比，商业银行税收规模在 5% 的显著性水平下扭曲了东部经济发展，为 0.02%；反过来，与东部、中部省份相比，西部地区商业银行税收规模在 1% 的显著性水平下扭曲了西部地区经济发展，为0.28%，表明商业银行税收对西部省份经济发展扭曲的影响要高于东部省份，同时东部地区地方政府对金融的干预程度小于西部省份。

第四节　创新与不足

一　创新
（一）理论分析的探索性
本书构建了商业银行税收经济效应的理论框架。商业银行税收政

策通过左右商业银行及其他微观经济体的经济行为影响信贷市场均
衡，最终影响宏观经济运行，其作用与传导是一个复杂的过程。而国
内外学者对商业银行税收的研究较为分散，且不系统。本书综合运用
宏观经济学、微观经济学、金融学和税收学等理论工具，构建了引入
商业银行税收政策变量的三部门（家庭、企业、商业银行）连续时间
经济增长模型，逻辑推导出商业银行税收机制的作用机理，全面阐释
了商业银行税收对微观经济、宏观经济（经济发展与经济结构）的作
用路径与效应。从而构建了商业银行税收经济效应的理论框架，促进
了金融理论和税收理论的融合与创新。

（二）数理模型的拓展性

（1）微观数理模型的拓展。本书在描述金融市场证券价格变化过
程的 B－S 模型中引入税收变量，拓展了衡量商业银行破产成本的卖
方欧式期权模型，阐明所得税发生变化时商业银行融资策略选择的数
理机理；本书拓展了在所得税与银行贷款损失弥补条件下，商业银行
信贷行为的数理模型，得出所得税既不具备税收中性，又会扭曲银行
信贷行为的结论。

（2）宏观数理模型的拓展。进一步引入垄断等因素拓展连续时间
经济增长模型，用以阐明家庭、企业以及商业银行的最优行为所达到
的竞争性均衡时，商业银行税收宏观经济效应的数理机理。

（三）形成了丰富的研究结论

（1）税收对银行微观经济行为的影响。本书应用面板数据模型，
得出了所得税会提高银行资产负债率；所得税实际税率上升并没有对
银行资本结构变化产生显著影响，而所得税实际税率下降却导致负债
融资比率下降，呈现出资本结构调整的非对称性；流转税与所得税都
会扭曲银行信贷行为，导致银行存差规模扩大的实证结论。

（2）商业银行经营绩效评价。基于盈利性、流动性、发展能力以
及资产安全，本书构建了四维三级商业银行绩效评价指标体系，运用
主成分法综合评价银行经营绩效，并分析了银行绩效的影响因素。实
证结果显示非国有银行绩效水平排名较高，股份制商业银行发展能力
较强，而国有银行盈利和安全性较高；税收因素会降低银行绩效
水平。

（3）商业银行税收的宏观经济影响。①在含银行部门和价格黏性的一般均衡模型基础上，采用联立方程组模型得出了商业银行税收、信贷规模与产出之间存在双向因果关系，以及商业银行税收会降低社会总产出水平的实证结论。②应用向量自回归模型分析商业银行税收与经济波动的联动效应，实证结果表明商业银行税收能够通过直接与间接两种方式影响经济波动，且都具有一定的滞后效应。③构建投入产出模型测量金融业"营改增"效应，金融业"营改增"税负平衡点为7.4%，发现"营改增"不仅能够降低金融业的税负，而且与金融业相关联的17个行业的增值税税负都有所下降；商业银行税收对区域经济发展的影响效应大部分通过商业银行信贷渠道实现，与东部、中部省份相比，西部地区商业银行税收规模显著扭曲了西部地区经济发展。

二　不足

（一）研究范围有待扩展

金融的负外部性是导致金融产品数量过量供给的重要原因，也是导致系统性金融风险和金融危机爆发的重要原因，本书并没有深入考察和测算负外部性的规模，也未能考察税收对金融负外部性的纠正效应。

（二）部分数据缺失

在考察商业银行税收宏观经济效应时，由于统计指标设计的原因，我们很难直接获得有关商业银行税收数据，而是通过间接方法计算获得，这样降低了实证研究的精确性，有可能造成估计的结果的偏差，同样，我们考察银行信贷对于资本积累的促进作用时，各年资本积累数据与全要素生产率通过计算间接获取，一定程度上导致实证研究结果准确性的下降。

第二章 商业银行税收的经济分析基础与理论框架

本章将系统阐述商业银行税收的微观和宏观机理，为后文实证分析和商业银行政策选择奠定理论基础。首先，本章从一般分析视角阐述商业银行存在的微观基础以及商业银行金融中介机构的特殊性。其次，分析了商业银行税收经济机理，在微观层面上，研究商业银行税收对商业银行资本结构、信贷行为、证券投资行为以及经营绩效的影响；在宏观层面上，从银行业与国民经济各个部门之间存在普遍关联出发，阐述商业银行税收对经济发展和经济结构的影响机理，为实证分析和政策选择奠定理论基础。

第一节 商业银行的一般分析

根据《中华人民共和国银行业监督管理法》规定：银行业金融机构，是指在中华人民共和国境内设立的商业银行、城市信用合作社、农村信用合作社等吸收公众存款的金融机构以及政策性银行。本章中所指商业银行仅指以上第一类金融机构。

一 商业银行的性质

（一）商业银行的内涵

Freixas 和 Rochet（1997）[①] 认为，商业银行是一个主要从事吸收公众存款和发放贷款的机构。这一定义强调了商业银行的核心业务是

———————

[①] 哈维尔·弗雷克斯、让·夏尔·罗歇：《微观银行学》，西南财经大学出版社2000年版，第11—27页。

吸收存款和发放贷款。张鹤（2010）[1] 从商业银行资产负债特殊性角度出发，认为商业银行是一个主要以吸收存款和发放贷款为主的金融机构，它是经营货币资金的特殊企业。它是以利润最大化为目标，以多种金融资产为经营对象、通过多种金融负债筹集资金，能利用负债进行信用创造，并向客户提供多功能、综合性的金融企业。我国于2003年修订的《中华人民共和国商业银行法》规定，商业银行是依照本法和《中华人民共和国公司法》设立的吸收公众存款、发放贷款和办理结算等业务的企业法人。[2]

综上所述，商业银行是指以办理工商企业短期存贷款为主要业务并为顾客提供其他多种金融服务的金融机构。这其中包含两层含义：其一，商业银行以吸收公众的存款作为其主要的资金来源，并以此开展贷款与证券投资业务，还可以发行金融证券、参与同业拆借等；其二，商业银行接受企业开户，办理转账结算，实现支付结算的非现金周转，并据此发挥创造存款货币的作用，作为资金的供应者，商业银行还能通过派生存款的方式创造和收缩货币，并对整个金融市场的资金供给和需求产生巨大影响。[3]

（二）商业银行的业务

商业银行主要通过以相对较低的利率借入资金，并以较高的利率贷放出去，在这过程中获取存贷差。商业银行的负债就是商业银行的资金来源，而商业银行的资产就是商业银行资金的运用。根据资金在银行内部的流动情况，我们将商业银行业务分为负债业务、资产业务和表外业务。

1. 负债业务

在银行的资产负债表中，资金来源要么表现为银行最终必须偿还的负债，要么表现为股权资本。具体而言，债务资金来源包括吸收的

① 张鹤：《商业银行资本结构、投资策略与宏观经济波动》，经济科学出版社2010年版，第15—35页。
② 摘自《中华人民共和国商业银行法》第二条规定。
③ 张维：《金融机构与金融市场》，科学出版社2008年版，第24—28页。

存款①、从中央银行的借款、银行同业拆借、从国际货币市场借款。股权资本兼具债务和股权的双重特性，也称为借入资本，主要包括银行发行的各种金融债券。

2. 资产业务

商业银行资产业务是其取得利润的主要途径。对于商业银行所聚集的储蓄资金，除了必须保留一定的现金满足银行流动性需求和提取足够银行准备金以抵御风险外，其余部分主要以贷款、证券投资以及贴现等方式加以运用。

3. 表外业务

表外业务是指那些影响商业银行利润，但并不反映在资产负债表上的业务。表外业务有狭义和广义之分。狭义的表外业务是指那些未列入资产负债表，但同表内资产业务和负债业务关系密切，并在一定条件下转化为表内资产业务和负债业务的经营活动，通常称为银行或有负债，存在一定的风险，主要包括担保类业务、贷款承诺类业务和衍生金融工具类业务；广义的表外业务除狭义表外业务外还包括中间业务，即银行不需要运用自己的资金而代理客户承办支付和其他委托事项，并收取金融服务费用的业务如结算、代理、咨询、银行卡业务等，不存在风险。

（三）商业银行是特殊的金融中介机构

Mishkin 等（2006）② 认为，金融中介机构是在间接融资过程中为借款人和贷款人提供服务的金融机构，他们向最终贷款人发行间接证券，然后购买最终贷款人发行的原始证券。因此商业银行属于金融中

---

① 吸收的存款主要包括活期存款、定期存款及储蓄存款。活期存款是银行所提供的流动性最高的金融工具，这些资金被存放在支票账户中，直接用于支付各种金融交易，一般不支付利息。定期存款是指在银行账户中存放的特定资金，在该投资期限内，这种资金接受固定利率支付，只有到规定的期限后才允许提取的存款，一般支付较高利息。储蓄存款主要针对居民个人积蓄货币之需而开办的一项存款业务，使用时只能提取现金或者转入存户的活期账户，银行一般向存户发放存折。

② Mishkin, Frederic S., and Stanley G. Eakins, *Financial Markets and Institutions*, India: Pearson Education, 2006.

介机构，与其他非银行金融中介机构①一样，都具有融资功能。然而，商业银行又与其他金融中介机构有所不同，其特殊性包含以下三个方面：

1. 商业银行具有一体化的支付功能与融资功能

尹恒（2006）②认为，与其他金融中介机构相比，商业银行的特殊性在于它把支付功能和融资功能一体化。也就是说，商业银行既担负维系整个社会支付体系正常运转的功能，同时又是满足消费者和企业融资需求的重要渠道，而其他金融中介机构（财务公司、信托公司等），只履行融资功能而不提供支付功能。随着金融创新和金融管制的放松，货币市场基金账户虽然也可以签发支票，支付消费账单，但目前它们的支付服务还没有像银行那样能够支撑起整个社会的支付体系。

2. 商业银行具有流动性创造功能

商业银行区别于其他金融中介机构的特点在于银行的流动性创造。虽然货币市场基金也为基金持有人提供了方便的流动性，但这种流动性只是原有流动性的某种组合而已，如货币市场基金投资于银行票据，银行获得新的资金后通过再贷款给企业，企业又将获得的贷款购买货币市场基金，如此循环，新的流动性又组合出来。而银行所提供的流动性是通过其自身多倍存款体系创造出来的，这种流动性不需要借助其他金融中介多次组合而成。

由此可见，虽然当前金融创新的程度越来越大，商业银行与其他金融中介机构之间的差别在缩小，竞争越来越激烈，但是商业银行的一体化的支付功能和融资功能以及流动性创造功能是其他金融中介机构所无法替代的，因此，商业银行在经济社会发展中还将发挥着重要作用。

二 商业银行存在的微观基础

（一）商业银行与信息不对称：逆向选择和道德风险

传统新古典经济增长理论大多是建立在完全市场假设基础之上，

---

① 其他类型金融中介机构包括如信用社、财务公司、信托公司、金融租赁公司、汽车金融公司、货币经纪公司、消费金融公司等。

② 尹恒：《银行功能重构与银行业转型》，中国经济出版社2006年版，第24—27页。

即市场中不存在信息不对称（Asymmetric Information）现象，所有的信息都被市场中的参与者所了解。因而 Arrow – Debreu 范式①，如 So-low、Ramsey 的基本经济增长模型中都得出金融中介无效，商业银行的存在是多余的结论。

　　然而随着信息经济学的发展，学者逐渐认识到市场是不完全的，存在信息摩擦，不完全的市场就会出现 Akerlof（1970）② 所描述的由于二手车市场中买卖双方信息严重不对称，扭曲了市场机制，导致出现难以达成交易的现象。同样金融市场中也存在信息不对称现象，例如，相对于贷款人而言，借款人对于投资项目的潜在收益和风险了解得更为清晰，因而借款人有可能将获得的贷款用于风险大而收益高的投资项目，最终有可能导致该项贷款难以收回。总之，信息缺乏给金融体系造成的问题存在两个阶段：交易之前（逆向选择，Adverse Se-lection）和交易之后（道德风险，Moral Hazard）。

　　1. 商业银行与逆向选择

　　金融市场中的逆向选择是指潜在不良贷款风险主要来自那些积极寻求贷款的人。由于逆向选择增加了信贷风险发生的可能性，因而即使金融市场上存在信贷风险很低的贷款机会，众多贷款人也可能决定不发放贷款，借款人很难获得直接融资机会，市场机制难以发生作用。

　　然而金融市场中存在的逆向选择问题为以银行为主的金融中介机构的发展提供了可能。在金融市场上，商业银行甄别信贷风险的技术水平要远高于普通个人投资者，可以降低由逆向选择所造成的损失。许多学者也论证了商业银行所具有的信息产生和委托监督的功能能够有效地解决金融市场中存在的逆向选择问题（Richard，Leland &

---

　　①　该范式中家庭储蓄直接通过资本市场为企业融资，不需要中介机构参与其中，也就是说，个人储蓄和投资者给企业提供的信贷与企业向市场提供的商品并没有多少差异。

　　②　Akerlof, George A, "The Market for 'lemons': Quality Uncertainty and the Market Mechanism," *The Quarterly Journal of Economics*, Vol. 84, No. 3, 1970, pp. 488 – 500.

Pyle，1977）。① 一方面商业银行可以将自己的资金投放到其拥有特殊信息的资产中去，从而解决其他经济体（家庭和企业）所面临的信息成本问题；另一方面商业银行充当监督管理者以克服逆向选择问题。

2. 商业银行与道德风险②

金融市场中还存在道德风险，具体而言，由于公司投资者与公司经理人之间的目标并不完全一致，在投资者购买了公司证券后，经理人有可能从事对投资者不利但是对自己有利的活动，而面对证券发行公司的经营活动，购买证券的投资者无从得知，也无从监控；在信贷市场中借款人也存在掩盖信息，并从事不利于贷款人的行为，这些行为也大大增加了贷款无法清偿的概率，导致贷款人决定不发放任何贷款。因此，道德风险问题影响投资人购买证券和贷款人发放贷款的积极性，从而破坏金融市场的正常运行。

商业银行等金融中介机构有能力来避免借款者道德风险问题，原因在于：一方面，商业银行具有专门技术来监督借款人的活动，甄别信贷风险的技术要高于普通个人投资者，从而可以有效降低由道德所造成的损失。另一方面，商业银行为经济社会提供流动性服务，承担了风险分担职能，并能解决信息不完全、不充分的问题，降低了道德风险程度。

（二）商业银行与交易成本③

正如前文所述，金融市场存在信息不对称现象，这必然增加了交易双方的交易成本（Transaction Cost）。交易成本是指在金融交易过程中所耗用的时间和金钱。在信贷市场中，信息的不对称性加剧了交易的不确定性，贷款者承担的风险更大，为了减少交易的不确定性，降低交易风险和促进交易顺利进行而发生的交易费用就会更高，那么高昂的交易成本可能会妨碍资本的流动，从而阻止社会资本配置到生产效率最高的部门，进而影响经济的发展。而商业银行的出现可以大大

---

① Brealey, Richard, Hayne E. Leland, and David H. Pyle, "Informational Asymmetries, Financial Structure, and Financial Intermediation", *The Journal of Finance*, Vol. 32, No. 2, 1977, pp. 371 –387.

② 道德风险决定了公司债务合约和股权合约融资成本大小，进而决定公司资本结构。

③ 薛薇：《银行业税收理论与制度研究》，经济管理出版社 2011 年版，第 20 页。

降低交易费用，极大地方便融资与促进投资。

　　具体而言：一方面，商业银行能把众多投资者的资金集中在一起进行投资，从而大大降低单位货币和单个投资者的交易成本，具有规模经济（Economies of Scale）的优势；另一方面，作为一种集体投资方式，银行的资产和投资规模很大，可以购买分散化的证券组合①，从而降低投资者的投资风险。此外，商业银行可以通过雇用专业技术人员，开发专门的交易技术，从而降低交易成本。

　　（三）商业银行与风险分担

　　流动性风险是投资者在投资过程中所面临的主要风险之一，它在很大程度上影响着投资者的投资决策，而信息不对称和交易成本的存在又增加了市场上的流动性风险。由于高收益的投资项目需要长期资本，而储蓄者并不愿意让渡长期资金的使用权，因此，若经济系统中缺乏增加流动性机构的安排，投向高收益项目资金的投资会大大减少，流动性问题与经济发展密切相关。而银行金融机构可以向客户提供流动性服务（Liquidity Services），例如，银行活期存款允许储蓄者在面临流动性需求时可以随时提取资金，将这些账户中的资金转化为商品和服务。这就相当于为储蓄者提供防范影响消费需求的意外流动性冲击的保险手段，因此，银行间接地鼓励投资者投向风险更大但生产效率更高的项目。

　　综上所述，商业银行是建立在市场不完善基础之上的。无论是金融市场信息不对称，金融交易成本过高还是流动性风险问题，都是市场不完善的具体表现。因而这种市场的不完善是商业银行存在的微观基础，从而使商业银行在促进储蓄向投资的转化和提高投资效率、改善资源配置等宏观经济方面发挥了巨大作用。对于直接融资不发达的国家，运行良好的商业银行能够充分释放其经济增长潜力。

---

　　① 证券组合（Portfolio）包括投资于收益变动方向不一致的一系列资产，进而将总体风险降低到单个风险之下。而商业银行实现这个过程的方式是将聚集起来的资产组合转化为一种新的资产，并将其出售给不同的个人。

第二节　商业银行税收机制分析

商业银行税收是指政府针对商业银行机构征收的各种税收，主要包括流转税与所得税。[①] 正如前文所述，面对不完全的金融市场，商业银行利用自身规模经济、对信息有效甄别、委托监督管理等方面的优势，能够有效降低交易过程中的交易成本、信息成本以及金融市场中信息不对称程度，而且在市场信用体系不健全的经济发展初期，商业银行也起到极大的信用提升作用，促进整个金融市场的发展。而税收政策作为影响商业银行发展的重要因素，不仅构成商业银行经营成本的一部分，影响商业银行自身经济行为，而且通过信贷传导机制也会导致其他经济体经济行为的改变，最终影响整个宏观经济。商业银行税收经济效应主要体现在两个层面：一是微观机制层面，特定的税收政策影响商业银行税后利率水平，而税后利率不仅会影响银行融资效率、信贷行为和证券投资行为，而且会对商业银行经营绩效以及其他微观经济体（家庭、企业）的经济行为产生影响；二是宏观机制层面，政府通过相应的税收政策组合以及政策导向，改变银行信贷市场均衡状况，进而对宏观经济增长、经济波动以及经济结构产生影响。

一　商业银行税收机理的流程分析

在对商业银行一般分析的基础上，以下主要从微观层面与宏观层面考察商业银行税收机理，如图 2－1 所示。

图 2－1 显示了税收以商业银行为载体，通过商业银行资金在整个经济系统中的流动，影响微观经济主体决策进而影响主要宏观经济变量，从而对整个经济系统产生影响的过程。具体而言，商业银行课税的作用机理分为以下三个阶段：

[①] 目前我国与银行业直接相关的税种是营业税和企业所得税。

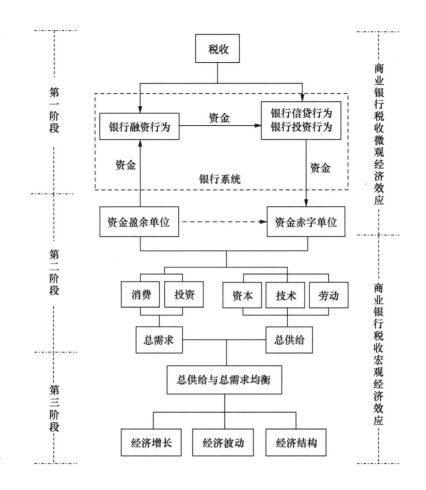

图 2-1　商业银行课税的作用机理

（一）第一阶段：税收对商业银行经济行为的影响

商业银行作为连接资金盈余单位和资金赤字单位的桥梁。一方面，商业银行与盈余单位之间的关系表现为商业银行的融资行为，即商业银行向资金盈余单位出售金融产品，以获得经营发展所需要的资金，这部分资金也构成商业银行的权益资本和债务资本，税收政策导致两类资本的相对成本发生改变，进而影响商业银行资本结构。另一方面，商业银行与赤字单位之间的关系表现为商业银行的信贷和投资行为，即资金进入商业银行系统之后，一部分通过信贷渠道，以贷款的形式发放出去，另一部分会用于银行证券投资活动，税收政策改变商业银行税后贷款利率以及证券投资税收收益率，进而对商业银行信贷行为和证券投资行为产生影响。

（二）第二个阶段：商业银行税收对其他微观经济体行为的影响

当资金通过银行信贷系统流向除商业银行以外的微观经济体（家庭、政府以及企业）时，就会导致各微观经济体资源禀赋和资源约束发生变化，微观经济体各种经济决策（消费和储蓄、投资）随之也会发生调整。因而，税收不仅直接改变商业银行经济行为，而且通过商业银行系统对资金供求双方也产生影响。商业银行税收对其他微观经济体行为的影响主要表现在：一方面商业银行税收会影响资金供给者——家庭储蓄与消费决策；另一方面商业银行税收也会影响资金需求者——企业生产决策。换句话说，在税收负担可转嫁的情况下，商业银行税收会改变家庭税后存款收益率，引起家庭消费与储蓄相对机会成本发生变化，最终改变家庭消费与储蓄决策；同时税收也会影响商业银行税后贷款利率，改变企业资本成本，最终影响企业生产决策。

（三）第三个阶段：商业银行税收对宏观经济均衡的影响

从宏观经济学基本原理分析，商业银行通过"储蓄—投资"这一金融与经济发展的关联机制来影响社会总供求。从社会总供给角度来看，通过信贷渠道，商业银行税收影响企业的各种要素投入，使得均衡产出发生变化；从社会总需求角度来看，商业银行税收影响所有微观经济主体（家庭、企业）的消费需求和投资需求。因此商业银行税收政策的调整通过市场机制的内生作用，引起社会总需求与总供给发生变化，共同影响经济增长、经济波动与经济结构变化。

1. 商业银行税收能够影响经济长期均衡增长

从长期来看，税收政策能够通过影响商业银行的发展，进而影响社会总供求以及经济长期均衡增长。

2. 商业银行税收能够影响经济波动

短期来看，经济始终处于周期性的波动之中。相机抉择的税收政策可以在一定程度上降低商业银行的顺周期性（Pro - cyclical）。在经济繁荣时期，商业银行税收政策相对提高企业融资成本，抑制资产泡沫产生，防止经济过热；经济衰退时期，商业银行税收适时降低商业银行中介成本，使企业融资负担不至于过重，有利于社会总产出的增加，防止经济进一步低迷。

3. 商业银行税收能够影响经济结构

商业银行税收对经济结构的影响主要体现在对产业结构和地区经济结构这两个方面。

第一，在产业结构方面，商业银行为关联企业提供金融产品与信贷服务，同时购买企业的产品与服务。商业银行税收通过税负转嫁导致金融产品与服务及价格发生变化，即价格效应，使得与金融行业密切相关的企业产品价格发生变化，最终引起整个产业结构变动。

第二，在区域经济结构方面，商业银行税收政策会使得不同地区融资成本发生变化，进而导致资金在地区间流动，最终影响区域经济的发展。

综上所述，商业银行税收通过影响微观经济体行为决策，进而导致总供给与总需求变化，并对宏观经济（经济增长、经济周期以及经济结构）产生影响。

二　商业银行税收机理的模型分析

根据商业银行课税机理以及金融发展与经济增长的关联机制，我们构建一个包含家庭、生产企业、商业银行三部门在内以及信贷市场和产品市场的 Ramsey – Cass – Koopmans 连续时间经济增长模型，在其中引入税收因素来阐释商业银行税收作用机理，动态优化问题由下列方程给出：

$$U(c) = \int_0^\infty e^{-\rho t} u(c(t)) dt \qquad (2-1)$$

$$C(t) + \dot{A}(t) = (1-\tau_P) w(t) L(t) + (r(t)_s - \delta) A(t) \qquad (2-2)$$

$$Y(t) = F(K(t)_c,\ T(t) L(t)) \qquad (2-3)$$

$$\pi(t)_c = Y(t) - r(t)_l K(t)_c - w(t) L(t) \qquad (2-4)$$

$$\pi(t)_B = (1-\tau_C)[(1-\tau_B) r(t)_l Loan - r(t)_s D(t) - C(D(t),$$
$$Loan(t))] \qquad (2-5)$$

$$Loan(t) = \alpha(\mu,\ \upsilon) D(t) + K(t)_B \qquad (2-6)$$

其中，$D(t) = a(t) L(t)$ \qquad (2-7)

$$(1-\theta(\lambda)) Loan(t) = K(t)_c \qquad (2-8)$$

$$c(t)L(t) + K(\dot{i})_c + \delta K(t)_c = Y(t) \qquad (2-9)$$

$$v_g = f(v_T, \ v_K, \ v_L, \ v_{Bank}) \qquad (2-10)$$

在模型所描述的经济系统中，各微观经济体的经济行为由式（2-1）至式（2-7）所决定；式（2-8）及式（2-9）描述的是各微观经济体最优化经济决策所导致的信贷市场和产品市场的均衡条件；式（2-10）描述的是在各市场出清基础上，均衡经济增长路径由各宏观经济变量所决定。

（一）家庭部门经济决策

式（2-1）和式（2-2）描述的是家庭经济行为。假设经济中的家庭部门由众多无限期生存的代表性家庭组成，单位化在 [0, 1] 之间的连续统上。代表性家庭的单个成员偏好被定义在消费最终产品 $c(t)$①上。$e^{-\rho t}$ 表示家庭时间偏好（贴现），$\rho > 0$ 表示对于未来消费而言，家庭更看重当前消费。

家庭以所有权形式持有资产（Asset），并将资产存入商业银行获得利息收入，其中总资产记为 $A(t)$，人均资产为 $a(t)$，存款利息率为 $r(t)_s$。家庭之间必须通过银行信贷系统实现资产形式的转换。式（2-2）为家庭资产负债约束，$\dot{A}(t)$ 表示家庭总资产的变动，即为家庭税后工资性收入 $w(t)L(t)$、家庭资产自然增值 $(r(t)_s - \delta)A(t)$ 与家庭消费支出 $C(t)$ 之差的余额，其中工资薪金所得税率为 τ_p，$r(t)_s$ 为银行储蓄存款利率。如果家庭资产为负值，表明家庭实际是负债的，如果家庭资产为正值，表明存在资产盈余。

另外，鉴于家庭存在流动性约束（Liquidity Constraint），我们要对家庭的借贷行为加以约束，即排除庞氏骗局（Poniz Game），否则无限期生存的家庭一直会以利率 $r(t)$ 借新债还旧债，以至于家庭债务以滚雪球般膨胀，最终导致经济系统难以达到合意的均衡水平。合理的假设是随着时间的推移，家庭债务的现值应当逐渐减少，在期末时应清偿所有债务，即：

---

① $u(c)$ 对 c 是凹性的，即 $u' > 0$，$u'' < 0$，凹性表明家庭有平滑消费的意愿，且满足稻田条件：$\lim\limits_{c \to 0} u'(c) = \infty$，$\lim\limits_{c \to \infty} u'(c) = 0$。

$$\lim_{t \to \infty} \left\{ a(t) \exp \left[- \int_0^t (r(\tau) - n) d\tau \right] \right\} \geqslant 0$$

因而，代表性家庭应在财富约束式（2-2）以及家庭借贷行为约束条件 $\lim\limits_{t \to \infty} \left\{ a(t) \exp \left[- \int_0^t (r(\tau) - n) d\tau \right] \right\} \geqslant 0$ 下，实现消费者效用式（2-1）最大化。

（二）企业部门经济决策

式（2-3）和式（2-4）描述的是企业生产决策。假定单个企业生产函数如式（2-3）所示，$T(t)$、$K(t)_c$ 和 $L(t)$ 分别代表技术水平、资本和劳动力投入，$Y(t)$ 为企业总产出。生产型企业作为资金需求者不能直接从家庭获得生产所需资金，必须通过银行信贷系统间接获得资金用以购买生产所需要素，$r(t)$ 和 $w(t)$ 分别为企业购买生产资本支付的价格和雇佣劳动的工资率。生产型企业是完全竞争的，企业在产出约束条件式（2-3）实现其利润式（2-4）的最大化。

（三）银行部门经济决策①

银行部门作为连接资金盈余单位和资金赤字单位的纽带，商业银行信贷系统的作用主要体现在以下两个方面：一是商业银行使得信贷市场中家庭持有资产的收益（税后利息收入）与企业生产过程中使用资本的成本（企业贷款成本）存在差异，这类存贷差额构成商业银行利润来源的一部分（另一部分为商业银行证券投资收益所得）。二是商业银行可以有效地将储蓄汇集并有效转化为投资，进而促进企业的资本积累，商业银行机构是增加社会储蓄水平和促进储蓄转化投资的关键环节。式（2-5）、式（2-6）以及式（2-7）描述商业银行经济行为，具体而言：

假定商业银行是竞争性的，在既定的市场均衡存款利率与贷款利率水平下从事信贷业务。商业银行的收入来源为贷款利息收入，而成

---

① 在基本的 Ramsey - Cass - Koopmans 模型中，在资本市场中企业直接向家庭购买资本，由于不存在银行金融中介，因此并不需要支付额外的中介成本。而本节扩展上述模型，将银行引入，在资本市场中银行作为企业和家庭的中介存在。

本为家庭储蓄存款利息支出 $r(t)_s \cdot D(t)$ 与银行经营管理成本 $C(D(t), Loan(t))$ [1]。如果对银行贷款利息征收税率为 τ_B 的营业税，对银行利润征收税率为 τ_C 的企业所得税，那么银行税后利润如式（2-5）所示。[2] 进一步我们可以得到商业银行缴纳的银行业税收总额：

$$T_{Bank} = (\tau_C + \tau_B - \tau_C\tau_B)r(t)_l Loan(t) - \tau_C r(t)_s D(t)$$
$$- \tau_C C(D(t), Loan)$$

银行所面临的税后贷款利率为 $(\tau_C + \tau_B - \tau_C\tau_B)r(t)_l$；银行所面临的税后存款利率为 $\tau_C r(t)_s$，在税收负担可转嫁的情况下，会降低税后存款利率水平，从而影响家庭消费—储蓄决策。

此外，商业银行资产负债约束如式（2-6）所示，其中家庭存款 $D(t)$ [3] 以及银行自有资本 $K(t)_B$ 构成商业银行资金来源；对企业的信贷构成商业银行的资金去向 $Loan(t)$。受政府对银行业的监管所限以及银行自身经营管理水平的影响，商业银行并不能将所有的银行储蓄转化为贷款，因而银行业的效率表现为银行储蓄向企业投资转化率 α (μ, υ)，该转化率越大，商业银行效率也越高。其中 μ 表示法定存款准备金率（代表监管机构对银行的监管），且法定存款准备金率与转化率反向相关，外生给定；υ 表示银行业自身经营管理水平，该变量与转化率正相关且由银行系统内生决定。因而商业银行在资本负债约束条件下，实现自身税后利润的最大化。

（四）信贷市场均衡与产品市场均衡

引入银行部门后，信贷市场中存在信息不对称，银行可能会发生贷款损失，最终会降低银行实际贷款发放量，所以在签订信贷合同之前，商业银行通常会对贷款企业的资产负债状况进行审计，$\theta(\lambda)$ 衡

---

① 银行管理成本与银行自身存贷规模有关，满足凸性假设（规模收益递减）和齐次假设（成本函数是二阶可微的），意味着在一定范围内，随着贷款数量和存款的增加，银行管理成本也相应提高。

② 鉴于本书研究的是商业银行税收经济效应，所以仅就与银行业相关的税收展开讨论，并没有将非银行部门相关税收，如利息税纳入研究范围。

③ $D(t) = a(t)L(t)$，表示家庭将所有资产存入银行，$a(t)$ 为人均资产，$L(t)$ 为全部劳动力人口数。

量了商业银行为了获取贷款企业信息而支付的审计成本占整个贷款量的比例，该值越高，表明商业银行支付的审计成本越大，即信贷市场中信息不对称现象也越严重。因此，式（2-8）描述的是信息不对称条件下信贷市场的均衡条件，只有扣除银行审计成本后的银行贷款 $(1-\theta(\lambda))Loan(t)$ 才能全部转化为企业生产所需要的资本投入 $K(t)_c$。式（2-9）表明产品市场均衡条件，即整个社会的资源约束，全部家庭消费支出 $c(t)L(t)$ 与企业投资支出 $I(t)=K(\dot{i})_c+\delta K(t)_c$ 的总和等于社会总产出水平 $Y(t)$，其中 $K(\dot{i})_c$ 表示企业 t 期与 $t-1$ 期资本存量的变化。

以上分析表明，经济系统中的各个部门：家庭、生产型企业以及商业银行在各自约束条件下实现自身利益的最大化，且产品市场、信贷市场同时实现出清。

式（2-10）描述的是经济增长由若干经济变量的增长所决定的。一般而言，根据经济增长理论，经济均衡增长取决于技术进步 v_T、资本积累 v_K 以及劳动力 v_L 三个因素。然而，大多数有关金融与经济增长相互促进作用的文献表明①，金融发展和经济增长之间存在双向因果关系（Patrick，1966），特别是对直接融资尚不发达的发展中国家而言，银行等金融中介机构是促进经济发展的关键环节，因此我们将银行发展的因素 v_{Bank} 考虑在基本模型框架内，用以描述银行发展与经济增长之间的关系。上述动态优化问题更清晰地描述了税收如何影响商业银行最终影响经济增长的内生机制。

综合上述分析，包含税收因素的整个经济系统是一个自治系统（Autonomous System）。首先，各微观经济体的经济行为都由市场内生决定，如家庭消费与储蓄决策、企业投资与生产决策以及商业银行经营决策。其次，在市场机制内生作用下，所有市场（信贷市场与产品市场）实现均衡，共同决定各宏观经济变量。最后，在市场的均衡条件下，经济增长由若干宏观经济变量共同决定，商业银行税收政策的变化必然导致宏观经济变量的变动，经济系统也会随之进行调整，最终影响经济增长。

---

① 详见第六章第一节文献综述部分相关内容。

第三节　商业银行税收的经济效应分析

在阐述商业银行税收机制的基础上，我们将从微观和宏观两个角度入手，具体分析税收对商业银行经济决策，以及通过银行信贷系统对其他微观经济体乃至整个宏观经济的影响。

一　商业银行税收的微观经济效应

存款业务、贷款业务以及证券投资业务是商业银行向客户提供的核心业务，存贷利差收入也是商业银行主要的利润来源之一，核心业务对整个银行经营水平有着重要影响。因而以下从商业银行核心业务角度考察商业银行税收微观经济效应。根据商业银行的业务流程，税收政策作用于商业银行的资金来源，通过价格效应，改变商业银行所获取资金的相对成本，影响商业银行的融资偏好（资本结构）。同时，税收还会影响商业银行资金的使用，即商业银行税收通过影响金融资产价格水平，进而影响商业银行的信贷规模和证券投资行为。结合税收影响商业银行融资、信贷以及证券投资行为，税收最终对商业银行经营绩效产生影响。具体流程如图 2-2 所示。

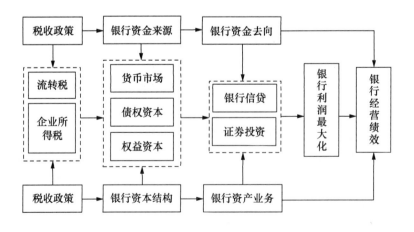

图 2-2　银行税收微观经济效应机理

（一）税收对商业银行资本结构的影响

1. 企业所得税对商业银行资本结构的影响

根据税收经济学理论，在不考虑企业融资方式的情况下，企业所得税主要是针对企业经济利润课税，并不影响企业投资和生产决策，也不会扭曲企业经济行为，属于中性税收。① 然而考虑更加一般化的情形，企业融资方式分为股权融资与债权融资，企业所得税政策对于两种融资方式的税收待遇不同，导致股权融资与债权融资相对成本不同，引起企业融资成本变化，进而扭曲企业融资行为。

对于商业银行而言，在外部金融环境既定的条件下，商业银行经营发展所需要的资金来源主要有两种：一是权益资本，即银行发行股票或者未分配利润转增资本，属于银行自筹资金可以被银行永续持有并且免费使用；二是债务资本，即家庭和企业在银行的储蓄、货币市场头寸以及银行自有资本中的债权资本。② 鉴于商业银行融资途径既包含股权融资也包含债权融资，且债务利息支出可以在税前抵免，那么企业所得税的本质并不是对银行经济利润的课税，而是对权益资本的课税，必然会对银行融资成本产生影响。下面我们从一个简单的商业银行融资成本模型③阐明企业所得税政策如何导致商业银行股权融资成本和债券融资成本发生变化，进而影响总融资成本的机理（更为详尽的模型分析详见第三章第二节以及附录 1 相关内容）。

假定企业所得税计税依据为商业银行利润，税率为 θ，银行债务的利息支出 R 可以税前扣除，企业所得税规定最高税前可以抵扣的银行贷款损失率为 ζ，银行贷款实际发生的贷款损失率为 δ④，则企业所得税税前允许扣除的总贷款损失为 ζK。银行资本每期固定收益率为 φ，商业银行应税利润为：

---

① 在不考虑企业融资方式的情况下，包含企业所得税的企业税后利润最大化一阶条件与无税情况下企业利润最大化一阶条件相同，表明企业所得税不会扭曲企业经济行为，属于中性税收。

② 主要是商业银行发行的各类银行债券，如长期资本债券。

③ Anatoli Kuprianov, "Tax Disincentives to Commercial Banking Lending", *Federal Reserve Bank of Richmond Economic*, Vol. 83, No. 2, 1997.

④ 因为银行贷款损失对商业银行最终收益的影响类似于生产型企业中经济折旧对实物资本的影响。

$$\pi = \varphi_k - R - \zeta K \qquad (2-11)$$

扣除企业所得税后的净资本收入（税后利润）为：

$$X_n = (\varphi - \delta)K - \theta\varphi K + \theta R + \theta\zeta K \qquad (2-12)$$

进一步，商业银行通过债权 D（包括银行吸收的存款以及发行的各种银行债券）和股权 S 为资本 K 融资，即 $K = D + S$。规定企业债权融资的比例为 λ_1，股权融资的比例为 λ_2，满足 $D = \lambda_1 K$，$S = \lambda_2 K$ 以及 $\lambda_1 + \lambda_2 = 1$。在均衡状态下净资本收入（税后利润）用来支付企业的债务利息 R 和股息 E。ρ_1 为银行债权融资成本率，即银行债权持有者所要求的报酬率，ρ_2 为银行股权融资成本率，即银行股东所要求的报酬率。因此，我们可以得到 $R = \lambda_1\rho_1 K$，$E = \lambda_2\rho_2 K$，那么在企业所得税条件下的商业银行融资成本为：

$$\varphi = \lambda_1\rho_1 + \lambda_2\frac{\rho_2}{1-\theta} + \frac{\delta - \theta\zeta}{1-\theta} \qquad (2-13)$$

根据式（2-12）和式（2-13），我们分别从税基和税率两个角度得出如下企业所得税影响商业银行融资结构的结论：

（1）债务利息抵免能够降低银行债权融资成本。从债务利息抵免角度看，企业所得税规定对企业债务利息支出予以税前抵免，这在一定程度上降低商业银行债权融资成本。与无企业所得税情况下的 $X = (\varphi - \delta)K$ 相比，式（2-12）中由于税法允许税前债务利息扣除使得净资本收入增加了 θR，即商业银行融资成本相对下降了 θR。

此外，商业银行资本结构中债权融资比例远远高于股权融资的比例，即商业银行绝大部分资金来源于吸收的各种存款，属于高杠杆类型行业，那么企业所得税降低商业银行债权融资成本的幅度更大。即企业债务利息税前抵免导致企业债务融资成本下降。

（2）贷款损失税法与会计差异对商业银行融资成本的影响。在一般情况下，企业所得税规定的资本折旧与银行资本的真实折旧存在一定程度的差异，进而影响商业银行融资成本。从式（2-13）我们可以发现：等式右边第三项 $\frac{\delta - \theta\zeta}{1-\theta}$ 表示为了保证企业所得税后商业银行仍能弥补贷款损失率 δ 而必须在税前计提的贷款损失率。换句话说，该项衡量了关于贷款损失抵扣的税法规定与会计规定之间的差异程度，如果 $\zeta = \delta$，该项为零，表示税法允许抵扣的贷款损失率与实际发生的贷款损失率是一致的，不存在差异，那么商业银行贷款成本没有增加，相应的商业银行融资成本也不变。如果 $\zeta > \delta$，该项为负，那么企业所得税税收优惠允许扣除更多的贷款损失，会导致税前贷款成本降低，商业银行税前融资成本也会降低。[1] 如果 $\zeta < \delta$，该项为正，企业所得税不允许扣除更多的贷款损失，商业银行贷款成本上升，那么税前融资成本增加，如表 2 - 1 所示。

表 2 - 1　　　　　　　税法与会计差异对商业银行融资成本的影响

	差异程度	税前贷款成本变化	银行融资成本影响
$\zeta < \delta$	税法不允许扣除更多的贷款损失	提高	增加
$\zeta = \delta$	不存在差异	不变	不变
$\zeta > \delta$	税法允许扣除更多的贷款损失	降低	减少

（3）企业所得税税率能够影响商业银行的融资成本。从税率角度来看，企业所得税税率变化从整体上改变商业银行融资成本。我们可以清楚地看出与无企业所得税情况下 $X = (\varphi - \delta)K$ 相比，式（2 - 12）中企业所得税使得商业银行净资本收入减少了 $\delta\varphi K$。换句话说，商业银行融资成本相对增加了 $\delta\varphi K$，即企业所得税导致商业银行整体融资成本增加。

进一步，从式（2 - 13）我们也可以发现：等式右边为包含企业所得税的商业银行融资成本。其中前两项之和 $\lambda_1\rho_1 + \lambda_2\dfrac{\rho_2}{1-\theta}$ 表示商业银行为了保证税后仍能满足支付给债权人和股东所要求收益而必须在税前支出的融资成本。由于企业所得税债务利息税前抵免，所以税前税后债务资本收益率不变，仍为 ρ_1。而对于股权资本而言，为了保证股东税后收益率为 ρ_2，则税前收益率必须提高到 $\dfrac{\rho_2}{1-\theta}$，因此在企业所

---

① 一般而言，银行按照财务会计制度计提的贷款损失准备，在企业所得税前无法完全扣除，而在实务中极少有此类超额扣除情况发生。

得税条件下，股东所要求的税前收益率增加，导致企业股权融资成本提高，债权融资成本相对下降，商业银行更倾向于债权融资，债权融资相对于股权融资比例上升。即企业所得税导致股权融资成本提高、债权融资成本降低，进而导致股权融资比例下降、债权融资比例上升，最终使资本结构发生改变。

2. 流转税对商业银行资本结构的影响

相比企业所得税对商业银行资本结构的影响，流转税影响商业银行资本结构的方式比较间接，影响力度也较弱。在现实经济中流转税的形式有增值税与营业税两种。我国是世界上少数对银行征收营业税的国家，这里我们以营业税为例，考察其对银行资本结构的影响。

假定在企业债权融资规模既定的条件下，如果商业银行将税后利润全部转增资本，那么营业税会影响商业银行股权资本与债权资本比例。① 由于营业税对银行贷款利息收入征税，相当于将银行收益在国家与股东之间进行分配，营业税税率提高，商业银行信贷收益下降，税后利润水平降低，进而留存于股东的利润比例减少，导致转增资本的未分配利润总量下降，最终股权比例降低。

综上所述，企业所得税将通过债务利息税前抵免、贷款损失税法和会计差异性以及企业所得税税率三个方面影响商业银行资本结构；而营业税也会通过左右商业银行营业收入，会对商业银行资本结构产生影响。

（二）税收对商业银行信贷水平的影响

从税负转嫁与归宿的角度来看，流转税税收负担一般由商品的消费者与生产者共同负担，从而使得消费者支付的价格提高，生产者支付的价格降低，均衡数量下降，因此营业税会扭曲企业生产行为，造成效率损失。根据产业组织理论，商业银行作为"生产"金融工具的中介组织，银行贷款是商业银行销售的"产品"，贷款利率是"产品价格"。其经营活动类似于从其他企业和家庭购买商品和服务（吸收

---

① 企业将未分配利润转增资本的行为实质上是投资收益分配的一种转化形式，根据税法相关规定自然人股东获得的收益在依法缴纳个人所得税后才可以按照相关规定投资于企业，受研究对象所限，本部分仅考虑企业所得税对公司资本结构的影响。

储蓄）经过一系列生产过程再将产品（银行贷款和证券投资）销售给最终消费者（资金需求方），因此可以将商业银行看作能够对外部经济环境变化做出最优反应，追求利润最大化的独立经济单位。

在不考虑银行资本结构的情况下①，即假定商业银行资本结构最优，企业所得税率变化并不会引起商业银行贷款利率变化，因而企业所得税并不会影响商业银行信贷决策，是中性税收。我们拓展了这一方面内容，如果考虑银行贷款损失成本不能在企业所得税前足额及时扣除，那么银行贷款损失成本就会提高信贷成本，降低银行税后贷款收益水平，最终扭曲银行最优信贷行为（具体内容参见第四章第二节相关分析）。

营业税作为流转税的一种，通过银行存贷款供求弹性，影响商业银行信贷行为。下面我们考察商业银行贷款供求弹性、税负归宿与最优信贷之间的关系，假定对银行业贷款利息收入征收税率为 t 的营业税，信贷市场均衡状态时，均衡条件满足 $D(r) = S(r-t)$，其中，均衡时贷款需求为 $D(r)$，贷款供给为 $S(r-t)$，r 为贷款利率。由此可得：

$$\frac{\mathrm{d}r}{\mathrm{d}t} = \frac{\dfrac{\mathrm{d}S(r)}{\mathrm{d}t}}{\dfrac{\mathrm{d}S(r)}{\mathrm{d}t} - \dfrac{\mathrm{d}D(r)}{\mathrm{d}t}} \tag{2-14}$$

进一步可以写成供求弹性形式：

$$\frac{\mathrm{d}r}{\mathrm{d}t} = \frac{\eta_s}{\eta_s - \eta_d} \tag{2-15}$$

其中贷款供给弹性 $\eta_s = \dfrac{\Delta Q_s / Q_s}{\Delta P / P}$；贷款需求弹性 $\eta_d = \dfrac{\Delta Q_d / Q_d}{\Delta P / P}$。式（2-15）表明：均衡贷款利率随着营业税率的变动与贷款供给弹性的大小有关。

进一步通过图 2-3 阐明营业税税率变动，商业银行最优信贷水平和贷款利率之间的关系。其中横轴表示商业银行贷款量，纵轴表示

_____

① 对商业银行微观经济分析均是在局部均衡框架下进行的，因而在厘清税收对银行资本结构影响的前提条件下，我们假定银行资本结构不再发生变化，进而分析税收对商业银行信贷行为影响。

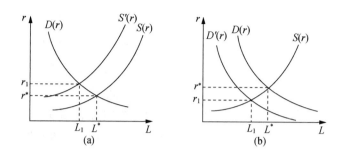

图 2 - 3　课征营业税后商业银行信贷供求分析

贷款利率，$D(r)$ 表示银行贷款需求曲线，$S(r)$ 表示银行贷款供给曲线。如图 2 - 3（a）图所示，当贷款供给弹性大于贷款需求弹性时，即 $\eta_s > \eta_d$，根据式（2 - 15）$\dfrac{\mathrm{d}r}{\mathrm{d}t} > 0$，表明营业税导致均衡利率水平上升，贷款供给曲线 $S(r)$ 向左上方移动到 $S'(r)$，最优贷款数量从税前的 L^* 下降到税后的 L_1 水平，且均衡贷款利率由 r^* 上升到 r_1，其经济学含义为：当贷款供给弹性大于需求弹性时，向贷款利息征收营业税后，税收负担向前转嫁给贷款方，最终导致最优贷款数量下降，均衡贷款利率[1]上升。如图 2 - 3（b）所示，当贷款供给弹性小于贷款需求弹性时，即 $\eta_s < \eta_d$，同样根据式（2 - 15）$\dfrac{\mathrm{d}r}{\mathrm{d}t} < 0$，表明营业税导致均衡利率水平下降，贷款需求曲线 $D(r)$ 向左下方移动到 $D'(r)$，最优贷款数量从税前的 L^* 下降到税后的 L_1 水平，且均衡贷款利率由 r^* 下降至 r_1，其经济学含义为：贷款供给弹性小于贷款需求弹性时，向贷款利息征收营业税后，营业税收负担向后转嫁给商业银行，最终导致最优贷款数量下降，均衡贷款利率下降。

　　据以上分析，我们可以得出以下结论：（1）无论税负如何转嫁，营业税均会减少商业银行最优信贷水平。（2）营业税对于均衡贷款利率的影响取决于商业银行贷款供求弹性，如果贷款供给弹性大于需求弹性时，营业税税收负担由贷款需求者承担，均衡利率上升；如果贷

---

　　①　这里的均衡利率指的是信贷市场供求均衡时，贷款者在信贷市场中所面临的利率水平。

款供给弹性小于需求弹性时，营业税税收负担由贷款供给者，即银行承担，均衡利率下降。

（三）税收对商业银行证券投资行为的影响

银行的主要功能是作为经济社会资金的蓄水池，创造并提供经济主体所需要的金融服务。在其所提供的主要金融服务内，其中，一项是银行信贷，尤其是支持经济建设的商业投资贷款（包括大规模的基础设施建设贷款）和消费信贷；另一项是银行证券投资，即银行把资金投放于各种长短期不同的债券，以实现资产收益并保持相应的流动性。

购买政府债券是商业银行证券投资很重要的一个方面，而企业所得税法中规定政府债券利息收入属于免税收入，该项优惠政策会在一定程度上刺激商业银行倾向于投资政府债券。接下来我们将阐明税收如何通过影响商业银行证券投资税后收益率（证券价格）进而影响银行证券投资行为。

式（2-16）和式（2-17）表明利率、证券价格与银行持有证券之间的关系。

$$D = \frac{\sum_{n=1}^{k} \frac{C_i}{(1+r)^n} \times n}{NI} \qquad (2-16)$$

$$\frac{\Delta P}{P} = -D \times \frac{\Delta i}{1+i} \qquad (2-17)$$

其中，NI 表示现金流的净现值，n 为期限，r 为到期收益率，C_i 表示证券每期收益，D 为久期（Duration）即该证券能给银行带来多长时间的现金收入。式（2-16）表明久期与现金流净值、到期收益率以及证券每期收益相关。P 表示证券价格，i 表示银行利率。将上述两式结合起来可以得到证券价格和利率之间的弹性，即：

$$e = \frac{\Delta P/P}{\Delta i/i} = -\frac{\sum_{n=1}^{k} \frac{C_i}{(1+r)^n} \times n}{NI} \times \frac{i}{1+i} \qquad (2-18)$$

由于证券价格取决于银行利率与证券息票率，在证券息票率一定的情况下，证券价格与市场利率反向变动。式（2-18）表示证券价格利率弹性，即证券价格变动对利率变化的反应程度，即利率上升

（下降）一个百分点，会导致证券价格下降（上升）的幅度。如果商业银行税收政策导致利率上升（下降），会导致证券价格下降（上升），下降（上升）幅度取决于该弹性的大小。因此，税收正是通过影响利率变化，进而影响债券价格变动，最终间接改变商业银行证券投资行为选择。

（1）富有弹性时，税收导致商业银行减少证券持有水平。该弹性大于1，即 $e > 1$ 时，表明证券价格对利率变化比较敏感，税收政策导致利率上升一个百分点，会引起证券价格下降的幅度大于一个百分点，相应的银行贷款的利息收入小于证券价格下跌造成的资本损失，商业银行为了避免更大损失，就会减少证券持有水平，将资金更多用于信贷投放。

（2）单位弹性时，税收不会引起证券投资水平变化。由于弹性等于1，即 $e = 1$ 时，利率上升幅度与证券价格下降幅度一致，在其他条件不变的情况下，银行贷款盈利与证券投资资本损失大小相等，银行贷款与证券投资之间无差异。

（3）缺乏弹性时，税收导致商业银行增加证券持有水平。由于弹性小于1，即 $e < 1$ 时，利率上升一个百分点而证券价格下跌幅度小于一个百分点，证券价格对利率变动不敏感，商业银行将资金用于证券投资。

（四）税收对商业银行业经营绩效的影响

以上我们从银行资金流向和业务构成角度分别阐述税收对银行业融资行为、信贷行为以及证券投资行为的影响，接下来将三者结合起来，考察税收对商业银行经营绩效的综合影响。

商业银行就是克服信贷市场信息不对称和交易成本过高发展而来的，是市场经济条件下追求效率的结果。从广义上讲，银行效率是指银行有效发挥自身功能，合理配置投入产出资源，最大限度地促进经济可持续发展；从狭义上讲，银行效率并不单单指银行自身利润最大化，而是安全性、流动性以及盈利性这三方面的统一。因此，本部分所讲的银行业经营绩效是指狭义的银行效率。税收主要是通过影响银行安全性、流动性①和盈利性，进而影响银行经营绩效水平（如

---

① 商业银行税收几乎不会影响到商业银行流动性。

图 2－4 所示）。

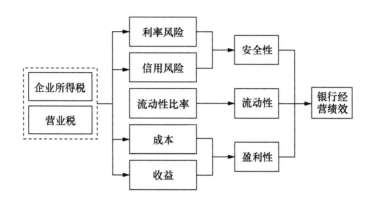

图 2－4　税收对商业银行经营绩效的影响

1. 税收影响商业银行资产的安全性

从商业银行安全性的角度来看，与一般工商业企业资本结构不同，银行是经营货币资金的企业，其自有资本在资产负债表中的比例较低，即银行属于高杠杆企业，因而面临的风险较大。商业银行在经营过程中主要面临的风险类型包括信用风险①和利率风险②，衡量银行信用风险和利率风险的核心指标有不良贷款率、不良资产率、资本充足率、不良贷款拨备覆盖率等。税收政策均会影响商业银行信用风险和利率风险，进而对商业银行经营绩效水平产生影响。

（1）流转税对商业银行风险的影响。向商业银行贷款利息收入征收营业税，在考虑营业税负转嫁的情况下，会增加商业银行信用风险和利率风险。根据税负转嫁理论，如果商业银行通过提高贷款利率将营业税收负担向前转嫁给贷款者，贷款方因为税后还贷压力增加，有可能出现不能及时偿还贷款本息的情况，商业银行信用风险增大，经

---

① 信用风险，是指借贷双方发生借贷行为后，贷方不能按时归还贷款本息和导致银行面临损失的可能性。商业银行几乎所有业务都面临着信用风险，其中以信贷业务的信用风险最大。

② 利率风险，是指经济主体在筹集和运用资金时，由于利率变动可能造成的损失。利率风险主要表现在利率水平变化导致经济主体筹集和运用资金时，付出比市场平均水平更高的利息成本或者获得低于市场平均水平的收益。

营绩效水平下降。

（2）企业所得税对商业银行风险的影响。如前所述，银行贷款损失类似于工商业企业的经济折旧，属于银行经营过程中客观存在的运营成本。企业所得税法规定，银行贷款损失可以在一定限度内予以税前扣除，因此如果商业银行实际发生贷款损失时及时予以扣除，那么就不会引起贷款价值发生变化，也不会增加银行的信用风险，扭曲企业风险溢价，最终商业银行经营绩效水平得以提高。

2. 税收影响商业银行的盈利性

商业银行的盈利性指标，在短期可以反映其经营成果的大小，在长期则体现其持续经营的能力水平。税收能够影响到商业银行存贷差，而税后存贷差是商业银行盈利的主要来源，因此银行税收也会影响到商业银行盈利性，进而影响商业银行经营绩效。

从商业银行收益角度考虑，政府对银行贷款利息收入征收流转税，在税负不能完全转嫁的情况下，其最终负担落在银行收益上，降低商业银行收益，提高商业银行经营成本，从而降低商业银行盈利水平。从商业银行成本角度考虑，企业所得税中规定对银行贷款损失予以弥补，银行获得税收收益，降低商业银行信用风险和银行运营成本，提高商业银行经营绩效水平。

二 商业银行税收的宏观经济效应

商业银行税收使得银行为弥补税收成本而增加了存贷款利息差。作为银行税后利率的一部分，在税收负担可转嫁的情况下，商业银行税收随着银行信贷系统中资金的流动，由信贷双方或者一方承担，不仅对银行业融资效率产生影响，而且随着资金在经济系统内部流动影响其他微观经济体（家庭和企业）经济行为，最终会对整个宏观经济产生重大影响。因此，根据税收经济学理论，在市场经济中商业银行税收对宏观经济一般存在两种影响：一是对合意市场均衡的扭曲效应，会带来超额税收负担，是一种效率损失；二是对非合意市场均衡的纠正效应，即对市场失灵的纠正，是一种效率提升。以下将从这两个方面阐述商业银行税收是如何改变银行中介成本，扭曲（纠正）经济主体行为，进而影响市场均衡，造成超额税收负担和效率损失（效率提升）。

（一）商业银行税收与社会总供求

1. 商业银行税收对社会总供给的影响

在社会总需求保持不变的情况下，Solow（1957）[1] 认为，在生产过程中，每一种要素都是根据其边际产出获得报酬，即每一种要素对经济增长的贡献是该生产要素的边际产出与其生产份额之积的加权平均。即：

$$\frac{\Delta Y}{Y} = g_T + \alpha_K \frac{\Delta K}{K} + \alpha_N \frac{\Delta N}{N} \qquad (2-19)$$

式（2-19）表明经济增长或者是人均产出的增加，主要取决于资本积累程度、劳动就业水平以及技术进步水平。其中，$\alpha_K \frac{\Delta K}{K}$ 表示资本份额对经济增长的贡献；$\alpha_N \frac{\Delta N}{N}$ 表示劳动就业水平对经济增长的贡献；g_T 表示全要素生产率增长率（Rate of Growth of Total Factor Product，TFP），即技术进步对经济增长的贡献。虽然商业银行税收在劳动就业以及技术进步[2]方面发挥作用，但主要是通过影响资本积累进而对社会总供给产生影响的。[3]

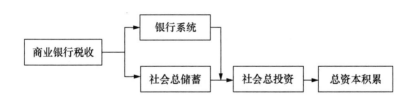

图 2-5　商业银行税收促进资本形成路径

---

① Robert Solow，"Technical Change and the Aggregate Production Function"，*Review of Economics and Statistics*，1957，pp. 312-320.

② 这里所讲的技术进步是指经济增长理论中使劳动和资本这两种生产要素任意给定的投入量所产生的产量较前增加的技术进步，包含资本增进型技术进步、劳动增进型技术进步以及希克斯中性型技术进步。

③ FDI（外商直接投资）内生的技术溢出效应也会对一国经济增长产生重要影响。商业银行税收政策可以激励商业银行向特定产业融资，降低国内企业融资成本，FDI 的溢出效应更加明显，对经济增长的贡献也更为显著。

如图 2 - 5 所示，在金融市场中，储蓄到资本积累要经历三个阶段：第一阶段是储蓄集中，即银行等金融机构将家庭、政府和企业储蓄汇集起来，形成社会总储蓄。第二阶段是储蓄转化，即银行等金融机构将集中的货币资金通过信贷渠道投放给企业，企业用来购买生产所需要的资本，如厂房、机器设备等。第三阶段是资本形成，即企业通过一定的生产技术将资本、劳动力等生产要素整合，生产出符合市场需求的产品，进而促进收入增加和经济增长，这样商业银行对资本形成最终作用才得以实现。

将这三个阶段联系起来，通过资本积累方程 $K_{t+1} = I_t + (1-\delta)K_t$ 以及储蓄与投资关系，我们可知投资 I 来源于储蓄 S，而 $t+1$ 期资本积累来源于 t 期的投资 I_t 与 t 期的扣除折旧后的资本剩余 $(1-\delta)K_t$。因此商业银行税收对社会资本积累的影响主要体现在：商业银行税收通过银行系统，影响储蓄转化为投资的效率，进而影响社会总资本积累[1]，具体而言：

商业银行税收能够降低储蓄转化投资率。商业银行通过提供各种金融服务将储蓄转化为投资的过程中必然会产生各种成本，使得银行吸收的储蓄资金不能百分之百转化为银行信贷投放出去。因此，商业银行税收负担过重导致银行成本增加，进而降低储蓄转化为投资的效率，影响社会总投资水平，最终降低社会资本积累[2]，即商业银行税收负担增加导致储蓄对投资的转化效率 $a(\mu, \upsilon)$ 下降，进而导致社会总投资 I 下降，最终使总资本积累水平下降。

由此可见，商业银行税收能够通过影响总产出的决定因素——资本积累，最终对社会总供给产生影响。

2. 商业银行税收对社会总需求的影响

金融发展与经济增长的相关理论大多数都是从社会总供给角度出发，认为金融发展通过资本积累，主要实现途径是加速储蓄—资本转

---

① 储蓄转化为投资的效率从微观角度来看，影响商业银行经营绩效水平，从宏观角度来看，影响社会总资本积累水平。参见第二章第二节中所构建的商业银行税收理论模型的论述。

② 新古典经济增长模型是建立在完全竞争市场环境下，不存在银行等金融机构，社会中的储蓄能够完全自动转化为投资，即 $I = S$。

化过程，然后在资本形成的基础上通过吸收劳动就业将生产技术转变为现实生产力，实现产出增加，主要依据的是新古典经济增长理论，即商业银行税收政策通过金融发展—经济增长的传导路径影响经济增长。然而较少金融发展与经济增长理论涉及银行业对社会总需求影响方面，接下来我们从社会总需求角度出发，以凯恩斯国民收入决定理论为框架，考察银行业相关税收政策对社会总需求的影响。

从国民收入构成角度分析，社会总需求由三部分构成①：消费需求 C、投资需求 I 和政府支出需求 G②，因此，在封闭经济条件下，社会总需求为三者之和，即 $Z = C + I + G$。由于我们已经在前文第二节中明确商业银行税收特指政府针对商业银行机构征的各种税，因此商业银行税收主要通过利率效应影响投资需求，进而影响总需求。③

接下来我们重点考察商业银行税收对投资需求的影响。商业银行税收对投资需求的影响主要有两个途径：一是通过利率效应，改变企业资本成本，进而影响企业投资需求；二是通过影响金融市场中企业价值，进而改变企业的投资激励。

（1）商业银行税收对企业资本成本变动的影响。乔根森（Jorgenson）在研究企业投资行为决策时，最早提出新古典投资理论，构建了标准的投资成本模型。根据这一理论，在生产过程中，企业不断积累资本，直到最后一单位投资的收益（资本的边际收益）等于资本的使用成本（资本边际成本）为止，其中资本的使用成本包括投资的边际融资成本、折旧等。因此企业无税时最优投资决策满足：

$$MPK = r + \delta \tag{2-20}$$

其中，MPK 表明资本的边际产出，r 表示银行利率，δ 表示资本折旧，此时企业投资效率达到最高，最优资本积累量为 K^*。

---

① 本书主要研究封闭经济不考虑进出口。

② 这里的政府支出特指政府购买性支出，由于政府投资行为包含在商业银行税收对投资决策影响这部分内容中，这里对商业银行税收影响政府支出不做单独分析。

③ 本部分的研究重点是税收对商业银行自身产生影响，进而对整个宏观经济产生影响的过程。在第二章第二节中通过对商业银行税收含义的阐释，我们已经明确商业银行税收特指政府针对商业银行机构征的各种税。因此，税收对家庭储蓄和消费决策的影响，并不属于商业银行税收经济效应范畴。

假设企业投资所需资金来自商业银行，那么对银行贷款利息征收营业税影响银行利率变动，进而导致企业边际融资成本发生变化，最终影响企业投资需求。尤其是当银行贷款利息率可以自由浮动时，会存在营业税税负转嫁情况，影响企业投资决策。根据税负转嫁与归宿理论，流转税的税负归宿并不取决于向银行还是贷款者征收营业税，一般而言，税收负担由双方共同承担，而各自承担的比例由贷款供求曲线的利率弹性决定。① 因此，对银行贷款利息收入征收营业税，从理论上讲，银行可以提高贷款利率将部分营业税税负向前转嫁给贷款者或者通过降低存款利率将营业税负担向后转嫁给存款者。

对于贷款人而言，可供选择的融资方式越多，银行贷款的可替代性就越强，那么银行贷款的需求弹性也越大，银行将营业税负担向前转嫁给贷款者的比例就越小。一般情况下，企业除了向银行贷款融资之外，还可以采用直接融资方式，在金融市场上发行股票和企业债券融资，或者用内部资金（企业未分配利润）融资。金融市场越完善，企业对银行贷款的需求弹性也越大；反之，则越小。因此，从市场层面上讲，以银行等间接融资为主的国家（如德国、日本），银行贷款的需求弹性相对较小；而以直接融资为主的国家（如美国、英国），银行贷款的需求弹性较大。从企业层面讲，相对于大企业而言，中小型企业以及盈利能力较弱的企业可选择的融资方式较少，在金融市场中直接融资较为困难，对银行贷款的需求弹性一般较小。

而对于存款人而言，其可供选择的储蓄方式较多，银行存款的可替代性较强，银行存款的供给弹性较大，商业银行将营业税向后转嫁给储蓄者的比例相对较小。一般而言，储蓄者可以选择购买有价证券（国债）、基金类产品以及不动产等作为替代银行储蓄的手段，因此银行存款供给曲线弹性较大。

在此为了简化分析，我们假设银行存贷业务相互独立，因而银行贷款利率变动不会影响银行存款利率，即对银行贷款利息征收营业税不会影响储蓄存款利率变化，银行营业税税负不会向后转嫁给储蓄者。因此，如果银行将贷款利息营业税税负全部转嫁给贷款者时，企

---

① 营业税税负转嫁分析详见前文微观部分税收对商业银行信贷行为的影响分析。

业支付的实际贷款利率增加到 $\frac{r}{1-\tau_c}$，其中，τ_c 为营业税税率，税后的企业投资决策为：

$$MPK_1 = \frac{r}{1-\tau_c} + \delta \qquad (2-21)$$

此时，企业资本存量为 K_1，与式（2-20）中最优资本存量 K^* 相比，$K_1 < K^*$，企业税后资本存量下降，投资需求下降，营业税扭曲了企业最优投资决策，造成效率损失。① 即使银行营业税实现部分转嫁，企业支付的实际贷款利率也会增加，但增加幅度小于 $\frac{r}{1-\tau_c}$，即企业贷款投资后的资本存量水平高于 K_1 水平，但还是低于无税时 K^* 的水平，也存在一定程度的效率损失。

因此，银行营业税税负越高，对企业投资决策的扭曲程度也就越大，造成的效率损失也就越高，即营业税税率 τ_c 提高导致企业支付的贷款利率上升、资本成本增加，造成企业对资本品需求下降、投资需求 I 下降。

（2）商业银行税收对企业投资激励的影响。托宾（Tobin）在投资调整成本模型基础上提出了托宾 q 投资理论，即金融市场中企业价值有助于衡量资本存量缺口，变量 q 定义为在金融市场中企业市场价值与企业资本重置成本的比值，即：

$$q = \frac{MPK - \delta}{r} \qquad (2-22)$$

变量 q 定义为在金融市场中企业市场价值与企业资本重置成本的比值。考虑 q 大于 1 的情况，即企业资本重置成本小于企业市场价值，企业在金融市场和资本品市场中存在套利机会。企业一方面在金融市场中发行股票和企业债券以筹集资金，另一方面企业将筹集的资金在资本品市场中购买更多的资本用于生产，实现生产规模的扩大。在这一过程中形成了企业的投资激励，企业投资需求增加，即利率下降导致企业资本重置成本下降，企业投资激励增强，企业投资需求增加。

---

① $MPK(K)$ 是资本存量 K 的减函数。

因此，存在税负转嫁的情况下，如果对银行贷款利息收入征收营业税，银行贷款利率上升，企业购进生产资本所需成本增加，套利空间减小，降低企业投资激励，投资需求下降。我们发现不论是从税收改变企业投资资本成本还是改变企业市场价值的角度来看，与无税情形下相比，商业银行税收（营业税）都会对企业投资行为产生扭曲，降低企业投资需求。

综上所述，商业银行税收作为一种外生的政策变量，对要素投入施加影响，参与要素市场中总供给曲线的形成，同时也对消费和投资决策产生影响，参与产品市场中总需求曲线的形成，当市场中总需求与总供给相等时，所有市场均达到均衡状态。

（二）商业银行税收对经济增长的影响

为了阐明商业银行税收与经济增长之间的关系，我们使用凯恩斯宏观经济均衡模型，即总需求—总供给 AD – AS 模型，来反映在产品市场、货币市场以及劳动力市场共同达到均衡的条件下，价格水平与国民收入之间的关系。

根据上文商业银行税收与社会总供给关系分析可知，总供给关系代表了在产品市场和劳动力市场均衡条件下，总产出与价格水平之间的关系，总供给函数关系如式（2 – 23）所示。

$$Y^S = Y^S\left(A,\ \frac{w}{P},\ K\right) \tag{2 – 23}$$

其中，Y^S 代表总产出，A 代表技术进步水平，$\frac{w}{P}$ 代表实际工资率，K 代表资本积累水平。

根据上文商业银行税收与社会总需求关系分析可知，总需求关系代表了产品市场与货币市场均衡条件下，价格水平与总需求的关系，总需求函数关系如式（2 – 24）所示。

$$Y^D = Y^D\left(C,\ I,\ \frac{M}{P}\right) \tag{2 – 24}$$

其中，Y^D 代表总需求，C 代表总消费，$\frac{M}{P}$ 代表实际货币余额，I 代表总投资水平（包括政府投资）。

因此，在给定的预期价格水平和相关政策环境下，银行税收通过改变利率，价格、收入等因素影响微观经济体的经济行为，进而在市场中表现为相关宏观经济变量（如社会总产出，价格水平、消费、投资等）发生变化，导致社会总供给总需求关系发生改变，由此打破了原有的宏观经济均衡，经过一系列市场机制的自发调节，形成了新的宏观经济均衡稳态水平，在这一过程中经济实现均衡增长。

在图 2 - 6 中，纵轴表示价格水平，横轴为国民收入水平，初始状态为 A 点，总需求曲线 AD_0 与总供给曲线 AS_0 相交决定的国民收入水平为 Y_0，价格水平为 P_0，此时均衡产出水平较低，经济增长率较低，处于萧条状态。假设政府为了促进经济增长，采取扩张性的财政政策，如逐步降低对银行贷款征收的营业税税率和企业所得税税率等税收优惠政策，那么根据前文对商业银行的微观经济效应以及商业银行税收总供给和总需求影响效应分析可知：在商业银行税收负担能够转嫁的情况下，商业银行税收负担下降，那么税后利率水平也将有所下降，低利率水平有助于增加社会总供给与总需求水平，最终促进经济增长。

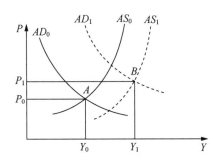

图 2 - 6　商业银行税收对经济增长的影响

1. 减税促进社会总供给水平增加

根据经济增长相关理论，商业银行税收主要通过影响资本形成最终影响决定社会总供给水平（参见前文商业银行税收对社会总供求的影响）。减税导致税后利率下降有助于银行将储蓄转化为投资，提高资本积累水平，导致企业产出增加，因此通过上述传导方式使得总供

给曲线 AS_0 向右移动到 AS_1 位置。

2. 减税促进社会总需求水平增加

根据相关投资理论，作为投资主体的企业，利率降低减少企业资本使用成本，进而提高企业投资需求。因此受投资需求增加的影响，社会总需求曲线由 AD_0 向右移动至 AD_1 位置。

这样新的宏观经济均衡状态由相交于 B 点的总供给曲线 AS_1 与总需求曲线 AD_1 决定。新的价格水平为 P_1，均衡产出为 Y_1 且高于初始状态 Y_0，产出增加，实现经济的增长目标。

综合上述分析，一方面，税收直接作用于银行系统，降低银行税后利率水平，进而银行中介成本降低，包含成本的信贷资金流向企业，改变企业资本积累水平，影响企业总产出，进而改变社会总供给水平；另一方面，商业银行税收，改变企业投资决策，进而影响社会总需求水平。商业银行税收通过两方面共同促进经济增长。

（三）商业银行税收对经济波动的影响

商业银行税收政策对经济波动的影响主要表现在两方面：一方面根据凯恩斯经济周期理论，假设信贷市场完善的条件下，商业银行税收通过自动稳定器和相机抉择机制抑制经济波动；另一方面考虑信贷市场不完善导致借贷成本增加，存在借贷双方有可能无法有效达成交易的可能性，从而导致现实经济发生剧烈变动，而商业银行税收政策降低企业面临的外部融资成本和银行信贷风险，在一定程度上减轻由于信贷市场不完善造成的经济波动，甚至降低发生金融危机的可能性。

因此，本部分首先在假设信贷市场完善的条件下，考察商业银行税收政策对宏观经济波动影响的理论；其次考虑信贷市场不完善条件下，分析经济萧条时商业银行税收如何抑制宏观经济进一步恶化的内在机理，进而阐明商业银行税收抑制宏观经济波动的效应。

1. 商业银行税收对经济波动影响的一般分析

假设信贷市场完善条件下，考虑政府部门以及进出口的四部门开放经济中，政府支出为 G（政府支出中包含政府投资性支出），政府税收为 T，政府用于居民救济与补贴的转移性支出为 TR，进出口为 NX。根据凯恩斯国民收入决定理论，国民收入 Y 取决于家庭总消费

C，私人投资 I，政府支出 G 以及进出口 NX。

$$Y = C + I + G + NX \qquad (2-25)$$

根据凯恩斯绝对收入理论，家庭消费 C 取决于家庭可支配收入 Y_d，即 $C = C_0 + \beta Y_d$，其中，C_0 为家庭自发性消费，β 为边际消费倾向。假设政府向家庭收入征收税率为 t 的所得税 $T = tY$，那么家庭可支配收入为 $Y_d = Y - TR - tY$。将家庭消费函数代入式（2-25），可得均衡条件下的国民收入水平为：

$$Y = \frac{1}{1-\beta(1-t)}(C_0 - \beta TR + I + G + NX) \qquad (2-26)$$

根据式（2-26）我们可以得出投资乘数 K_I，购买性支出乘数 K_G、净出口乘数 K_{NX} 以及转移支付乘数 K_{TR}，各种乘数之间存在如下关系：

$$K_I = K_G = K_{NX} = \frac{1}{1-\beta(1-t)}; \quad K_{TR} = -\frac{\beta}{1-\beta(1-t)} \qquad (2-27)$$

由式（2-27）可知，投资乘数、政府支出乘数以及进出口乘数相等且为正，转移支付乘数为负，表明投资、政府支出以及进出口投资、政府支出以及进出口与国民收入变动是顺周期性（Pro-cyclical），而转移支付与国民收入变动是逆周期性（Counter-cyclical），通过相应乘数的放大作用导致经济处于周期性波动。当经济处于繁荣状态时，产出增加，国民收入增加，从而投资、政府支出、转移支付以及进出口都增加，通过乘数（K_I、K_G、K_{NX} 和 K_{TR}）作用，引起国民收入多倍增加，增加量为：$\Delta Y = K_I \Delta I + K_G \Delta G + K_{NX} \Delta NX + K_{TR} \Delta TR$。反之，当经济处于衰退状态，产出减少，国民收入减少，从而投资、政府支出、转移支付以及进出口都相应减少，同样通过乘数（K_I、K_G、K_{NX} 和 K_{TR}）作用，引起国民收入多倍增加，减少量为：$\Delta Y = K_I \Delta I + K_G \Delta G + K_{NX} \Delta NX + K_{TR} \Delta TR$。

接下来，我们具体分析商业银行税收政策抑制经济波动的机理：

（1）商业银行税收政策通过自动稳定机制减轻经济波动。根据式（2-26）和式（2-27）我们可以得出：商业银行税收制度本身存在削减经济波动的自动稳定机制。与无税情况（$t=0$）相比，显然投资乘数 K_I、政府支出乘数 K_G 以及进出口乘数 K_{NX} 均变小，即商业银行税收的存在降低了乘数本身的作用，使投资、政府支出以及进出口的波动对总产出的影响变小。

（2）商业银行政策通过相机抉择机制减轻经济波动。在其他条件不变的情况下，税率 t 变动会引起国民收入反向变动，这种影响关系可以通过对均衡收入等式（2-26）的两边分别对 t 求导反映出来，即

$$\frac{\mathrm{d}Y}{\mathrm{d}t} = -\frac{\beta Y}{1-\beta(1-t)} < 0; \quad \frac{\mathrm{d}^2 Y}{\mathrm{d}t^2} = \frac{\beta^2 Y}{[1-\beta(1-t)]^2} > 0 \qquad (2-28)$$

式（2-28）表明随着 t 增大，Y 减小且减小的幅度变大，因此可以通过商业银行税收杠杆作用对经济进行有目的的调节。

综合上述（1）与（2）点分析，我们以图2-9为例，阐明在经济萧条时商业银行税收抑制宏观经济进一步恶化的内在机理，商业银行税收抑制经济过度繁荣机理与此相反，不再赘述。

如图2-7所示，虚线框内侧箭头所示的传导路径表明无税收情况下，银行对经济周期波动的循环影响。当经济处于衰退状态时，企业产出和利润水平均下降，资金紧张，导致企业难以偿还银行贷款，银行信贷风险增加，而商业银行业为了抵御经济衰退以及不良贷款增加导致的损失，采取缩短银行贷款期限以及提高贷款利率的措施，一方面直接导致银行贷款供给下降，另一方面贷款利率的提高导致贷款企业融资杠杆比率上升，企业净值减少，进而银行贷款需求下降。这两方面导致社会总投资的恶化，企业和银行破产增加，最终经济面临更严重的衰退。

虚线框外侧箭头表明商业银行税收通过减少银行中介成本与减少银行贷款损失两个途径减缓经济衰退程度。如图2-7所示，政府在经济萧条的时期，采取特定的营业税税收政策，如降低银行业贷款营业税税率，使得企业所面临的税后贷款利率不至于上升过高，企业所面临的还贷压力也不至于过大，因此延缓了信贷需求下降的幅度，进而降低企业破产概率，减轻社会总投资恶化程度，从而在一定程度上缓和经济的进一步萧条。

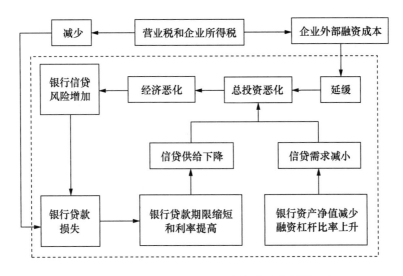

图 2 - 7 商业银行税收对经济波动影响传导机制

在经济处于萧条状态时，银行会遭受实质性的贷款损失，而银行贷款损失是导致银行破产的重要因素之一。一方面，对于企业所得税而言，在实际贷款损失发生时应及时将贷款损失予以税前扣除，保证企业所得税减免与银行贷款损失在时间和数量上一致，这样才不会改变风险不同的银行资产之间相对价格和风险溢价，保持银行贷款价值不发生变化。另一方面，银行贷款损失要靠银行自身资本弥补，而银行税后利润可以转增资本，这样在经济萧条时期降低企业所得税，银行税后利润相对增加，银行弥补贷款损失的能力增强，导致银行破产可能性降低，延缓经济的进一步萧条。

2. 信贷市场不完善条件下商业银行税收政策对经济波动的影响

上述考察商业银行税收抑制经济周期性波动的机理，并未考虑信贷市场不完善问题。根据金融经济周期理论，在当前金融工具创新不断取得突破，资金高度的流动性改变着当前经济周期的运行特征。[1]经济系统中微小的冲击会由信贷市场的放大和加速作用而对国民经济

---

① 传统的经济周期理论难以解释当前货币冲击、股市大跌等导致的短期经济剧烈波动，尤其是难以解释 2008 年由美国次贷危机所引发的全球经济危机。

产生巨大影响（Bermanke and Gertler，1989）[①]，即经济系统中本身存在波动，这种信贷市场机制缺陷产生波动叠加效果，加剧经济波动，甚至导致金融危机的爆发。众所周知，在信贷市场中借贷双方存在信息不对称现象，借方总是希望了解到贷方尽可能多的信息，这样可以消除委托代理问题。然而事实上，贷方为了自身利益，并不会将所有信息公开，这样使得信贷市场中信息不对称性加剧，由此造成的摩擦成本也增加，同时在信贷危机下，借贷双方害怕承受巨大成本，信贷合同可能无法达成，市场机制失效，引起宏观经济变量，如消费、投资及进出口等的剧烈波动。Bernanke、Gertler 和 Gilchrist（1999，以下简称 BGG）[②] 首次提出金融加速器概念，即金融和信贷市场存在加速机制，当经济系统中出现微小冲击，如利率波动、税收因素等，就会通过信贷渠道和资产负债表渠道将这种冲击作用扩大，以至于对整个经济社会产生巨大影响。该模型常常用来解释金融危机现象，如亚洲金融危机、2008 年的全球金融危机以及欧债危机等。根据 BGG 中金融加速器机制核心方程，企业净资产与资本需求存在如下关系：

$$Q_{t+1} \times K_t = \Psi\left(E_t \frac{R_{t+1}^k}{R_{t+1}} \right) \times NW_{t+1} \tag{2-29}$$

其中，企业将 t 期所购买的资本品 K_t 用于 $t+1$ 期的生产过程，Q_{t+1} 表示 $t+1$ 期企业资本品价格，R_{t+1}^k 为 $t+1$ 期企业资本回报率，R_{t+1} 为市场无风险回报率，企业净资产为 NW_{t+1}，$\Psi'(\cdot) > 0$。式（2-29）表明企业财务状况与外部融资成本之间的关系。企业财务状况的改善会减少企业的预期信贷违约率，从而企业外部融资成本下降，企业会借贷更多以扩大生产规模；同时，企业规模的扩大也受企业财务状况的制约，随着借款额的提高，企业预期违约率逐渐上升，最终提高了企业的融资成本，企业也很难再从银行获得资金。

商业银行税收政策通过以上银行信贷渠道和企业资产负债表渠道

① Bernanke, Ben, and Mark Gertler, "Agency Costs, Net Worth, and Business Fluctuations", *The American Economic Review*, Vol. 79, No. 1, 1989, pp. 14-31.

② Bernanke, Ben S., Mark Gertler, and Simon Gilchrist, "The Financial Accelerator in A Quantitative Business Cycle Framework," *Handbook of Macroeconomics*, Vol. 1, 1999, pp. 1341-1393.

对国民经济产生影响。如果经济处于繁荣状态，产出水平提高，企业净资产增加，外部融资成本减小①，此时如果通过相关税收政策增加企业外部融资成本，如对于企业税后利润再投资不允许税收抵免，不鼓励商业银行向产能过剩行业贷款，不允许企业延期纳税等政策，企业投资水平将不会提高很快，进一步降低企业产出增长速度。相反，如果经济处于衰退状态，企业产出水平下降，相应的商业银行税收政策，如适当降低银行贷款的营业税税率，允许企业延期纳税等政策，企业净资产水平不至于下降过多，信贷违约可能性降低，企业投资水平不至于下降过快，最终产出水平下降相对较小，以免经济处于更严重的衰退状态。

（四）商业银行税收对经济结构的影响

所谓经济结构是指生产要素在地区、行业、企业之间的配置状况，商业银行税收对经济结构的影响主要体现在产业结构与地区经济发展的两个层面。

1. 商业银行税收对产业结构影响②

银行业作为国民经济的重要产业，以金融产品和服务为纽带与其他产业发生经济联系，银行向上下游产业提供信贷等金融产品与服务，同时上游产业还向银行业提供相应的产品与服务。具体而言，银行业与上下游产业的关联以及商业银行税收对产业结构影响如图 2 - 8 所示。

根据前文的分析可知，商业银行税收（营业税和企业所得税）构成银行成本的一部分，在税收负担可以转嫁的情况下，通过信贷系统资金的投放由上下游产业（资金需求方）承担。一方面，对银行贷款利息征收营业税，提高了税后贷款利率，进而提高了上下游企业的资本

---

① 净资产与企业外部融资成本（银行信贷成本）负相关。

② 目前我国商业银行税收优惠政策并未呈现出明显的地域倾向，除了《关于中国农业银行三农金融事业部试点县域支行涉农贷款税收优惠的通知》（财税〔2007〕18 号）以及《财政部 国家税务总局关于海南省改革试点的农村信用社税收政策的通知》（财税〔2010〕116 号）外，受惠区域为全国范围的税收优惠占据绝大多数，因此商业银行税收对产业结构影响程度更大。

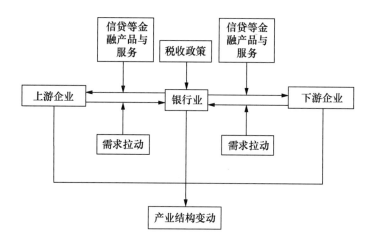

图 2 - 8　商业银行税收对产业结构影响的传导机制

成本①，进而提高企业要素投入中实物资本与劳动力成本的相对价格，抑制了企业投资积极性，特别是对资本密集型行业产生不利影响，并最终影响产业结构变动。另一方面，企业所得税产业税收优惠政策，如对金融机构农户小额贷款的利息收入在计算应纳税所得额时，按90%计入收入总额②，减轻了商业银行税收负担，激励银行等金融机构对农业信贷投放，促进农业的发展。

2. 商业银行税收对地区经济发展的影响

银行业作为国民经济的支柱产业，在区域经济发展中起着非常重要的作用，建立地方性金融中心也是区域规划的重要内容。有研究表明，地方金融发展与地方财政收入之间存在显著的正相关性③，进一步，经济发达地区银行信贷水平与财政收入之间的相关性要明显高于欠发达地区，这表明商业银行发展对地方公共产品与服务的提供具有重要意义。

鉴于我国商业银行的营业税属于地方性税种，如果商业银行税收优惠政策向欠发达地区倾斜，促进地区金融发展，那么信贷增长创造

---

① 这里所说的资本特指企业购买机器、厂房及设备所需要的资本。

② 摘自《财政部　国家税务总局关于农村金融有关税收政策的通知》（财税〔2010〕4 号）。

③ 闫肃：《中国金融业税收政策研究》，博士学位论文，财政部科学研究所，2012 年。

财政收入的效应，就会有效地促进地方公共产品与服务的供给水平提高，最终促进地区经济的发展，使得地区经济发展与金融（商业银行）产业始终处于良性循环发展中，如图 2 - 9 所示。

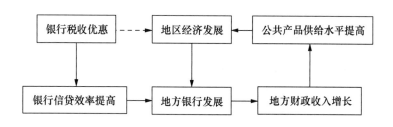

图 2 - 9　商业银行对区域经济发展影响传导机制

因而，政府在制定商业银行税收优惠政策时，对欠发达地区金融机构实施有针对性的税收优惠政策，必然能够促进这些地区经济发展。

第四节　本章小结

本章在分析商业银行性质、与其他金融中介机构相比商业银行的特殊性以及商业银行存在的微观基础上，着重阐述了商业银行税收机制以及商业银行税收的经济效应与机理。

一　商业银行税收机制

税收以商业银行为载体，通过商业银行资金在整个经济系统中的流动，影响微观经济体经济行为，通过市场机制作用，从而对整个经济系统产生影响。上述作用机理可以分为三个阶段：第一阶段，税收影响商业银行自身经济行为，具体而言，税收影响商业银行融资行为、信贷行为以及证券投资行为。第二阶段，商业银行税收影响其他微观经济体的行为决策，当商业银行税收通过信贷系统流向除商业银行以外的微观经济体时，导致微观经济体的资源禀赋和预算约束发生变化，微观经济体的经济决策也随之发生改变，具体而言，商业银行税收不仅影响家庭消费与储蓄决策，而且影响企业生产决策。第三阶段，商业银行税收对宏观经济均衡影响，商业银行税收影响经济系统中所有微观经济体行为，通过市场机制内生作用，引起社会总供求发生变化，最终影响经济发展、经济结构。为此，本章构建包含家庭、生产企业、商业银行在内的连续时间经济增长模型，用于阐释商业银行课税机理以及金融发展和经济增长关联机制。

二　商业银行税收经济效应

（一）商业银行税收微观经济效应

我们着重从商业银行资本结构、最优信贷水平以及证券投资角度考察税收对商业银行自身经济行为的影响。

（1）税收对银行融资行为的影响。所得税和流转税均会影响银行资本结构。一方面，债务利息抵免的所得税政策使得商业银行净资本收入增加，因而总融资成本相对下降，而贷款损失的税法规定与会计规定之间的差异却对商业银行融资成本存在双向影响，具体而言：如果税法允许抵扣的贷款损失率与商业银行实际发生的贷款损失率一致，那么商业银行融资成本不会发生变化；如果税法允许抵扣的贷款损失率大于商业银行实际发生的贷款损失率，那么商业银行的融资成本降低，反之则上升。另一方面，企业所得税税率会使得商业银行整体融资成本增加，进一步，企业所得税导致商业银行股权融资成本增加，债权融资成本下降，商业银行更倾向于债权融资，商业银行资本结构发生改变。

流转税也会影响商业银行融资行为。以营业税为例，在假定银行债权融资成本既定的前提下，如果商业银行将税后利润全部转增资本，那么营业税会导致商业银行股权融资比例下降。

（2）税收对商业银行信贷行为的影响。我们主要从流转税和企业所得税两个角度考察，对于流转税而言，无论税负如何转嫁，营业税均会扭曲商业银行最优信贷水平，进一步，营业税对于均衡贷款利率的影响取决于商业银行贷款供求弹性，如果贷款供给弹性大于需求弹性，均衡利率上升，如果贷款供给弹性小于需求弹性，均衡利率下降。对于企业所得税而言，在不考虑商业银行资本结构以及银行贷款损失的情况下，企业所得税税率变化不会影响商业银行信贷决策，属于中性税收。

（3）税收对商业银行证券投资行为的影响。影响程度取决于证券价格利率弹性大小，具体而言：如果证券价格利率弹性大于1，证券价格对利率变化比较敏感，税收导致商业银行减少证券持有水平。如果证券价格利率弹性等于1，利率上升幅度与证券价格下降幅度一致，税收不会引起证券投资水平变化，银行贷款与证券投资之间无差异。如果证券价格利率弹性小于1，证券价格对利率变动不敏感，商业银行将资金用于证券投资。

最后，综合上述三个方面，我们考察了税收对商业银行经营绩效的影响。从风险角度来看，企业所得税会降低商业银行信用风险，而营业税会提高商业银行信用风险和利率风险。从盈利性角度来看，在营业税税负不能完全转嫁的情况下，营业税回报降低商业银行收益水平，提高商业银行经营成本。而企业所得税中对银行贷款损失弥补的规定不仅降低商业银行信用风险，而且在一定程度上降低商业银行运营成本，提高经营绩效水平。

（二）商业银行税收宏观经济效应

经济系统中，商业银行金融中介机构与其他微观经济单位之间存在着广泛的联系，因而税收通过商业银行传导，进而影响其他微观经济体，在市场机制作用下，商业银行税收最终对整个宏观经济产生重大影响。本章后半部分在考察商业银行税收对社会总供求均衡影响的基础之上，阐释了商业银行税收对经济增长、经济周期以及经济结构的影响。

（1）商业银行税收对经济增长的影响。通过对凯恩斯宏观经济均衡（AD - AS）模型的分析我们可以发现，商业银行税收通过改变利率、价格、收入水平等因素影响微观经济体的经济行为，经过市场机制的自发调节作用，导致社会总供求发生改变，在这一过程中实现了经济均衡增长。

（2）商业银行税收对经济波动的影响。一方面，商业银行税收通过自动稳定器和相机抉择机制抑制经济周期性波动。根据传统的凯恩斯经济周期理论，税收政策通过影响银行信贷系统对微观经济体资金的投放进而影响社会消费、投资以及进出口水平，通过税收的乘数效应，最终减轻对经济波动的影响。另一方面，商业银行税收政策降低企业面临的外部融资成本和银行信贷风险，最终减轻经济波动。与传统经济周期理论相比，信贷市场信息不对称可以解释现实经济中出现的经济剧烈波动现象，如 2008 年由美国次贷危机所导致的全球金融危机。商业银行税收会降低由信贷市场信息不对称所导致的代理成本（Agency Costs），即降低企业面临的外部融资成本和银行信贷风险，这在一定程度上减轻经济周期性波动，甚至可以降低发生金融危机的可能性。

（3）商业银行税收对经济结构的影响。主要体现在相关税收政策对产业结构和地区经济发展的影响上。一方面，商业银行税收对产业结构的影响。商业银行税收通过商业银行税负转嫁效应而影响上下游产业发展，最终导致产业结构发生变化。具体而言，对银行贷款利息征收营业税，提高了税后贷款利率，进而提高了上下游企业的资本成本，抑制了企业投资积极性，特别是对资本密集型行业产生不利影响，并最终影响产业结构变动。同时，企业所得税产业税收优惠政策，会促进相关产业发展，最终改变整个产业结构。另一方面，根据金融发展、地方财政收入增长以及地区经济增长存在交互影响，因而商业银行税收优惠政策向不发达地区倾斜，必然能够缩小地区间经济发展差异，促进地区经济平衡发展。

第三章　商业银行税收微观经济效应：基于资本结构的实证分析

在第二章商业银行税收经济效应理论分析的基础上，本书第三章至第七章主要从微观与宏观两个层面对商业银行税收经济效应进行实证研究。

商业银行是经营货币资金的企业，风险溢价是主要营业收益，而且商业银行更重视对资产负债风险属性的管理。与非金融企业相比，银行业资本结构是指银行金融机构的债务性资金与其权益性资金之间的比例关系或者债权资本与股权资本内部各自的结构关系。商业银行资本结构复杂性使得以 MM 理论为基础的企业资本结构[①]理论在商业银行领域的适用性大打折扣，鉴于此，本章立足于我国商业银行融资特征，从实证角度考察商业银行税收对资本结构的影响。

第一节　文献综述

一　文献回顾

资本结构理论在 20 世纪 50 年代末由 Modigliani 和 Miller（1958[②]，

---

① 资本结构通常有狭义和广义之分，广义的资本结构是指企业全部资金（包括长期资金和短期资金）的构成比例关系，也称为资金结构或债务结构；狭义的资本结构指企业股权资本和债权资本各构成部分之间的比例关系，也称为股权结构或债权结构。西方主流资本结构理论也试图解释公司资产负债表中股权资本与债权资本之间的比例关系（Myers，2001）。企业资本结构也有不同的表述方式，如融资结构、财务结构、融资工具选择、杠杆率等，在大多数文献中都将其视为可以相互替换的概念。

② Modigliani, Franco, and Merton H. Miller, "The Cost of Capital, Corporation Finance and the Theory of Investment," *The American Economic Review*, Vol. 48, No. 3, 1958, pp. 261 – 297.

1961①；以下简称 MM）首次提出，在一系列严格的假设条件下，得出资本结构独立于企业价值的结论。围绕资本结构与企业价值的相关性这一命题，学者们进行了一系列研究，其中的一个研究方向是考察税收对企业所得税的负债融资决策问题。以下首先从一般性出发梳理债务融资激励理论的相关文献，然后结合商业银行融资结构的特殊性与复杂性，回顾税收对于银行负债融资以及金融风险的相关文献，最后结合两类文献做出简要评述。

（一）国外文献回顾

1. 理论研究方面

MM（1963）② 首次将企业所得税引入资本结构领域，并对"资本结构无关论"进行了修正，标志着税收视角分析企业资本结构理论的开始。作者认为企业债务利息支出和企业生产经营费用一样，在计算企业所得税应纳税所得额时予以税前扣除，而股利必须在所得税后支付，这实际上相当于政府替企业承担了一部分利息负担，由此，债务融资就产生了税盾（Debt Tax Shield）的效应。这样导致在所得税影响下企业价值与负债水平呈现正相关，债务融资能够提高企业市场价值，即企业最优资本结构应为 100% 负债。显然上述结论有悖于现实经济现象，随着企业融资复杂性不断提高，以及债务融资理论的不断发展，学者们不断完善 MM 理论，相继从个人所得税、负债融资财务风险（Financial Distress）、破产成本以及非债务税盾角度考察企业债务融资节税效应。

Miller（1977）③ 不考虑负债融资财务风险（Financial Distress）、破产成本及代理成本的条件下，在 MM（1963）模型基础上引入个人所得税，作者认为投资者的利息与股息、红利所得都须缴纳个人所得税，如果债务利息所得税税率与股息、红利所得税税率有所不同，那么权益资本与债权资本的相对价值就会发生变化，最终这两种税收的

---

① Miller, Merton H., and Franco Modigliani, "Dividend Policy, Growth, and the Valuation of Shares," *The Journal of Business*, Vol. 34, No. 4, 1961, pp. 411 – 433.

② Modigliani, Franco, and Merton H. Miller, "Corporate Income Taxes and the Cost of Capital: a Correction," *The American Economic Review*, Vol. 48, No. 3, 1963, pp. 433 – 443.

③ Miller, M. H., "Debt and Taxes", *Journal of Finance*, Vol. 32, 1977, pp. 261 – 275.

差异同样也会导致企业资本结构变化。Maekie（1990）[1]的研究也表明，所得税确实扭曲了企业融资行为。有的学者观察到现实经济中企业债务比率的增加会导致企业财务风险相应增大的典型事实。因此学者们将财务风险、企业债务成本考虑在内，进一步扩展税收—资本结构理论。权衡理论观点认为企业应对负债融资的税收收益与负债产生的成本进行权衡，以寻求一个最佳的资本结构。也有的学者认为折旧、摊销、投资税收抵免等非债务因素同负债利息税前扣除一样也会给企业带来相应的税收收益[2]（DeAngelo and Masulis，1980）。[3] Dammon 和 Senbet（1988）[4] 发现投资折旧与负债融资呈现负相关关系，即非债务税盾的增加会减少负债融资水平，验证了上述观点。

从以上有关所得税与企业资本结构的研究来看，由于债务利息的节税效应，所得税往往具有激励企业债务融资作用，所得税率与企业负债规模呈现出正相关关系。

2. 实证研究方面

立足以上理论研究，在实证方面，学者们也考察了所得税税率与资本结构的关系，大多数采用截面数据（cross – sectional）和时间序列（time series）计量分析方法，大部分学者的实证研究发现所得税实际税率（MTR）与企业债务融资水平显著正相关，得出了所得税确实会激励企业进行债务融资的结论（Mackie – Mason，1990）[5]。Givoly 等（1992）[6] 的研究证实了美国 20 世纪 80 年代税制改革前高税率的

① Maekie, M. J. , "Do Taxes Affect Corporate Financing Decision?", *The Journal of Finance*, Vol. 45, No. 5, 1990.

② 在部分文献中也被称为非债务税盾（Non – debt Tax Shields，NDTSs），主要包括折旧、摊销和投资税收抵免以及经营亏损的向前向后弥补。

③ DeAngelo, H. , and R. W. Masulis, "Optimal Structure under Corporate and Personal Taxation", *Journal of Financial Economics*, Vol. 8, 1980, pp. 3 – 29.

④ Dammon, Robert M. , and Lemma W. Senbet, "The Effect of Taxes and Depreciation on Corporate Investment and Financial Leverage", *The Journal of Finance*, Vol. 43, No. 2, 1988, pp. 357 – 373.

⑤ Mackie - Mason, Jeffery K, "Do Taxes Affect Corporate Financing Decisions?", *The Journal of Finance*, Vol. 45, No. 5, 1990, pp. 1471 – 1493.

⑥ Givoly, D, et al. , "Tax and Capital Structure：Evidence from Firm's Response to the Tax Reform Act of 1986", *Review of Financial Study*, No. 5, 1992.

企业在税改后大幅减少债务水平，作者使用企业所得税与应税收入之比作为自变量对负债的变化进行截面数据计量回归，发现两者存在显著的负相关性，意味着当债务融资税收收益下降时，高税率企业债务的下降速度要快于低税率企业。随着研究的深入，学者们意识到所得税实际税率 MTR 对于研究企业资本结构的重要性后，采用各种方法测算 MTR。Graham（1996a）[①] 采用模拟方法估计企业所得税边际税率，发现边际税率高的企业债务比率要高于边际税率低的企业。Shevlin（1987[②]，1990[③]）考虑了经营净亏损的向前向后弥补，测算了动态 MTR。Graham（1996a）将 NDTSs、投资税收抵免及 AMTR 考虑在内，扩展了模拟方法，进一步 Graham[④]（1996b）也认为，模拟产生的 MTR 是真实边际税率最好的替代变量，实证结果表明 MTR 与负债融资增量呈现正相关关系。Graham、Lemmon 和 Schallheim[⑤]（1998）也证实 MTR 提高会对公司债务融资产生正向的税收激励。

然而也有部分学者得出企业所得税并不会在很大程度上激励企业进行债务融资的结论。可能的原因是：一是其他非负债的税收因素也会对企业债务融资产生影响，从而抵消企业通过债务融资来获得的税收收益，即我们前文所论述的非债税盾会减弱所得税债务融资激励效应。二是经济变量的内生性问题导致的回归偏误。相关文献提到边际税率（MTR）的内生性问题，即企业通过债务融资与企业所得税边际税率之间存在双向影响，因而对债务比率和 MTR 进行回归分析，内生性问题都会导致 MTR 的回归系数出现偏误（Barclay and Smith,

① Graham, John R. , "Debt and the Marginal Tax Rate", *Journal of Financial Economics*, Vol. 41, No. 1, 1996, pp. 41 – 73.

② Shevlin, T, "Taxes and Off – Balance Sheet Financing: Research and Development Limited Partnerships", *Accounting Review*, Vol. 62, 1987, pp. 480 – 509.

③ Shevlin, T. , "Estimating Corporate Marginal Taces with Asymmetric Tax Treatment of Gains and Losses", *Journal of the American Taxation Association*, Vol. 12, 1990, pp. 51 – 67.

④ Graham, J. R. , "Proxies for the Marginal Tax Rate", *Journal of Financial Economics*, Vol. 42, 1996b, pp. 187 – 221.

⑤ Graham, J. R. , M. Lemmon, and J. Schallheim, "Debt, Leases, Taxes, and the Endogeneity of Corporate Tax Status", *Journal of Finance*, Vol. 53, 1998, pp. 131 – 162.

1995[①]；Hovakimian et al. , 2001[②]）。学者们通过引入滞后变量或者寻找合适的工具变量来替代内生变量，如 Graham、Lemmon 和 Schallheim（1998）[③]。

　　2008 年全球金融危机的爆发，引起人们对于银行等金融机构追求债务融资的税收收益而导致金融风险放大的现象更广泛的关注，西方学者也开始审视所得税政策在控制银行债务，降低金融风险中的作用。学者们认为对金融业征收企业所得税并没有给政府带来稳定的财政收入，相反所得税政策刺激金融企业负债融资，并推高整个金融行业债务总量，加大金融危机爆发的可能性（Slemrod and Wilson，2009[④]；Hemmelgarn and Gaetan, et al. , 2010[⑤]；Shackelford，2010[⑥]）。进一步，学者们认为企业所得税政策没有重视银行等金融机构债务利息的税收收益，导致银行过度负债和高杠杆比率的负面影响，这一影响效果在金融危机之后更加显著。

　　实证研究方面，债务税盾作用在银行等金融机构中的作用逐渐引起学者们的关注，但仍处于起步阶段，文献较少。学者们认为所得税带来的税收扭曲作用是诱导银行高负债率的因素之一（De Mooij,

---

　　① Barclay, M. J. , and C. W. Smith Jr, "The Priority Structure of Corporate Liabilities", *Journal of Finance*, Vol. 50, 1995, pp. 899 – 917.

　　② Hovakimian, H. , T. Opler, and S. Titman, "The Debt – Equity Choice", *Journal of Financial and Quantitative Analysis*, Vol. 36, 2001, pp. 1 – 24.

　　③ Graham, John R. , Michael L. Lemmon, and James S. Schallheim, "Debt, Leases, Taxes, and the Endogeneity of Corporate Tax Status", *The Journal of Finance*, Vol. 5, No. 3, 1998, pp. 131 – 162.

　　④ Slemrod, Joel, and John D. Wilson. "Tax Competition with Parasitic Tax Havens", *Journal of Public Economics*, Vol. 93, No. 11, 2009, pp. 1261 – 1270.

　　⑤ Hemmelgarn, T. , and Nicod_ Me, G, "The 2008 Financial Crisis and Tax Policy", *European Commission Directorate – General for Tax and Customs Union*, Working Paper, 2010.

　　⑥ Shackelford. D. A. , et al. , "Taxation and The Financial Sector", *National Tax Journal*, Vol. 63, 2010.

2011[①]；Feld et al.，2011[②]）。Keen 和 Ruun（2012）[③] 认为，银行的债务税盾效应，会引起银行融资结构发生变化，综合考虑金融危机后更严格的监管，银行会做出最优的融资决定，作者发现，即使银行面临着严格的监管，所得税的债务利息减免还是推动银行债务总量的增加。

综合上述西方学者的研究成果，我们发现债务税盾效应的研究不断深化，从早期的定性分析，发展到定量与实证分析，逐渐演变到对特定行业（银行业）的分析。学者们达成的共识是，所得税政策在一定程度上激励银行过度负债，增加金融风险，影响金融危机后经济复苏，因此政府有必要改革银行所得税制度，使得银行为对自己高风险的资本结构承担责任，以促进金融稳定。

（二）国内文献回顾

国内学术界对于商业银行资本结构的研究大多遵循两条主线。一是基于《巴塞尔协议》的研究框架，考察银行规模、成长性、盈利能力、资本担保、银行风险等因素对银行资本结构的影响（龚光明、邵曙阳，2005[④]；宋光辉、郭文伟，2007[⑤]；胡援成、程建伟，2008[⑥]；李宇乐，2010[⑦]；刘渊、于建朝等，2011[⑧]）。二是分析商业银行最优

---

① De Mooij, R. A，"Taxes Elasticity of Corporate Debt：A Synthesis of Size and Variations"，IMF Working Paper，Vol. 95，No. 11，2011.

② Feld, L. P.，J. Heckemeyer, and M. Overesch，"Capital Structure Choice and Company Taxation：A Meta-study"，*CESifo*，No. 3400，Working Papers，2011.

③ Keen, M.，and Ruun, D. M，"Debt, Taxes, and Banks"，*IMF Working Paper*，Vol. 48，No. 12，2012.

④ 龚光明、邵曙阳：《影响我国商业银行资本结构因素的实证分析》，《武汉金融》2005 年第 7 期。

⑤ 宋光辉、郭文伟：《我国商业银行盈利性、增长性和充足性分析》，《特区经济》2007 年第 2 期。

⑥ 胡援成、程建伟：《董事会与公司治理：债务资本视角的实证研究》，《商业经济与管理》2008 年第 12 期。

⑦ 李宇乐：《我国上市商业银行资本结构影响因素分析》，《现代商贸工业》2010 年第 9 期。

⑧ 刘渊、于建朝、马小凤：《中国上市商业银行资本结构的影响因素实证分析》，《东北农业大学学报》（社会科学版）2011 年第 4 期。

资本结构及其调整问题（陈雪芩，2011①；李喜梅、胡棋智，2011②）。由此可见，对银行融资行为的研究常常忽略税收因素的作用，而在前文的分析中我们已经发现，相比非金融企业，所得税债务融资所造成的税盾效应在金融业中不仅存在而且更加显著，造成的高杠杆效应以及资本结构扭曲效应，同时还会增大金融风险。因此，将传统企业资本结构税盾效应引入金融企业融资决策中，是金融企业资本结构理论的新进展，尤其是在金融危机之后，形成了银行所得税税率与银行负债融资之间关系，银行负债融资与金融风险关系的研究主线。目前，国内银行债务税盾对负债融资的影响效应的研究刚刚处于起步阶段，研究成果较少，我们仅仅检索到一篇考察企业所得税对银行负债率和银行风险的综述性质的文章，冷毅、冷报德（2014）③ 介绍了近年来国外学术界关于所得税对银行负债融资以及金融风险的影响的最新进展，认为所得税的税盾效应对金融企业融资行为的扭曲要比非金融企业更加显著，作者进而考虑到我国当前的金融环境，主张降低金融业所得税税率，抑制银行债务融资规模的进一步扩张，防范金融风险。

二　简要述评

债务融资的所得税效应以及针对金融业债务融资的税盾效应的一系列研究成果为我们进一步研究提供了基础，但也存在以下不足：

一是银行领域债务融资税盾效应的研究，没有受到重视。在传统的资本结构研究中，企业所得税与企业资本结构理论的主流观点认为债务融资税收收益确实改变债权资本成本与股权资本成本的相对价格，扭曲了企业融资行为。然而针对金融领域的研究在前期往往没有引起重视，直到 2008 年金融危机爆发后，学者们才逐渐认识到由于银行资本结构中负债融资比重很高，是典型的高杠杆企业，因此，商

---

① 陈雪芩：《巴塞尔协议Ⅲ框架下探寻银行最优资本结构》，《财会月刊》2011 年第 30 期。

② 李喜梅、胡棋智：《"三性"原则下中国上市商业银行资本结构与绩效关系研究》，《管理世界》2011 年第 2 期。

③ 冷毅、冷报德：《企业所得税对银行负债率与风险的影响研究评析》，《税务研究》2014 年第 1 期。

业银行的负债融资税收激励效应要远远高于其他一般非金融类企业。但目前的研究成果并不多见。

二是商业银行资本结构实证研究中，并没有结合中国金融制度背景。国内对商业银行资本结构理论的研究，绝大多数是在运用西方资本结构理论，实证检验国外理论在中国的适用性，真正结合中国特有的典型事实的实证研究较少。我国金融信贷体制是二元结构，信贷市场是寡头垄断市场，国有大型商业银行无论是资产规模还是经营网点都远远超过股份制商业银行和城市商业银行。Wei 和 Wang（1997）[①]认为，国有银行更偏好于向国有企业贷款；Chang（1999）[②] 的研究同样表明国有企业甚至不需要任何抵押或者信用评级就可以从银行中获得贷款。因此，市场经济初级阶段中我国商业银行特有的所有制差异，金融市场化程度低等特征都会改变税收政策对商业银行融资行为的机理。目前相关文献较为缺乏，需要我们做出进一步研究。

三是相关实证研究并未考虑商业银行税收对资本结构调整决策的影响。大部分相关文献仅仅是简单考察税率变化对商业银行资本结构影响，而忽略了另一个重要因素——财务风险。从权衡理论视角来看，商业银行资产负债水平较高，破产风险也较大，商业银行会权衡所得税税率上升带来的税收收益与破产成本增加之间的利弊关系，而较少实证研究验证上述理论。[③] 从实证模型稳健的角度来看，忽略破产成本这一因素会导致实证分析结果出现偏误，无法准确考察税率变化与商业银行资本结构调整的关系。

综合上述分析，本章的实证研究力图弥补以上不足，重点考察商业银行税收、所有制差异、商业银行资本结构及其调整变化的关系。

---

① Wei, Shang - Jin, and Tao Wang, "The Siamese Twins: Do State - Owned Banks Favor State - Owned Enterprises in China?" *China Economic Review*, Vol. 8, No. 1, 1997, pp. 19 - 29.

② Chang, Wen ya, "Government Spending, Endogenous Labor, and Capital Accumulation", *Journal of Economic Dynamics and Control*, Vol. 23, No. 8, 1999, pp. 225 - 1242.

③ 李增幅、顾研、连玉君（2012）考察了税率变化对资本结非对称调整的影响，但是实证研究排除了资产负债率较高的金融行业样本，仅仅考察新企业所得税法定税率变动对资本结构调整影响。

第二节　商业银行税收对银行资本
结构影响的数理模型

　　本节首先在信贷市场不完善条件以及银行持续经营①的假设条件下，基于商业银行税后利润最大化的目标，构造数理模型分析商业银行融资成本决定因素，通过与无税情况下融资成本比较，阐明商业银行税收对商业银行融资成本进而对资本结构影响的机理；其次，进一步考虑银行存在破产的可能性，运用欧式期权定价模型衡量商业银行破产成本，从权衡理论视角考察税率变动对商业银行资本结构非对称动态调整影响，从而在更深层面上阐明税率变动如何导致银行融资策略的调整。

　　在第二章商业银行税收机理的模型分析中，我们已经在一般均衡框架下阐述了包含家庭、企业、银行三部门以及产品市场、信贷市场两市场在内的商业银行税收经济效应作用机理。本节在假设家庭和企业经济行为不变的情况下，在式（2-5）、式（2-6）以及式（2-7）描述商业银行经济行为的基础上，考察税收对商业银行融资行为的影响。

一　税收对银行融资成本影响的数理模型

　　我们依据第二章第二节商业银行税收机理分析中对银行经济行为描述方程并进一步扩展第二章第三节中商业银行融资行为模型，构建数理模型，以便更加细致考察商业银行资本结构的税收机制。为了保证全书主体内容的连贯性，本部分仅对模型假设、关键方程以及模型结论进行阐述，详尽的数理模型推导和相关经济学解释参见后文附录1。

　　根据商业银行的经营特性，融资活动筹集的资金可以看成商业银行"投入"，而信贷投放可以看成商业银行"产出"，假设商业银行

_____

　　① 根据会计理论中持续经营假设，在可以预见的一段时间内企业会一直持续经营下去。

发放贷款 L 所需要的总资本金 K 来源于以下两个方面：一是债务融资 D，债务融资包含银行吸收的储蓄 D_1 以及银行自有资本中的债权资本 D_2[①]；二是股权融资 S，满足 $K = D_1 + D_2 + S$。同时假设银行总资本金中负债 D_i 的融资比例为 λ_i，$i = 1，2$，那么 $D = \sum_{i=1}^{2} \lambda_i K$，$D_i = \lambda_i K$；股权融资比例为 λ_3 且 $S = \lambda_3 K$。此外，储蓄收益率（银行存款支付利率）为 r_1，银行债权资本收益率 r_2，股权融资成本（股息率）为 r_3。最后，我们在模型中引入税收因素，假设商业银行所面临的营业税税率为 τ[②]，企业所得税税率仍为 θ，税法允许税前抵扣的贷款损失率为 ζ，则商业银行能够抵扣的最高贷款损失为 $\zeta \cdot L$。

在信贷市场不完善条件下，一方面，商业银行贷款会产生一定的贷款损失，从而影响银行利润水平，δ 表示银行贷款实际损失率。另一方面，为了降低商业银行的风险，商业银行必须提取法定存款准备金，假设法定存款准备金率为 α。

我们得到商业银行的应税利润：

$$\pi = （1 - \tau）\varphi L - R - \zeta L \qquad\qquad (3 - 1)$$

其中，φ 为商业银行贷款利息率，R 为银行贷款利息扣除总额，且满足 $R = r_1 D_1 + r_2 D_2 = r_1 \lambda_1 K + r_2 \lambda_2 K$ 成立。式（3 - 1）表明，应税利润为商业银行税后的贷款利息收益扣除利息支出成本以及税法允许扣除的贷款损失后的余额。

那么扣除企业所得税后商业银行的净资本收入为：

$$X_n = \left[1 - \theta（1 - \tau）\right]\varphi（1 - \alpha\lambda_1）K + \theta（r_1\lambda_1 + r_2\lambda_2）K$$
$$\qquad - （1 - \alpha\lambda_1）（\delta - \theta\zeta）K \qquad\qquad (3 - 2)$$

在均衡条件下，税后商业银行的净资本收入用来支付债权资本利息与股息，最终我们得到包含企业所得税和营业税以及法定存款准备金的银行融资成本：

---

① 这里的债权资本主要指银行发行的各种金融债券。

② Kuprianov（1997）一文并没有考虑营业税对银行融资成本的影响。由于营业税会影响税后净资本收入总量，而净资本收入用来支付股权与债权融资的成本，因此营业税虽然针对贷款利息收入征税，必然会对银行融资成本产生影响，本书通过引入营业税考察这种影响程度。

$$\varphi = \frac{r_3}{[1-\theta(1-\tau)](1-\alpha\lambda_1)}\lambda_3 + \frac{(1-\theta)r_2}{[1-\theta(1-\tau)](1-\alpha\lambda_1)}\lambda_2$$

$$-\frac{\theta r_1}{1-\theta(1-\tau)}\lambda_1 + \frac{\delta-\theta\zeta}{1-\theta(1-\tau)} \qquad (3-3)$$

式（3-3）表明商业银行融资成本可以分解为四部分，其中第一部分为商业银行在缴纳企业所得税和营业税及提取法定存款准备金后，仍能保证足够支付股东所要求的股权收益率 r_3 且必须在税前达到的收益水平；第二部分为税收和提取法定存款准备金后，商业银行为了满足债权人（不包含储户）所要求的税后收益率 r_2 而必须在税前支付的成本；第三部分是为了能够支付储户的存款利息率 r_1，商业银行税前和提取法定存款准备金后所达到的收益水平；第四部分为税法规定贷款损失弥补与实际发生贷款损失之间差异所导致的融资成本。

通过与无税情况相对比，进一步考察商业银行融资成本的税收机制。

$$\varphi = \frac{r_3}{1-\alpha\lambda_1}\lambda_3 + \frac{r_2}{1-\alpha\lambda_1}\lambda_2 + \delta \qquad (3-4)$$

式（3-4）为无税（$\tau=0$；$\theta=0$；$\zeta=0$）时，商业银行资本结构，通过式（3-3）与式（3-4）对比我们可知：

（一）商业银行税收会提高商业银行资本结构中股权融资成本

无税时股权融资成本为 $\frac{r_3}{1-\alpha\lambda_1}$，在税收条件下，商业银行股权融资成本为 $\frac{r_3}{[1-\theta(1-\tau)](1-\alpha\lambda_1)}$，且 $\frac{1}{1-\theta(1-\tau)}>1$，也就是说，商业银行税收使得股权融资成本较无税时增加 $\frac{1}{1-\theta(1-\tau)}$ 倍。

需要注意的是，由于 $\frac{1}{1-\theta} > \frac{1}{1-\theta(1-\tau)}$ 成立，表明虽然商业银行税收均会提高股权融资成本，但单独征收企业所得税时的商业银行股权融资成本要高于同时征收企业所得税和流转税时的情况。换句话说，存在一种税收补偿机制，使得征收流转税具有相对降低股权融资成本的效应。

（二）商业银行税收降低商业银行资本机构中债权融资成本

无税时债权融资成本为 $\dfrac{r_2}{1-\alpha\lambda_1}$，包含流转税与所得税时，商业银行债权融资成本为 $\dfrac{(1-\theta)r_2}{[1-\theta(1-\tau)](1-\alpha\lambda_1)}$，且 $\dfrac{1-\theta}{1-\theta(1-\tau)}<1$，这样商业银行税收使得债权融资成本降低。

同时，考虑到商业银行是经营货币资金的特殊企业，银行储蓄存款利息扣除同样也会降低商业银行资本成本，降低幅度为 $-\dfrac{\theta r_1}{1-\theta(1-\tau)}\lambda_1$。

（三）贷款损失对商业银行资本成本影响不确定

无税时贷款损失据实扣除，使得商业银行资本成本增加 δ；在税收条件下，贷款损失对商业银行资本成本影响为 $\dfrac{\delta-\theta\zeta}{1-\theta(1-\tau)}$。当 $\dfrac{\zeta}{1-\tau}>\delta$ 时，$\delta>\dfrac{\delta-\theta\zeta}{1-\theta(1-\tau)}$，表示税收情况下，贷款损失带给商业银行融资成本增加的幅度要小于无税情况下；当 $\dfrac{\zeta}{1-\tau}=\delta$ 时，$\delta=\dfrac{\delta-\theta\zeta}{1-\theta(1-\tau)}$，表示两者带给商业银行融资成本增加幅度相同；当 $\dfrac{\zeta}{1-\tau}<\delta$ 时，$\delta<\dfrac{\delta-\theta\zeta}{1-\theta(1-\tau)}$，表示税收情况下，贷款损失带给商业银行融资成本增加的幅度要大于无税情况下。

通过以上对商业银行无税和有税时资本结构的讨论，我们可以得出以下两个推论：

推论1：商业银行税收确实会降低债权融资成本，提高股权融资成本，同时商业银行存款利息税前扣除也会降低商业银行总融资成本。该规范分析得出的结论与现实经济中，商业银行存在负债融资税收激励的事实相吻合，这在一定程度上导致商业银行过度杠杆化，经营风险增加。

推论2：贷款损失对商业银行融资成本影响不确定。贷款损失对商业银行资本结构影响取决于流转税税率，税法规定贷款损失扣除与会计真实发生贷款损失扣除之间的差异。①

总而言之，企业所得税、流转税、法定存款准备金、贷款损失弥补都会推动资本结构中股权融资成本和债券融资成本相对发生变化，最终必然会导致商业银行资本结构发生变化。

二　税收对银行资本结构调整的数理模型

根据 MM 理论的基本思想，在企业所得税条件下，负债融资会获得相应的税收收益，从而实际税率上升导致商业银行相应提高负债水平；反之亦然。税率变化导致债权融资成本相对上升和股权融资成本相对下降的内在机理已被前文数理模型所解释。但是考虑企业财务风险状况，债务总量上升，企业破产成本也相应增加，且为边际递增。这意味着，在面临所得税税率上升情况下，负债水平较低（低杠杆）的企业，随着负债的增加，破产成本增加得较为缓慢，此时，企业提高负债水平带来的边际税收收益高于边际破产成本，企业存在进一步调整资本结构的意愿；而负债水平较高（高杠杆）的企业（例如商业银行），随着负债的进一步增加，破产成本增加的幅度更高，此时，提高负债水平带来的边际税收收益小于边际破产成本，因而企业不会进一步调整资本结构，甚至会降低负债水平。反之，企业面临所得税税率下降的情况下，也会做出相反的调整。

通过上述分析我们可知：不同负债水平的企业对税率变化的敏感性不同，即负债率较高的企业（例如商业银行）对所得税税率下降较为敏感，负债率较低的企业对所得税税率提高较为敏感，企业的资本结构呈现出非对称性调整。基于权衡理论，我们借鉴张志强、肖淑芳（2009）② 以及李增福、顾研等（2012）③ 的研究，采用 Black – Scholes 模型通过构建卖方欧式期权模型考察商业银行破产成本，阐明上述税收对银行资本结构非对称调整的机理。本部分仅对模型关键方程以

---

① 在本书第二章中仅仅简单考察了企业所得税条件下商业银行资本结构决定，并未引入流转税和商业银行法定准备金，因而本章所述数理模型是对第二章模型的扩展。

② 张志强、肖淑芳：《节税益、破产成本与最优资本结构》，《会计研究》2009 年第 4 期。

③ 李增福、顾研、连玉君：《税率变动、破产成本与资本结构非对称调整》，《金融研究》2012 年第 5 期。

及结论进行阐释，对于一般企业资本破产成本与债务融资税收收益的卖方欧式期权模型①的推导与经济学解释详见后文附录 2。

我们将一般化企业应用于商业银行资本结构调整方面，可以得到如下关键方程：

$$L^{**} = \exp\left\{-\frac{3}{2}probit^2(t - te^{-rT})\right\} 且\ \sigma^{**} = \frac{probit(t - te^{-rT})}{\sqrt{T}} \quad (3-5)$$

$$L^* = \exp\left\{probit[t \times (1 - e^{-rT})]\sigma\sqrt{T} - \frac{1}{2}\sigma^2 T\right\} \quad (3-6)$$

式（3-5）为商业银行目标资本结构方程，式（3-6）为商业银行最优资本结构方程。根据式（3-5）以及式（3-6），商业银行是典型的高杠杆企业，即满足 $L^* > L^{**}$ 成立，商业银行最优资本结构高于目标资本结构。由于 $L_2^* < L^* < L_1^*$，可以得到 $u'(L_1^*; t) > u'(L_2^*; t)$，则 $\Delta L_+^* < \Delta L_-^*$ 成立。经济学含义为：当面临企业所得税税率下降的情形时，商业银行最优资本结构向下调整的幅度要大于企业所得税税率同样上升时的资本结构调整的幅度。

考虑上述期权模型结论，我们可以得到企业所得税发生变化时，商业银行资本结构调整策略为：面临企业所得税税率上升的情况，商业银行权衡债务融资税收收益和破产成本，可能做出不调整其资本结构的融资策略；而面临企业所得税税率下降的情况，商业银行权衡债务融资税收收益以及破产成本，可能做出降低其资本结构的融资策略。

第三节　商业银行税收对银行资本结构影响的实证检验

本节基于前期文献研究和数理模型推导的基础上，一方面从整体上研究税收因素对上市商业银行资本结构影响，重点引入所有制差异

---

① 需要特别指出的是，一般企业破产成本与债务融资税收收益卖方欧式期权模型同样适于考察杠杆比率高的企业，如商业银行。

因素，从而全面反映税收政策对不同所有制类型上市商业银行融资行为的影响。另一方面，我们从商业银行破产成本与债务融资税收收益权衡视角，研究商业银行税收对商业银行资本结构动态调整过程的影响，从而在更深层面上考察税率变动下商业银行的融资策略。

一　基于所有制差异视角的实证检验

（一）数据来源与样本选择

本部分主要研究商业银行税收对上市银行资本结构的影响，截至2013年末，我国 A 股上市的商业银行共有 16 家（包括 5 家国有大型商业银行、8 家股份制商业银行以及 3 家城市商业银行），考虑到商业银行资本结构调整的周期较长以及我国商业银行上市的时间较晚，因而我们所选取的样本数据涵盖商业银行上市前后，时间跨度为 2003年至 2013 年。数据来源于国泰安数据服务中心 CSMAR 系列研究数据库和 RESSET（锐思）金融数据库。

（二）变量选取与统计性质描述

本书在借鉴已有文献的基础上，选取上市银行资产负债率这一财务指标作为被解释变量，用以描述商业银行资本结构；选取所得税实际税率与流转税实际税率作为影响上市商业银行资本结构的解释变量，这是本部分重点关注的变量；同时，也将影响资本结构变化的其他因素，如银行规模、盈利能力、发展能力等作为控制变量纳入计量回归模型，各变量的选取与基本设定如表 3 - 1 所示。

表 3 - 1　　　　　　　　　　变量说明

	变量名称	变量符号	变量设定
被解释变量	资产负债率	*assratio*	负债总额与资产总额之比
解释变量	所得税实际税率	*incometaxr*	所得税与利润总额之比
	流转税实际税率	*businetax*	流转税与营业收入之比
控制变量	资产担保价值	*covalue*	固定资产总额与资产总额之比
	净资产收益率	*roe*	净利润与期末股东权益之比
	营业收入增长率	*opereveg*	本期营业收入与上期营业收入之比减1
	利润总额增长率	*totaprog*	本期利润总额与上期利润总额之比减1
	总资产增长率	*totassg*	期末资产总额与上年资产总额之比减1

对于被解释变量而言，本书选取资本负债率作为衡量上市银行资本结构的指标，即：

$$资产负债率 = \frac{负债总额}{资产总额} \times 100\% \qquad (3-7)$$

对于解释变量而言，由于上市公司年报中并不披露适用的企业所得税法定税率，而且受各种税收优惠政策的影响以及母子公司适用税率不同的影响，大部分文献常常用实际税率代替法定税率，同时从资本结构理论角度来看，所得税实际税率还能体现上市公司债务融资边际收益，如式（3-1）所示。鉴于此，借鉴娄权（2007）[1] 和曾富全、吕敏（2009）[2] 一文中的税负指标，我们选择所得税实际税率与流转税实际税率作为影响上市商业银行资本结构的重要变量[3]，即：

$$所得税实际税率 = \frac{所得税 - 所得税返还}{利润总额} \times 100\% \qquad (3-8)[4]$$

$$流转税实际税率 = \frac{营业税金及附加}{营业收入总额} \times 100\% \qquad (3-9)$$

对于控制变量而言，我们从风险、盈利、发展以及规模四个角度选取影响商业银行资本结构的控制变量，具体而言：

1. 资产担保价值（covalue）

根据博弈论与信息经济学，在商业银行对外融资过程中，股东比债权人具有更多的信息优势，而债权人为了保护自身利益，以便在银行破产时获得更多的补偿，会要求商业银行提供对外借款的担保价值。一般而言，采取固定资产占总资产的比重作为衡量指标，该比重越高，商业银行固定资产价值越大，其对外融资借款的担保价值越高，越倾向于采取债务融资方式。

---

[1]　娄权:《上市公司税负及其影响因素分析——来自沪深股市的经验数据》,《财会通讯》2007 年第 1 期。

[2]　曾富全、吕敏:《西部开发税收优惠效果与北部湾经济区的选择——以广西上市公司所得税税负水平为实证分析》,《学术论坛》2009 年第 4 期。

[3]　流转税理论上也会对商业银行资本结构产生影响，但是影响的方式较为间接，影响力度也较弱，实证研究较多考察企业所得税对商业银行资本结构的影响，较少涉及流转税方面。

[4]　式（3-8）中的所得税返还并不属于上市公司必须披露的财务指标，因而文献中常常使用所得税费用与利润总额之比作为所得税实际税率的替代指标。

2. 净资产收益率（roe）

根据融资优序理论，在不完全信息条件下，一般企业最佳融资策略顺序往往是内部融资、债权融资以及股权融资，所以盈利能力强的企业往往倾向于采取内部盈余融资，因而净资产收益率往往与债务融资水平反向相关。

3. 营业收入增长率（opereveg）与利润总额增长率（totaprog）

这两类指标均为体现商业银行发展能力的指标。一般而言，当内部融资不能满足发展较快的企业融资需求时，往往通过债务融资的方式获取发展所需资金，因而发展能力指标与资产负债率往往呈现反向相关关系。

4. 总资产增长率（totassg）

作为衡量商业银行资产规模的指标，银行规模越大，抵抗风险的能力越强，银行越能获得外部融资，同时商业银行资产规模也是储蓄者判断银行经营管理水平的重要依据，现实经济中资产规模大的商业银行能够吸收更多的存款，因而总资产增长率与商业银行资产负债率正相关。

相关变量的统计性质描述如表3－2所示。

表3－2　　　　　　　　变量统计性质描述

变量名		均值	标准差	最小值	最大值
资产负债率	Overall	35.15	2.96	86.93	113.71
	Between		1.47	92.38	97.83
	Within		2.60	89.70	111.03
所得税实际税率	Overall	26.84	11.29	0	86.75
	Between		4.54	19.77	36.27
	Within		10.41	-7.72	82.92
流转税实际税率	Overall	7.02	5.13	2.96	47.53
	Between		1.25	5.71	10.41
	Within		4.98	1.08	44.77
资产担保价值	Overall	0.79	0.40	0.20	2.02
	Between		0.28	0.44	1.41
	Within		0.29	0.38	1.77

续表

变量名		均值	标准差	最小值	最大值
净资产收益率	*Overall*	16. 72	5. 33	0. 22	39. 83
	Between		2. 32	13. 65	21. 35
	Within		4. 71	− 0. 52	37. 15
营业收入增长率	*Overall*	26. 50	17. 53	− 20. 82	109. 68
	Between		6. 52	15. 69	36. 92
	Within		16. 32	− 24. 25	110. 63
利润总额增长率	*Overall*	111. 15	886. 24	− 89. 62	11277. 56
	Between		248. 58	19. 94	1034. 56
	Within		850. 01	− 1013. 04	10354. 14
总资产增长率	*Overall*	23. 14	11. 84	− 4. 53	73. 01
	Between		6. 39	13. 41	34. 97
	Within		10. 12	− 12. 87	70. 07

注：*Overall* 一栏表示变量的总样本统计性质；*Between* 一栏表示变量组间统计性质；*Within* 一栏表示变量组内统计性质，下同。

由表 3 - 2 样本的描述性统计结果可知，除了利润总额增长率这一变量的波动幅度较大外，其余变量的波动幅度较小，样本数据较为集中。从资产负债率这一财务指标来看，上市商业银行资产负债水平均在 85% 以上，为典型的高杠杆行业。

（三）实证模型的构建

本部分采用面板数据（panel data or longitudinal）模型考察商业银行税收对银行资本结构的影响。考虑样本数据结构特点，个体维度 n 大于时间维度 T，因而属于"短面板"（short panel）模型。与截面和时间序列模型相比，面板数据模型的主要优势包含以下三点：

一是面板数据可以解决遗漏变量问题。遗漏变量是导致实证结果出现偏误的一个重要原因。虽然可以通过工具变量（Instrumental Variable）方法解决，但有效的工具变量往往很难找到，而且遗漏变量常常是由于样本存在"不可观测"的个体异质性（heterogeneity）。考虑到本书所研究的上市商业银行不仅存在个体异质性，而且不同所有制属性的商业银行也存在差异，那么通过面板数据模型组内估计量

（within estimator）就可以得出一致的估计。

二是面板数据模型可以提供更多个体行为的信息。由于面板数据同时具有截面与时间两个维度，可以单独解决截面数据与时间序列数据所不能解决的问题。如截面数据仅能体现某个时点上数据的特征，无法考察商业银行资本结构调整的时间变化的趋势；而时间序列数据仅能体现某个商业银行自身资本结构的历史变化情况，无法考察多个商业银行资本结构个体异质性问题。

三是面板数据样本容量较大。由于面板数据同时具有截面维度和时间维度，通常面板数据样本容量要大于相同维度的截面数据和时间序列数据，因而采用面板数据模型可以提高实证估计精度。

鉴于此，为了验证税收对上市商业银行资本结构的实际影响，探寻制约我国上市商业银行融资行为的因素，我们构建如下面板数据基本模型：

$$assratio_{it} = \alpha_0 + \alpha_1 incometaxr_{it} + \alpha_2 businetax_{it} + \Gamma X_{it} + \mu_{it} \qquad (3-10)$$

其中，i 代表样本中 16 家上市商业银行，t 代表时间趋势。因变量 $assratio_{it}$ 表示第 i 家上市商业银行在 t 年期间的资产负债率，解释变量为 $incometaxr$ 和 $businetax$，分别表示上市商业银行的所得税实际税率和流转税实际税率。X 表示影响商业银行资本结构变化的一系列控制变量向量，具体包括：资本担保价值、净资产收益率、营业收入增长率、利润总额增长率、总资产增长率。

在式（3-10）的基础上，本书重点引入所有制差异视角，通过商业银行国有持股（控股）比例及股权分散程度，我们可以将商业银行按照所有制属性分为两类，国有大型商业银行与非国有大型商业银行，其中国有大型商业银行包含中国工商银行、中国建设银行、中国农业银行、中国银行以及交通银行 5 家，其余 11 家均为非国有大型商业银行。[1] 因而可以通过设置虚拟变量（dummy）体现上市商业银行的不同所有制属性，当 dummy = 1 时，表明其属于国有大型商业银

---

[1]　按照银监会与国家统计局有关商业银行的分类标准，非国有商业银行还可细分为股份制商业银行与城市商业银行，鉴于本书研究的目的，我们仅按照国有持股比例和股权分散程度分为两类，在后文章节的研究中会进一步细化分类。

行，当 $dummy = 0$ 时，表明其属于非国有大型商业银行。

基于此，我们考察在不同所有制条件下，商业银行税收对银行资本结构的影响，构建如下面板数据模型：

$$assratio_{it} = \alpha_0 + \alpha_1 incometaxr_{it} \times dummy + \alpha_2 businetax_{it} \times dummy$$
$$+ \Gamma H_{it} + \mu_{it} \qquad (3-11)$$

式（3-11）与式（3-10）不同的是：解释变量为虚拟变量与所得税实际税率和流转税实际税率的交叉项，体现不同所有制属性商业银行的实际税率水平差异；同时控制变量 H_{it} 中也包含所有制差异虚拟变量（$dummy = \{1, 0\}$）以及资本担保价值、净资产收益率、营业收入增长率、总资产增长率。

（四）实证结果分析

1. 基本模型回归结果分析

考虑到每个商业银行可能存在不随时间变化的个体异质性，而且样本数据为上市商业银行全体，因而采用固定效用模型（Fixed Effect）[①]，回归结果如表3-3所示。

表3-3   **基本模型回归结果**

式（3-10）回归结果					
自变量		估计参数	标准差	T统计量	P值
解释变量	incometaxr	0.059***	0.011	5.17	0.000
	businetax	-0.024	0.018	-1.32	0.189
控制变量	covalue	2.221***	0.422	5.27	0.000
	roe	0.127***	0.029	4.43	0.000
	opereveg	-0.018***	0.0064	-2.79	0.006
	totaprog	0.000032	0.0001	0.30	0.766
	totassg	0.02**	0.009	2.19	0.030
常数项	α_0	89.49***	0.833	107.38	0.000***

Fixed effects(within) regression：$F(7, 130) = 11.69$；

Prob > F = 0.000；

R - sq：*overall = 0.39*

注：*、**、***分别表示变量在10%、5%和1%的水平上显著。

---

① 当样本数据中所包含的个体为所研究对象的全体时，可以直接采用固定效应模型。

由表 3 - 3 可知，总体上看回归结果的 F 统计量在 1% 的水平上显著（P 值近似于零），表明构建的回归方程对样本数据的解释能力较强。对于面板数据模型设定原假设"个体效应随机扰动项 $\mu_i = 0$"，统计量 $F(15, 130) = 11.86$ 的 P 值为 0.000，因而拒绝原假设，认为固定效应回归结果优于混合回归，即上市商业银行个体之间存在明显异质性，同时如果估计面板数据模型时允许截距项随着不同银行而变化，可以提高模型参数估计精度。[①]

表 3 - 4 为控制各上市商业银行个体异质性所得出的回归结果。采用"最小二乘虚拟变量模型"（Least Squire Dummy Variable, LS-DV）来估计，输出的方差为聚类稳健标准差（cluster - robust standard error），变量 Id_2 至 Id_16 为体现每个商业银行个体异质性的截距项，从中我们可以发现，16 家上市商业银行中有 14 家银行个体虚拟变量均很显著（P 值接近于 0），印证了上述模型估计策略的正确性，同时 $R - sq$ 统计量相对于表 3 - 3 中有较大提高，模型估计结果更为精确。

表 3 - 4　　　　　　控制个体异质性的模型回归结果

| | 式 (3 - 10) 回归结果 | | | |
自变量		估计参数	稳健标准差	T 统计量	P 值
解释变量	incometaxr	0.059 **	0.023	2.52	0.024
	businetax	- 0.024 *	0.012	- 1.87	0.081
控制变量	covalue	2.221 ***	0.447	4.97	0.000
	roe	0.127 *	0.065	1.94	0.072
	opereveg	- 0.018 **	0.0092	- 1.93	0.072
	totaprog	0.000032	0.0001	0.59	0.561
	totassg	0.02 **	0.0084	2.43	0.028

[①] 由于普通标准差大约只有稳健标准差的一半，估计该模型时并未使用聚类稳健标准差，造成估计参数的方差较大，因而在某些情况下该 F 检验并不十分有效，需要进一步通过 LSDV 方法考察。

式（3－10）回归结果				
自变量	估计参数	稳健标准差	T 统计量	P 值
Id_2	-3.514^{***}	0.181	-19.45	0.000
Id_3	-1.264^{***}	0.411	-3.08	0.008
Id_4	0.466^{***}	0.157	-2.97	0.009
Id_5	-1.230^{***}	0.290	-4.24	0.001
Id_6	-2.09^{***}	0.356	-6.21	0.000
Id_7	-4.723^{***}	0.128	-36.83	0.000
Id_8	-0.934	0.572	-1.63	0.124
个体虚拟变量 Id_9	-2.038^{***}	0.244	-8.36	0.000
Id_10	-2.301^{***}	0.316	-7.29	0.000
Id_11	-3.394^{***}	0.244	-13.90	0.000
Id_12	-3.455^{***}	0.323	-10.69	0.000
Id_13	-1.721^{***}	0.318	-5.40	0.000^{***}
Id_14	-3.741^{***}	0.309	-12.09	0.000
Id_15	-4.605^{***}	0.387	-11.90	0.000
Id_16	-3.080^{***}	0.147	-20.99	0.000
常数项 α_0	91.834^{***}	1.399	65.65	0.000
$R-sq: overall = 0.667$				

注：*、**、***分别表示变量在10%、5%和1%的水平上显著。

此外，为了面板数据模型的稳健性，在模型的设定方面我们也考察所构建模型是否为随机效应模型（Random Effect），通过 Hausman 检验可知，输出的统计量为 $\chi^2(6) = 10.46$，P 值为 0.10，在 10% 的显著性水平下拒绝随机效应模型假设，因此采用个体固定效应模型（Fixed effect）回归结果是稳健而准确的。

表 3－3 和表 3－4 报告了各变量对商业银行资本结构影响。对于解释变量而言，两表中所得税实际税率均对上市商业银行资产负债水平有着显著正向影响，即所得税实际税率上升 1%，上市商业银行资产负债率增加 0.059%，表明商业银行面临的所得税实际税率越高，商业银行的负债融资税收激励越大。经济学含义在于：企业所得税规

定债务利息税前抵免可以使得商业银行获得相应的税收收益，一定程度上降低债权融资成本，从而激励商业银行负债融资。在控制商业银行异质性后，表 3 - 4 回归分析结果中流转税实际税率与资产负债率显著负相关，验证了上文理论模型得出流转税一定程度上具有相对降低股权融资成本的税收激励效应，但与企业所得税债务融资税收激励效应相比，作用效果还比较微弱。

　　对于控制变量而言，资产担保价值与商业银行资产负债率正相关，意味着商业银行担保价值越高，对负债的偿还能力越强，商业银行越有能力获得更多的债务融资。净资产收益率与商业银行资产负债率正相关，实证结论与我们根据"融资优序理论"所得出的预计结果相悖，原因在于我国利率尚未市场化，存款利率低而贷款利率高，银行吸收存款的成本很小，因而商业银行存在吸收更多的存款（负债）以扩大信贷规模的激励。发展越快的商业银行，只有在内部融资不能满足自身发展资金需求时才会采取外部融资，而实证结果却表明营业收入增长率与资产负债率反向相关，意味着我国目前商业银行内部资金充裕，足以满足商业银行自身发展需求。总资产增长率与上市商业银行资产负债率正相关，符合经济学直觉，对于商业银行而言，规模越大，抵御风险能力越强，越有利于商业银行进行负债融资。

　　2. 扩展模型回归结果分析

　　表 3 - 5 考察的是所有制差异条件下，商业银行税收对上市商业银行资本结构的影响。同表 3 - 3 面板数据模型检验过程类似，由表 3 - 5 可知，总体上看回归结果的 F 统计量在 1% 的水平上显著（P 值近似于零），表明回归方程对样本数据的解释能力较强。对于面板数据模型设定原假设"个体效应随机扰动项 $\mu_i = 0$"，统计量 $F(15, 130) = 11.68$ 的 P 值为 0.000，因而拒绝原假设，认为固定效应回归结果优于混合回归，此外，由于表 3 - 3 中利润总额增长率（totaprog）这一控制变量对资本结构的影响很小且不显著，因而在表 3 - 5 的回归结果中剔除这一变量。

表 3 - 5　　　　　　　　扩展模型回归结果

式 (3 - 11) 回归结果					
	自变量	估计参数	标准差	T 统计量	P 值
解释变量	*Incometaxr × dummy*	0.043 ***	0.014	3.03	0.003
	Businetax × dummy	− 0.034	0.024	− 1.37	0.172
控制变量	*dummy*	− 0.539	1.338	− 0.40	0.688
	covalue	2.804 ***	0.431	6.51	0.000
	roe	0.116 ***	0.032	3.67	0.000
	opereveg	− 0.012 *	0.007	− 1.86	0.065
	totassg	0.021 **	0.010	2.18	0.031
常数项	α_0	90.314 ***	0.873	103.40	0.000

Fixed effects(within) regression：$F(7, 130) = 8.40$；

Prob > F = 0.000；

R − sq：overall $= 0.0169$

注：*、**、*** 分别表示变量在 10%、5% 和 1% 的水平上显著。

进一步，为了提高模型的精度和稳健度我们同样采用 LSDV 方法来估计，输出的方差为聚类稳健标准差，变量 *Id_* 2 至 *Id_* 16 为体现每个商业银行个体异质性的截距项，同时也通过 Hausman 检验模型是否属于随机效应模型，输出统计量 $\chi^2 = 12.22$，对应的 P 值为 0.093，表明在 10% 的显著性水平下拒绝随机效应模型假设，采用个体固定效应模型（Fixed effect）回归结果是稳健而准确的。

表 3 - 6 中 *R − sq* 统计量相对于表 3 - 5 中有较大提高，为 63.8%，也印证了采用个体固定效应模型估计结果更为精确。从回归结果中我们可以发现：相对于非国有大型商业银行而言，所得税实际税率增加一个百分点会导致国有大型商业银行资产负债率增加 0.043%。换句话说，国有大型商业银行融资行为对所得税实际税率变化更为敏感；而流转税实际税率对国有大型商业银行资产负债率的影响不显著，表明流转税实际税率对不同所有制属性商业银行融资行为的影响没有显著差异，但从作用方向上看都会导致商业银行负债水平下降，这与我们之前理论模型和实证分析得出的结论相符合。

表 3 - 6　　　　　　　　　　扩展模型回归结果

		式（3 - 11）回归结果		
	自变量	估计参数	稳健标准差	T 统计量	P 值
解释变量	$Incometaxr \times dummy$	0.043 ***	0.014	3.03	0.002
	$Businetax \times dummy$	- 0.034	0.024	- 1.37	0.169
控制变量	$dummy$	- 0.539	1.338	- 0.40	0.687
	$covalue$	2.804 ***	0.431	6.51	0.000
	roe	0.116 ***	0.032	3.67	0.000
	$opereveg$	- 0.012 *	0.007	- 1.86	0.062
	$totassg$	0.021 **	0.010	2.18	0.029
个体虚拟变量	Id_2	- 3.787 ***	0.557	- 6.8	0.000
	Id_3	- 0.843	0.535	- 1.58	0.115
	Id_4	- 0.027	0.505	- 0.05	0.957
	Id_5	- 1.014 **	0.517	- 1.96	0.050
	Id_6	- 1.94 ***	0.531	- 3.66	0.000
	Id_7	- 5.112 ***	0.557	- 9.18	0.000
	Id_8	- 0.741	0.559	- 1.33	0.185
	Id_9	- 1.867 ***	0.541	- 3.45	0.001
	Id_10	- 2.738 **	1.378	- 1.99	0.047
	Id_11	- 3.668 ***	1.243	- 2.95	0.003
	Id_12	- 3.693 ***	1.372	- 2.69	0.007
	Id_13	- 1.623 ***	0.590	- 2.75	0.006
	Id_14	- 4.012 ***	1.369	- 2.93	0.003
	Id_15	- 5.123 ***	1.378	- 3.72	0.000
	Id_16	- 2.738 ***	0.533	- 5.14	0.000
常数项	α_0	92.664 ***	0.814	113.89	0.000
		$R - sq: Overall = 0.638$			

注：*、**、***分别表示变量在10%、5%和1%的水平上显著。

对于控制变量而言，所有制差异虚拟变量不显著，但与资产负债率呈现反向相关关系，表明国有大型商业银行的资产负债水平要低于非国有大型商业银行，负债融资还有较大空间；资产担保价值、净资产收益率以及总资产增长率均与商业银行资产负债率显著正相关；营业收入增长率与商业银行资产负债率反向相关，与表 3 - 3 中相关控制变量的回归结果较为一致，也印证了模型的稳健性。

综上所述，从表 3 - 3 与表 3 - 5 模型的回归结果可知，所得税实际税率均对上市商业银行资产负债水平有着显著正向影响，所得税实际税率越高，上市商业银行负债融资的激励越大；控制商业银行个体异质性后流转税实际税率与资产负债率显著负相关，但与企业所得税债务融资税收激励效应相比，还比较微弱。考虑上市商业银行所有制差异条件，我们进一步发现国有大型商业银行资本结构对所得税实际税率变化的敏感性要高于非国有大型商业银行。

二　基于权衡理论视角的实证检验

前文我们检验了实际税率变动对不同所有制属性商业银行资本结构的影响，本部分重点验证前文得到的两个基本判断的正确性，考察实际税率变动对上市商业银行资本结构非对称调整的影响。

（一）样本选择

我国于 2008 年 1 月 1 日起实行新的企业所得税法，法定税率由 33% 降为 25%。为了考察所得税实际税率变化对上市商业银行资本结构调整的影响，我们首先要排除税收政策的外生变化，故选取新企业所得税法实施之后的 2009 年至 2013 年作为实证研究的样本期间，时间跨度为 5 年。在此期间内，我国 A 股上市的商业银行共有 16 家，数据同样来源于国泰安数据服务中心 CSMAR 系列研究数据库和 RESSET 金融数据库。

（二）实证模型构建与变量解释

我们构建面板数据计量分析模型：

$$dassratio_{it} = \beta_0 + \beta_1 up_{it} + \Phi P_{it} + \varepsilon_{it} \tag{3 - 12}$$

$$dassratio_{it} = \beta_0 + \beta'_1 down_{it} + \Phi P_{it} + \varepsilon_{it} \tag{3 - 13}$$

式（3 - 12）用于检验所得税实际税率上升的商业银行样本相对于所得税实际税率不变的商业银行样本资本结构调整的影响情况；式（3 - 13）用于检验所得税实际税率下降的商业银行样本对于所得税实际税率不变的商业银行资本结构调整的影响情况。其中，因变量 $dassratio_{it}$ 表示第 i 个商业银行从 $t - 1$ 到 t 年时资产负债率的变化，即 dass-

$ratio_{it} = assratio_{it} - assratio_{it-1}$。解释变量 up_{it} 和 $down_{it}$ 为虚拟变量，up_{it} 定义为第 i 个商业银行第 t 年的所得税实际税率高于平均税率水平时为 1，所得税实际税率不变或降低时为 0；同理 $down_{it}$ 定义为第 i 个商业银行第 t 年的所得税实际税率低于平均税率水平时为 1，所得税实际税率不变或提高时为 0，因而，根据前文得出的两个推论，我们可以预测系数 β_1 不显著或者显著为负，而 β'_1 显著为正。P_{it} 为一系列影响商业银行资本结构调整的控制变量向量，包括平均净资产收益率（$avgroe$）、营业收入增长率（$opereveg$）以及总资产增长率（$totassg$），各变量的选取与基本设定如表 3-7 所示。

表 3-7　　　　　　　　　　变量说明

	变量名称	变量符号	变量设定
被解释变量	资产负债率变化	dassratio	本年资产负债率变化与上年资产负债率变化
解释变量	实际税率上升虚拟变量	up	所得税实际税率上升为 1，其余为 0
	实际税率下降虚拟变量	down	所得税实际税率下降为 1，其余为 0
控制变量	资产规模	lnfix	商业银行固定资产总额对数值
	平均净资产收益率	roe	净利润与本期股东权益平均额之比
	营业收入增长率	opereveg	本期营业收入与上期营业收入之比减 1
	总资产增长率	totassg	期末资产总额与上年资产总额之比减 1

变量的统计性质描述如表 3-8 所示。

表 3-8　　　　　　　　　　变量的统计性质描述

变量名		均值	标准差	最小值	最大值
资产负债率变化	Overall	-0.046	0.899	-1.73	3.97
	Between		0.468	-0.496	1.184
	Within		0.775	-1.808	2.740
实际税率上升虚拟变量	Overall	0.588	0.495	0	1
	Between		0.435	0	1
	Within		0.257	-0.213	1.188

续表

变量名		均值	标准差	最小值	最大值
实际税率 下降虚拟变量	*Overall*	0.388	0.490	0	1
	Between		0.410	0	1
	Within		0.285	-0.213	1.188
资产规模	*Overall*	23.289	1.508	20.65	25.79
	Between		1.526	21.172	25.628
	Within		0.249	22.77	23.99
平均净资产 收益率	*Overall*	19.95	2.998	12.91	27.29
	Between		2.322	15.80	24.04
	Within		1.967	14.963	26.783
营业收入 增长率	*Overall*	22.147	14.457	-6.98	64.94
	Between		6.186	12.47	30.976
	Within		13.141	-5.103	56.345
总资产 增长率	*Overall*	23.529	13.551	-1.05	73.01
	Between		7.686	14.232	37.442
	Within		11.293	-14.963	63.313

由表 3 - 8 可知，除营业收入增长率与总资产增长率方差较大外，其余变量的波动幅度较小，样本数据较为集中。

（三）实证结果分析①

表 3 - 9 报告了所得税实际税率上升的商业银行样本相对于所得税实际税率不变的商业银行样本的资本结构调整面板数据回归结果。

表 3 - 9 实际税率上升对资本结构调整的影响

式（3 - 12）回归结果				
自变量		估计参数	标准差	T 统计量	P 值
解释变量	*up*	0.4774	0.319	1.50	0.14

――――――――

① 在分析回归结果之前，我们也相应对面板数据模型进行设定检验，通过面板数据 Hausman 检验，我们发现 $\chi^2 = 18.46$，P 值为 0.0024，在 1% 的水平下拒绝随机效应模型假设，因而实证模型应采取个体固定效应模型。

续表

式（3-12）回归结果					
自变量		估计参数	标准差	T 统计量	P 值
控制变量	lnfix	-0.150	0.350	-0.43	0.669
	avgroe	-0.041	0.041	1.01	0.318
	opereveg	-0.030***	0.006	-4.67	0.000
	totassg	0.026**	0.008	3.36	0.001
常数项	β_0	4.042***	8.229	0.49	0.625

Fixed effects（within）regression：$F(5, 59) = 8.22$

Prob > F = 0.000

R - sq：*Overall = 0.3829*

注：*、**、***分别表示变量在10%、5%和1%的水平上显著。

由表3-9可知，对于式（3-12）而言，总体上回归结果的 F 统计量在1%的水平上显著（P值近似于零），表明回归方程对样本数据的解释能力较强。解释变量 up 的系数并不显著，表明上市商业银行资本结构调整对于所得税实际税率上升不敏感，实证的结论与上述理论预期相一致。

控制变量中，商业银行资产规模对资本结构调整影响并不显著；平均净资产收益率对资本结构调整影响虽然不显著，但两者呈现出反向相关关系，表明平均净资产收益率越高的商业银行，其资本结构调整策略倾向于逐步减少每年负债融资量。需要指出的是，这与我们前文表3-3、表3-5所得出的实证结论"净资产收益率与商业银行资产负债率正相关"并不矛盾，因为上文所讨论的是税率变化引起资本结构中负债总量变化，进而导致资本结构变化；本部分所阐述的是税率上升所导致资本结构调整变化，前者考察资本结构水平变动，而后者考察资本结构调整速率变化。营业收入增长率与商业银行资产负债率变动呈现出显著的负相关关系，表明发展水平越高的商业银行不仅从总量上减少负债融资水平，而且在调整速度方面也相应减少每年负债融资量，最终表现为资产负债率下降，这与上文的经验研究结论相一致。总资产增长率与商业银行资产负债率变化呈现出显著的正相关关系，表明资产规模越大的商业银行负债融资能力越强，不仅均有较高的负债总量，而且每年负债也会相应增加。

表 3 - 10 报告了所得税实际税率下降的商业银行样本相对于所得税实际税率不变的商业银行样本的资本结构调整面板数据回归结果。

表 3 - 10　　　　　　实际税率下降对资本结构调整的影响

式（3 - 13）回归结果					
自变量		估计参数	标准差	T 统计量	P 值
解释变量	down	- 0.646	0.279	- 2.31	0.024 **
控制变量	lnfix	- 0.200	0.342	- 0.58	0.561
	avgroe	- 0.023	0.040	- 0.57	0.572
	opereveg	- 0.031	0.006	- 5.01	0.000 ***
	totassg	0.028	0.008	3.63	0.001 ***
常数项	β_0	5.357	8.054	0.67	0.509

Fixed effects（within）regression：F（5，59）=9.23

Prob > F = 0.000

R - sq：Overall = 0.3307

注：*、**、***分别表示变量在10%、5%和1%的水平上显著。

由表 3 - 10 可知，对于式（3 - 13）而言，总体上看回归结果的 F 统计量在 1% 的水平上显著（P 值近似于零），表明回归方程对样本数据的解释能力较强。解释变量 down 的系数在 5% 的置信水平下显著，表明上市商业银行资本结构调整对于所得税实际税率的下降十分敏感，实证的结论与理论预期相一致。

控制变量与式（3 - 12）的回归结果相一致，商业银行规模对商业银行资产负债率变化没有显著影响；营业收入增长率与资产负债率变化呈现出显著反向关系；总资产增长率与商业银行资产负债率变化呈现出显著的正相关关系。

综合上述分析，通过表 3 - 9 与表 3 - 10 的对比可知，面临实际所得税率的变化，上市银行资本结构调整呈现出非对称性，当实际税率上升时，商业银行通常不会调整资本结构以增加负债，当实际税率下降时，商业银行通常调整资本结构减少负债。实证分析验证了第三章第二节数理模型得出两个基本判断的正确性。造成商业银行资本结构调整策略迥异的原因在于：负债融资边际税收收益通常为一常数而边际破产成本是负债率的增函数[1]，随着负债率的增加，破产成本会迅速增加，即负债水平较低时，边际破产成本也相对较低，而负债水平较高时，边际破产成本变得相对较高，最终导致高杠杆的商业银行资本结构对于所得税实际税率上升和下降的敏感性不同。

该实证结论不仅验证了第三章第二节数理模型所得到的两个可证伪性质，同时我们进一步发现，该结论还可以解释我国目前"商业银行债务融资保守行为"以及"企业财务保守"现象，也能在一定程度上解释本章开始阶段文献回顾过程中发现有些实证文献得出"企业所得税并不会在很大程度上激励企业进行债务融资"的结论。

第四节　本章小结

一　数理模型结论

本章首先基于商业银行经营特性，构建数理模型，考察商业银行税收对商业银行融资成本决定因素的影响，阐明商业银行资本结构税收机制。在此基础之上，重点引入破产风险，通过衡量商业银行债务融资税收收益以及破产成本，刻画企业所得税税率变化如何对商业银行融资策略选择产生影响，并得出可证伪的两个基本判断，形成如下结论。

（一）不考虑银行破产的情况下，所得税对商业银行资本结构影响

第一，商业银行税收会提高商业银行资本结构中股权融资成本，同时降低商业银行资本机构中债权融资成本。这样商业银行税收会对商业银行债务融资产生激励效应，进而提高商业银行资本结构，这与一般资本结构理论所得出"企业存在负债融资税收激励"的结论相一致。此外，虽然商业银行税收均会提高股权融资成本，但存在一种税收补偿机制，使得流转税具有相对降低股权融资成本的效应。第二，贷款损失对商业银行资本成本影响不确定。该效应大小取决于流转税

---

① 破产成本为负债率的凸函数。

税率，税法规定贷款损失扣除与会计真实发生贷款损失扣除之间的差异程度，同时银行储蓄存款利息扣除同样也会降低商业银行资本成本。

（二）考虑银行破产成本条件下，所得税对商业银行资本结构非对称调整的影响

商业银行属于高杠杆企业，在融资时会权衡债务融资税收收益以及破产成本，因而面临所得税税率上升时，商业银行不会改变其资本结构，而面临所得税税率下降时，商业银行降低其资本结构，表现出商业银行对税率变化的敏感性不同。

二　实证检验结论

基于数理模型所得出的理论预期，实证分析部分，从一般意义上验证税收因素对商业银行资本结构影响，重点引入所有制差异因素。进而研究商业银行税收对商业银行资本结构动态调整过程的影响，验证上述理论预期。基本结论如下：

第一，商业银行面临的所得税实际税率越高，商业银行的资产负债率越高。同时，在控制商业银行异质性后，流转税实际税率与资产负债率显著负相关，但与企业所得税债务融资税收激励效应相比，还比较微弱。验证上述理论模型所得出的结论。

第二，在考虑上市商业银行所有制差异条件的情况下，我们进一步发现，国有大型商业银行资本结构对所得税实际税率变化的敏感性要高于非国有大型商业银行。

第三，当实际税率上升时，商业银行通常不会调整资本结构以增加负债，当实际税率下降时，商业银行通常调整资本结构减少负债。与上述理论预期相一致。

第四章 商业银行税收微观经济效应：基于信贷行为的实证分析

改革开放以来，间接融资一直在我国金融结构中占据重要地位，银行信贷是企业获得融资的主要方式；从我国现阶段银行发展来看，银行业无论是资产规模、盈利能力还是发展水平方面都处于主导地位，特别是我国利率尚未市场化，存贷利差一直是我国商业银行主要的利润来源，商业银行信贷资产规模也对银行营业收入水平有着重要影响。因此银行信贷水平不仅影响银行自身发展，而且对整个宏观经济有着重要影响。基于此，本章在考察税收对商业银行融资行为的影响基础上，继续应用产业组织理论从微观角度实证分析税收对商业银行信贷行为的影响。

第一节 文献综述

一 文献回顾

（一）国外文献回顾

通过梳理相关国外文献，我们发现国外学者常常把银行信贷看成货币政策工具，较少论及税收对信贷的影响。同时金融危机之前的研究主要从放松金融管制，促进银行发展的视角出发，研究税收政策对金融发展的促进作用，而金融危机之后，学者们提出各种对金融机构征税的议题，不仅仅针对银行信贷行为，而且涵盖所有金融机构的经营行为，目的在于惩罚那些诱发金融危机或者从危机中不当得利的金融机构，支付应对危机的财政成本等。

Slemrod 和 Joel（2009）[1] 指出，虽然政策制定者识别和制定了相应的短期政策以应对 2008 年金融危机，但是相关政策可能在长期中给经济带来负面影响。Shackelford 等（2010）[2] 综述了对金融机构征收特别税以及探讨各种税收政策的实施是出于何种经济背景，能产生何种政策效果。Hemmelgarn 等（2010）[3] 更进一步探讨了对金融机构征税所导致的税收负担转嫁问题，作者认为市场竞争以及银行市场力量强弱决定了税收负担归宿，研究的样本包含 1400 多家欧洲商业银行 1992 年至 2008 年的数据，实证结论表明，即使是在高度垄断的、极度缺乏竞争的市场环境中，商业银行都不可能将税收负担完全转移给客户承担。Lockwood 和 Benjamin（2010）[4] 在动态随机一般均衡框架下探讨了储蓄中介以及银行支付服务的最优税制问题。作者发现当付款服务（payment service）与最终消费之间存在固定比例时，或者说金融中介成本固定时，针对银行等金融中介机构的最优税制通常是不确定的，然而当企业所面临的金融中介服务成本差异外生的情况下，则不应该对储蓄征税。

（二）国内文献回顾

而国内直接从微观视角探讨税收对银行信贷行为影响的文献较少，学者们通常认为流转税确实扭曲银行信贷行为，不具有税收中性的作用，而所得税却无信贷扭曲效应。李文宏（2004）[5] 构建在资产约束条件下银行利润最大化的信贷供给模型，分别在无税与有税条件下探讨了最优信贷规模问题。作者发现营业税降低银行最优信贷水平，扭曲了银行信贷行为，而企业所得税具有税收中性的性质，但作

① Slemrod, Joel, "Lessons for Tax Policy in the Great Recession", *National Tax Journal*, Vol. 62, No. 3, 2009, pp. 387 – 397.

② Shackelford D. A., Shaviro D. N., Slemrod J. B., "Taxation and the Financial Sector", Working Paper, 2010.

③ Hemmelgarn, Thomas, and Gaëtan Nicodème, "The 2008 Financial Crisis and Taxation Policy", *CESifo Working Paper*, 2010.

④ Lockwood, Benjamin, "How should Financial Intermediation Services be Taxed?", *CESifo Working Paper*, *Public Finance*, No. 3226, 2010.

⑤ 李文宏：《中国银行业税收效应与制度分析》，博士学位论文，厦门大学，2004 年。

者仅仅采用规范分析方法，并没有通过实证验证上述结论。辛浩等（2007）① 以 14 家商业银行为样本构建面板数据模型，实证分析商业银行税收对银行盈利能力影响，发现营业税与银行信贷资产比显著负相关，表明营业税确实扭曲了银行信贷，而所得税却无扭曲效应。该结论验证了上述研究结论。赵以邗等（2009）② 采用 DEA 方法考察营业税对银行效率影响，作者发现营业税确实会降低银行贷款数量，存贷利差扩大，同时对银行总体而言，营业税税率的下调对银行业效率水平的提升影响效果并不大，但股份制商业银行效率的改善程度要大于国有银行。闫肃（2012）③ 以上市公司为样本，构建面板数据模型实证分析了金融业税收的信贷扩张效应，作者发现，金融业间接税对银行信贷扩张有着显著的抑制作用，间接税增加 1% 而银行信贷下降 0.7%，直接税对银行信贷的影响十分有限。

　　然而，也有少部分学者得出相反的结论，认为所得税也会扭曲银行信贷行为。薛薇（2011）④ 基于产业组织理论，通过构建信贷资本成本模型来说明这一点，在考虑银行融资成本以及银行贷款损失的税务处理的条件下，所得税提高了银行税后信贷资本成本，进而降低税收信贷收益率，最终银行最优信贷水平下降。卢立军（2012）⑤ 采用事件研究方法分析了对农村信用社发放小额贷款享受退税的税收优惠政策对农村小额信贷投放的激励效应，作者发现该税收优惠政策使得农村信用合作社盈利能力和抵御风险能力显著加强。

　　此外，与银行信贷相联系的另一个论题是银行存差问题。学者们更多地从银行债务和风险管理角度以及信贷市场信用角度分析银行存

---

① 辛浩、王韬、冯鹏熙：《商业银行税制影响的国际比较和实证研究》，《国际金融研究》2007 年第 12 期。

② 赵以邗、张诚、胡修林：《金融业营业税对我国银行业发展的影响分析》，《武汉金融》2009 年第 7 期。

③ 闫肃：《中国金融业税收政策研究》，博士学位论文，财政部财政科学研究所，2012 年。

④ 薛薇：《银行税收理论与制度研究》，经济管理出版社 2011 年版。

⑤ 卢立军：《浅议农村金融税收政策对农村信用社发放贷款的影响——以吉林省临江市为例》，《吉林金融研究》2012 年第 3 期。

差扩大的原因。伍志文等（2004）①的实证分析表明存贷差可以作为国有银行损失金以及信贷风险补偿金，因而存贷差扩大的部分原因在于我国金融深化的程度不够。杨万东（2006）②考察了存贷差产生的原因以及存贷差扩大的影响，但是其中没有提到商业银行税收因素对银行存贷差的影响。郑慧（2010）③构建误差修正模型，实证分析影响存贷差扩大的原因，作者发现固定资产投资、外汇占款、存贷利率的变化以及城乡居民储蓄都是影响存贷差扩大的原因。由于商业银行税收对信贷的扭曲效应，降低银行最优信贷水平，银行存在"惜贷"行为，但是目前还没有学者从税收角度给出我国存贷差扩大的原因。

二 简要述评

从上述学者对商业银行税收信贷微观效应的研究来看，大多数研究的结论认同流转税会扭曲商业银行信贷行为，造成商业银行最优贷款量下降，而所得税对商业银行的影响不大，基本上属于"中性税收"。少数研究表明所得税同流转税一样，降低银行税后信贷收益，扭曲最优信贷行为。因此，通过对文献的梳理，上述学者对商业银行税收信贷扭曲效应的探索为我们进一步的研究提供了基础，但也存在以下不足：

（一）规范分析的不足

所构建的模型并没有考虑所得税对信贷损失的影响。大多数学者仅仅从信贷供给角度出发，构建银行利润最大化模型，没有考虑所得税对银行贷款损失弥补的影响，因而也就得出所得税具有"税收中性"的结论。而本部分构建的数理模型充分考虑到银行贷款损失税务处理不同可能会在一定程度上影响银行信贷行为。④通过检索有关银行存差的相关文献，我们发现从税收角度给出银行存差扩大的解释及

---

① 伍志文、鞠方、赵细英：《我国银行存差扩大成因的实证分析》，《财经研究》2004年第4期。

② 杨万东：《商业银行存贷差问题讨论综述》，《经济理论与经济管理》2006年第2期。

③ 郑慧：《我国商业银行存贷差扩大原因的实证分析》，《山西农业大学学报》（社会科学版）2010年第6期。

④ 薛薇（2012）从银行自有成本角度分析，同样也得出所得税不具有税收中性的结论。

实证研究的文献几乎没有，学者们更多地从银行自身债务和风险管理角度介绍目前银行不断扩大的存差现象。本书力图从规范和经验研究分析税收与银行存差规模之间的关系，即从税收角度解释了银行存差扩大以及银行"信贷保守"行为的原因。

（二）实证分析的不足

文献表明，少数学者分析了商业银行微观税负对信贷的影响，但样本量不足，研究期间较短。本章的实证研究涵盖了全部上市商业银行，样本跨度从 2003 年至今。

第二节　商业银行税收对银行信贷行为影响的数理模型

本节集中探讨税收对银行信贷行为的影响，通过采用微观银行学中产业组织方法（Industrial Organization，IO）构建数理模型，分别阐明流转税和所得税对信贷行为影响的传导机制。同第三章分析税收对银行融资行为的影响类似，我们依据产业组织理论，将商业银行界定为买入特定的金融产品（如存款等）作为生产投入并卖出另一种金融产品（贷款）的金融中介机构。

一　流转税条件下的银行信贷行为

我们从第二章第二节商业银行税收机理分析所构建的一般均衡模型中，提炼出商业银行信贷行为决策；在式（2-5）、式（2-6）、式（2-7）所描述的商业银行利润最大化模型的基础上，分别构建流转税、所得税条件下商业银行最优信贷行为模型，阐明流转税、所得税影响商业银行信贷投放的机理。依据产业组织理论，我们构建一个商业银行竞争性模型，这里我们仅仅是局部均衡分析，即在短期内，商业银行通过调整最优存款量与最优贷款量实现利润最大化。基本假设如下：

（1）我们将银行存款和贷款视为银行"要素投入"与"产品"，银行技术由银行日常经营管理成本 $C(D, L)$ 决定，其中 D 和 L 分别表示银行存款与贷款总额，同时日常经营管理成本满足通常的规模报酬递减（凸性）假设与二次可微假设，即满足：$\dfrac{\partial C(D,\ L)}{\partial D} > 0$，

$\dfrac{\partial C(D,\ L)}{\partial L} > 0$；$\dfrac{\partial^2 C(D,\ L)}{\partial D^2} > 0$，$\dfrac{\partial^2 C(D,\ L)}{\partial L^2} > 0$。经济学含义为银行

经营管理成本以及边际成本随着储蓄与信贷规模的增大而增加。另

外，假设商业银行还存在规模经济（Economies of scope）效应[①]，即

$\dfrac{\partial^2 C(D,\ L)}{\partial D \partial L} < 0$，表明既有存款业务又有贷款业务的银行要比为专门

提供存款业务或贷款业务的两个银行更有效率，这也符合我们现实中

所观察到的银行经营特点。

（2）银行的资金来源于储蓄存款、货币市场净头寸 M 以及银行

贷款，假设 α 为银行准备金率[②]，这样银行的资产负债关系为：

$$L + M = (1 - \alpha)D \qquad\qquad (4-1)$$

（3）我们对银行贷款全额征收税率为 τ_B 的营业税，那么商业银行

利润 π 由式（4-2）给出：

$$\pi = (1 - \tau_B) r_L L + rM - r_D D - C(D,\ L) \qquad\qquad (4-2)$$

其中，r_D，r 与 r_L 分别表示银行存款利率、银行同业市场利率以

及银行贷款利率。

商业银行在式（4-1）约束条件下，实现税后利润［式（4-2）］的最大化，一阶条件如下所示：

$$\frac{\partial \pi}{\partial D} = [r(1 - \alpha) - r_D] - \frac{\partial C(D,\ L)}{\partial D} = 0 \qquad\qquad (4-3)$$

$$\frac{\partial \pi}{\partial L} = [(1 - \tau_B) r_L - r] - \frac{\partial C(D,\ L)}{\partial L} = 0 \qquad\qquad (4-4)$$

进一步整理可得：

$$r(1 - \alpha) - r_D = \frac{\partial C(D,\ L)}{\partial D} \qquad\qquad (4-5)$$

$$(1 - \tau_B) r_L - r = \frac{\partial C(D,\ L)}{\partial L} \qquad\qquad (4-6)$$

---

① 规模经济是指这样一种生产状态，即企业将两种或者更多的产品合并在一起生产，要比分开来生产的成本低。

② 这里假设银行准备金是无利息收入的。

式（4－5）的经济学含义为：竞争性的商业银行将调整最优储蓄水平，使得储蓄日常边际管理边际成本等于银行同业拆借利率与储蓄利率之差 $[r(1-\alpha)-r_D]$；同理，式（4－6）的经济学含义为：竞争性的商业银行将会调整最优信贷水平，使得信贷日常边际管理成本等于流转税后银行贷款利率与同业拆借利率之差 $[(1-\tau_B)r_L-r]$。

综合上述数理模型分析，我们可以得出如下两个可证伪的性质：

性质1：对银行贷款利息全额征收流转税降低银行最优信贷水平。通过与无税情况（$\tau_B=0$）时相比，式（4－6）左边减小，根据假设条件 $\dfrac{\partial C(D,L)}{\partial L}>0$，可知最优信贷 L 下降，即流转税降低了银行税后贷款收益，扭曲银行最优信贷行为，最终降低银行信贷水平。

性质2：对银行贷款利息全额征收流转税降低银行最优储蓄水平。根据银行范围经济假设条件 $\dfrac{\partial^2 C(D,L)}{\partial D \partial L}<0$，可知当流转税导致银行最优信贷水平下降时，存款的边际成本上升 $\dfrac{\partial C(D,L)}{\partial D}>0$，那么银行最优储蓄水平也会下降。

此外，根据以上两个可证伪的性质，我们还得出如下推论：

推论1：对银行贷款利息征收流转税同时降低银行存贷款数量。传统理论分析认为对银行贷款利息征收流转税只会扭曲银行最优贷款行为，并不会影响银行最优储蓄行为，即营业税没有改变最优存款一阶条件。[①] 然而，存在范围经济条件下，银行存贷市场之间相互关联，那么对银行征收流转税同样降低银行最优存款数量。

推论2：银行流转税对银行存差的影响不确定。根据推论1，流转税均有降低存贷款数量的效应，存差的变化取决于银行存款与银行贷款对流转税变化的敏感程度，一般情况下，流转税对银行信贷影响较为直接，相比银行储蓄，信贷对流转税的变动较为敏感，因而银行存差增加，这需要我们在后文实证分析中进一步验证。

二　企业所得税条件下的银行信贷行为

我们仍然按照上文构建流转税对银行信贷行为影响的数理模型方

---

① 式（4－5）结果。

法，现在考察所得税是否也会扭曲商业银行最优信贷行为。除了与上文的基本假设相同外，我们进一步假定对银行利润征收税率为 τ_c 的所得税，同时假设按照税法规定允许商业银行税前抵扣的部分贷款损失，超出的部分不允许抵扣贷款损失为 $Z = \varphi(L)$，满足 $\varphi'(L) > 0$，即贷款损失为银行信贷 L 的增函数。一般认为信贷规模越大，银行遭受贷款损失的可能性也越大，银行的贷款损失也越高。

那么，在计算商业银行缴纳企业所得税的应税利润时应将不允许抵扣的贷款损失所获得的收益纳入银行纳税所得额中：

$$\pi_c = r_L L + rM - r_D D - C(D, L) + r_L \varphi(L) \tag{4-7}$$

进而银行税后净利润为：

$$\pi_{net} = r_L L + rM - r_D - C(D, L) - \tau_C \pi_c \tag{4-8}$$

即满足：

$$\pi_{net} = (1 - \tau_C) r_L L + (1 - \tau_C) rM - (1 - \tau_C) r_D D - (1 - \tau_C) C(D, L) - \tau_C r_L \varphi(L) \tag{4-9}$$

从式（4-9）中我们可以清楚地看出，与无税情况相比：一方面所得税降低了商业银行利润总额，减少幅度为 $\tau_C [r_L L + rM - r_D D - C(D, L)]$；另一方面超出税法规定的允许银行税前抵扣贷款损失也使得银行利润总额进一步下降 $\tau_C r_L \varphi(L)$。

根据上述分析，商业银行在式（4-1）的约束条件下实现税后利润［式（4-9）］的最大化，一阶条件如下所示：

$$\frac{\partial \pi_{net}}{\partial L} = (1 - \tau_C)\left[r_L - r - \frac{\partial C(D, L)}{\partial L}\right] - r_L \tau_C \frac{\partial \varphi(D, L)}{\partial L} = 0 \tag{4-10}$$

进一步整理可得：

$$r_L - r - \frac{\tau_C}{1 - \tau_C} r_L \frac{\partial \varphi(D, L)}{\partial L} = \frac{\partial C(D, L)}{\partial L} \tag{4-11}$$

从式（4-11）我们可以得出，与无所得税的情况相比（$\tau_C = 0$），由于假设条件 $\frac{\partial \varphi(D, L)}{\partial L} > 0$ 成立，企业所得税降低了税后银行贷款的实际收益水平，降低幅度为 $\frac{\tau_C}{1 - \tau_C} r_L \frac{\partial \varphi(D, L)}{\partial L}$，该边际成本也构成银

行贷款损失的边际成本[①]，同时假设条件 $\frac{\partial C(D, L)}{\partial L} > 0$，必然导致银行最优信贷水平下降，从而扭曲银行最优信贷行为。式（4 - 11）的经济学含义为：在不考虑贷款损失成本的条件下，企业所得税并不会扭曲银行最优信贷水平，这样就会得出所得税具有"税收中性"特点的结论，然而在本部分的分析中我们可以发现，银行贷款损失成本提高银行信贷成本，降低银行税后实际贷款收益水平，进而降低最优信贷水平，扭曲银行最优信贷行为。

第三节　税收对商业银行信贷行为
影响的实证检验

前文数理模型所得到的商业银行税收与银行信贷投放之间相关性的可证伪性质，需要我们通过实证分析来验证其正确性。本节在前期文献回顾和数理模型推导的基础上，定量分析税收对商业银行信贷行为的影响，重点在实证模型中引入所有制差异因素，全面考察税收政策对不同所有制属性的商业银行信贷行为的影响。

一　数据来源与变量性质描述

（一）数据来源与样本选择

由于本章所采用的实证研究方法和数据结构与第三章基本一致，本书继续利用在我国 A 股上市的 16 家商业银行 2004 年至 2013 年 10 年年报披露的数据，数据来源于国泰安数据服务中心 CSMAR 系列研究数据库、RESSET（锐思）金融数据库以及中经网统计数据，实证分析在现行税制结构下商业银行税收对银行信贷行为的影响。

（二）变量的选取与统计性质描述

本节在借鉴已有文献基础上，选取各上市银行年报披露的"发放贷款及垫款净额"这一财务指标，作为因变量，用来衡量上市银行信

---

① 在考虑税负转嫁的情况下，只要税收负担部分仍由银行承担，银行的税后实际贷款收益率也要降低。

贷投放量；选取所得税实际税率与流转税实际税率作为影响上市银行信贷行为的解释变量，这也是我们实证部分重点关注的变量；同时我们也将影响上市银行盈利能力、发展能力与经营规模的因素作为控制变量引入实证模型中，各变量的选取与基本设定如表4-1所示。

表4-1   变量的说明

	变量名称	变量符号	变量设定
被解释变量	上市银行 信贷规模	*Loan*	银行发放的贷款及贴现资产扣减贷款损失准备期末余额后的金额①
解释变量	流转税实际税率	*businetax*	流转税与营业收入之比
	所得税实际税率	*incometax*	所得税与利润总额之比
控制变量	银行固定资产	*lnfix*	上市银行固定资产总额对数值
	银行总资产	*lntotal*	上市银行资产总额对数值
	银行利润总额	*profit*	上市银行实现的利润总额对数值
	银行营业收入	*income*	上市银行在经营过程中发生的营业收入总额对数值
	国内生产总值	GDP	这里选取 GDP 增长率

由表4-1可知，对于被解释变量而言，我们选择上市银行年报资产负债表中银行发放的贷款及贴现资产扣减贷款损失准备期末余额后的金额的对数值作为衡量商业银行信贷规模的指标。

对于解释变量而言，我们沿用第三章考察税收对商业银行融资行为影响的实证分析中所得税实际税率与流转税实际税率来反映本章税收对银行信贷行为的影响，实际税率的计算公式具体参见第三章式（3-9）以及式（3-10）。我们认为，营业税会改变商业银行贷款边际收益率，扭曲银行最优信贷行为，造成效率损失，而所得税增加银行信贷成本，因此流转税实际税率和所得税实际税率都与商业银行信贷规模负相关。

---

① 与下文变量处理相同，对于该变量我们也取对数值以减小信贷数据波动性。

对于控制变量而言，银行总资产反映银行规模，银行资产总额越大，银行规模越大，银行吸收存款的能力越强，而商业银行吸收的存款很大一部分构成银行贷款，同时也是储蓄者判断银行经营管理水平的重要依据。银行固定资产作为衡量银行资产质量的指标，银行固定资产越大，银行抵御风险的能力就越强，因此我们可以认为银行资产规模、资产质量与银行信贷规模正相关。银行营业收入作为衡量银行发展能力的指标，受利率管制的影响，存贷差一直以来是我国银行主要收入来源，因而银行信贷必然影响银行营业收入规模，也必然影响银行在今后的发展能力，因此我们认为银行营业收入与信贷规模之间正相关。银行利润总额作为衡量银行盈利性的指标，与上文分析相一致，我们认为银行利润与信贷规模正相关。GDP 增长率作为反映宏观经济环境对银行影响，众所周知，经济繁荣时期，企业为了增加产出必然需要通过融资获取生产要素，而我国企业的融资渠道以间接融资为主，因此，我们认为 GDP 增长率与银行信贷规模正相关。

表 4 - 2 中 *Overall* 一栏表示对应变量的总样本统计性质；*Between* 一栏表示对应变量组间统计性质；*Within* 一栏表示对应变量组内统计性质。由变量的统计性质描述可知，各变量的标准差较小，数据波动幅度不大，样本数据比较集中。同时我们发现流转税实际税率水平高于营业税与城建税与教育费附加合计的名义税率 5.5%，而所得税实际税率也高于企业所得税法定税率 25%，两者相比较可知，流转税所造成的税收扭曲较为严重。

表 4 - 2　　　　　　　　　　　　变量统计性质描述

变量名		均值	标准差	最小值	最大值
上市银行 信贷规模	*Overall*	27.415	1.374	24.119	29.901
	Between		1.383	25.013	29.404
	Within		0.509	26.303	28.431
流转税 实际税率	*Overall*	7.393	3.387	4.923	42.777
	Between		1.119	5.744	10.245
	Within		3.21	2.071	39.925

续表

变量名		均值	标准差	最小值	最大值
所得税 实际税率	Overall	25.206	6.601	12.552	48.888
	Between		3.708	17.529	30.772
	Within		5.467	12.65	43.322
银行固定 资产	Overall	23.006	1.504	20.02	25.792
	Between		1.58	20.96	25.636
	Within		0.356	22.007	24.14
银行 总资产	Overall	28.127	1.349	25.048	30.571
	Between		1.331	25.985	30.145
	Within		0.548	27.023	29.334
银行利润 总额	Overall	23.69	1.561	20.012	26.548
	Between		1.452	21.721	25.93
	Within		0.747	21.682	25.39
银行营业 收入总额	Overall	24.484	1.435	21.43	27.087
	Between		1.399	22.308	26.665
	Within		0.613	22.934	25.785
GDP 增长率	Overall	9.699	1.412	7.7	11.9
	Between		0.283	9.025	9.89
	Within		1.392	7.509	12.056

二 实证模型的构建

本章继续沿用第三章实证分析框架，采用面板数据模型（Panel Data or Longitudinal）考察税收对商业银行信贷行为的影响。基于此，我们构建如下面板数据基本模型：

$$Loan_{it} = \beta_0 + \beta_1 businetax_{it} + \beta_2 incometax_{it} + \Gamma X_{it} + \mu_{it} \qquad (4-12)$$

其中，i 代表样本中 16 家上市银行，t 代表时间趋势；被解释变量 $Loan_{it}$ 表示第 i 个上市银行在 t 年的信贷规模；解释变量 $businetax_{it}$ 与 $incometax_{it}$ 分别表示第 i 个上市银行在 t 年的流转税实际税率与所得税实际税率；X_{it} 表示影响上市银行信贷行为的一系列控制变量，具体包括：银行固定资产（$lnfix_{it}$）、银行资产总额（$lntotal_{it}$）、银行利润总额（$profit_{it}$）、银行营业收入总额（$income_{it}$）以及 GDP 增长率

（GDP_t）。

在式（4－12）基准模型的基础上，接下来，我们扩展模型，引入所有制差异视角，通过比较商业银行国有持股（控股）比重以及股权分散程度，我们将商业银行分为两类：国有大型商业银行与非国有大型商业银行，其中非国有大型商业银行包含股份制商业银行与城市商业银行（参见第三章第三节对各类别所属商业银行的详细论述）。因此，本部分通过设置虚拟变量体现上市银行所有制差异因素，当 $dummy = 1$ 时，表明其属于国有大型商业银行；当 $dummy = 0$ 时，表明其属于非国有大型商业银行。

基于此，我们考察不同所有制条件下，商业银行税收对银行信贷行为的影响，构建面板数据计量模型：

$$Loan_{it} = \beta_0 + \beta_1 businetax_{it} \times dummy + \beta_2 incometax_{it}$$
$$\times dummy + \Gamma \Xi_{it} + \mu_{it} \qquad (4-13)$$

基准模型式（4－12）与扩展模型式（4－13）的区别在于加入所有制差异因素，即我们所重点关注的解释变量为虚拟变量与流转税实际税率和所得税实际税率相乘的交叉项，体现不同所有制属性商业银行实际税率水平的差异。控制变量 Ξ_{it} 不仅包含基准模型中一系列控制变量（银行固定资产、银行资产总额、银行利润总额、银行营业收入总额以及 GDP 增长率）还包含所有制差异虚拟变量（$dummy = \{0, 1\}$）。

三 实证结果分析

应用计量分析软件 STATA 12.0，我们通过个体固定效应模型估测上述基准模型与扩展模型，需要特别指出的是，当样本数据所包含的个体为所要研究对象的全体时，即我们研究的样本上市银行为上市银行全体，那么采用固定效应模型回归是恰当的。[①] 此外，在样本数据结构中个体变量大于时间趋势变量，属于短面板，数据可以看成近似平稳的，同时我们也将变量值取对数，尽可能降低数据的波动性。实证结果如下所示：

---

① 高铁梅：《计量经济分析方法与建模》，清华大学出版社 2006 年版，第 36 页。

（一）基准模型回归结果

表4-3为控制各商业银行个体异质性后的面板数据回归结果，采用最小二乘虚拟变量模型（Least Squire Dummy Variable，LSDV）估计面板数据。陈强（2014）① 通过对比普通标准误差与稳健标准误差发现，前者大约是后者的一半，由于同一个体不同时间的扰动项之间一般存在自相关，而默认的普通标准误差计算方法假设随机扰动项服从独立正态分布，故普通标准差的估计并不准确。因此，我们所输出的回归结果方差为聚类稳健标准差（Cluster - Robust Standard Error）。

表4-3   基本模型回归结果分析

式（4-12）回归结果					
变量		估计参数	稳健标准差	T统计量	P值
解释变量	businetax	-0.00357***	0.00137	-2.6	0.009
	Incometax	-0.00608	0.00381	-1.6	0.11
控制变量	Lnfix	0.07326	0.06966	1.05	0.293
	Lntotal	0.81148***	0.07848	10.34	0.000
	profit	0.02785	0.0273	1.02	0.308
	Income	0.00514	0.09653	0.05	0.958
	GDP	0.00761	0.00743	1.02	0.305
个体虚拟变量	Id_2	-0.40962***	0.04799	-8.53	0.000
	Id_3	0.07788	0.05596	1.39	0.164
	Id_4	-0.05713	0.05194	-1.1	0.271
	Id_5	0.06067	0.05635	1.08	0.282
	Id_6	0.03374	0.08216	0.41	0.681
	Id_7	-0.55532***	0.0507	-10.95	0.000
	Id_8	-0.12412***	0.02981	-4.16	0.000
	Id_9	-0.20533***	0.02637	-7.79	0.000
	Id_10	-0.00824	0.21134	-0.04	0.969
	Id_11	0.05894	0.13399	0.44	0.660
	Id_12	0.05184	0.19250	0.27	0.788
	Id_13	-0.06334	0.08472	-0.75	0.455

---

① 陈强：《高级计量经济学及 STATA 应用》，高等教育出版社社 2014 年第 2 版，第 261 页。

续表

变量		估计参数	稳健标准差	T统计量	P值
		式（4-12）回归结果			
个体虚拟变量	Id_14	0.08616	0.18280	0.47	0.637
	Id_15	0.08188	0.21418	0.38	0.702
	Id_16	0.09678	0.07387	1.31	0.190
常数项	β_0	2.28053 *	1.22076	1.87	0.062

$R-sq: Overall = 0.9973$

注：*、**、***分别表示变量在10%、5%、1%的水平上显著。

从表4-3的回归结果中我们可以发现，整体上看回归结果的 R 统计量为 0.9973，表明所构建的面板数据实证模型能够解释样本数据 99.73% 的变化，对样本数据的解释能力较强。变量 Id_2 至 Id_16 为体现不同上市银行个体差异的截距项，可知部分上市银行截距项十分显著（P值接近于0），存在个体差异现象，也印证了本书所采用个体固定效应回归的正确性。

同时为了面板数据模型的稳健性，我们在模型的设定方面也考虑所构建的模型是否为随机效应模型，通过相应 Hausman 检验可知，输出的卡方统计量为 $\chi^2(8) = 41.13$，P 值为 0.000，在 1% 的水平上强烈拒绝所构建的模型为随机效应模型假设，因此本书所采用个体固定效应（Fixed effect）模型进行回归的结果是稳健而准确的。

表4-3中还报告了各解释变量与控制变量对银行信贷行为的影响。对于解释变量而言，流转税实际税率在 1% 的显著性水平下对商业银行信贷产生负向影响，即流转税实际税率上升一个百分点导致银行信贷水平平均下降 0.357%，该实证结论与本章第二节银行最优信贷行为数理模型所得出的理论预期相一致（参见第四章第二节可证伪性质1）。背后的经济学含义为：在考虑银行贷款市场时，营业税降低商业银行贷款税后收益率，改变商业银行利润最大化条件，扭曲了银行最优信贷行为，因而造成效率损失，信贷水平下降。实证结果充分表明：营业税确实具有扭曲银行信贷的效应；同时也说明，流转税完全可以作为调节银行信贷供给的有效政策工具。

在上文理论模型分析中我们发现，在忽视企业所得税对银行贷款损失影响的情况下，企业所得税并不会改变税后信贷相对价格水平，因而也不会影响银行最优信贷规模，但是考虑到贷款损失的税务处理会改变银行信贷成本时，银行贷款利率如果不能抵消由于企业所得税导致银行资本成本的上升，那么银行就要承担部分甚至全部税收负担，这样银行税收贷款收益下降，必然导致银行信贷规模缩减，因此，企业所得税仍会扭曲银行利润最大化行为［参见第四章第二节式（4-11）的经济学解释］，这与我们实证研究得出的结论较为一致，即所得税实际税率与银行信贷规模负相关，但相关性比较微弱。

对于控制变量而言，商业银行资产总额与银行信贷规模呈现显著的正相关关系，银行资产规模上升一个百分点带来信贷总额上升0.81%，表明我国商业银行处于规模报酬递增阶段，在以存贷差为主要营业收入的中国银行业，银行规模的扩张必然带来信贷增长。而银行营业收入总额与银行信贷规模之间的关系虽然不显著，但整体呈现出正相关关系，同时银行利润总额也与信贷规模呈现出正相关关系，两者均表明，当前金融市场利率尚未放开，商业银行信贷的扩张必然带来营业收入的增加，追求利润增长也是我国商业银行信贷规模扩大的主要驱动因素之一。而银行固定资产规模与银行信贷投放的关系虽然不显著，但整体呈现出正相关。

（二）扩展模型回归结果

在基准模型回归分析的基础上，进一步，我们考察在所有制差异条件下，税收对商业银行信贷行为影响的差异性。同样，为了提高模型估计结果的精度和稳健度，我们采用 LSDV 方法估计，输出的方差为稳健标准差。此外，我们也通过 Hausman 检验验证模型是否属于随机效应模型，检验输出结果为：$\chi^2(8) = 18.04$，在5%的显著性水平下拒绝扩展模型为随机效应模型，因而采用个体固定效应模型回归是恰当的。扩展模型回归结果如表4-4所示。

表 4 – 4　　　　　　　　　扩展模型回归结果分析

| | | \式（4 – 13）回归结果 | | | |

	变量	估计参数	稳健标准差	T 统计量	P 值
解释变量	businetax × dummy	− 0. 00252 ***	0. 00072	− 3. 48	0. 000
	incometax × dummy	− 0. 01343 ***	0. 00318	− 4. 22	0. 000
	变量	估计参数	稳健标准差	T 统计量	P 值
控制变量	dummy	0. 49278	0. 26724	1. 84	0. 065
	lnfix	0. 02194	0. 07997	0. 27	0. 784
	lntotal	0. 78773 ***	0. 06547	12. 03	0. 000
	profit	0. 03113	0. 0260	1. 20	0. 231
	income	0. 07625	0. 09248	0. 82	0. 41
	GDP	0. 00808	0. 00640	1. 26	0. 206
个体虚拟变量	Id_2	− 0. 33677 ***	0. 04456	− 7. 56	0. 000
	Id_3	0. 06969	0. 06248	1. 12	0. 265
	Id_4	− 0. 04051	0. 05837	− 0. 69	0. 488
	Id_5	0. 07485	0. 06335	1. 18	0. 237
	Id_6	0. 05777	0. 09406	0. 61	0. 539
	Id_7	− 0. 46635 ***	0. 04329	− 10. 77	0. 000
	Id_8	− 0. 11339 ***	0. 03038	− 3. 73	0. 000
	Id_9	− 0. 17530 ***	0. 02058	− 8. 52	0. 000
	Id_10	− 0. 10954 ***	0. 01192	− 9. 19	0. 000
	Id_11	− 0. 04775	0. 09281	− 0. 51	0. 607
	Id_12	− 0. 04589 *	0. 02647	− 1. 73	0. 083
	Id_13	− 0. 02806	0. 09367	− 0. 30	0. 765
	Id_14	− 0. 02116	0. 03756	− 0. 30	0. 765
	Id_15	（omitted）			
	Id_16	0. 11031	0. 08399	1. 31	0. 189
常数项	β_0	2. 09405	0. 08399	1. 31	0. 189
		R – sq：Overall = 0. 9915			

注：*、* *、* * *分别表示变量在 10%、5%、1%的水平上显著。

从表 4 – 4 的回归结果中我们可知，整体上看回归结果的 R 统计量为 0. 9915，表明所构建的面板数据实证模型能够解释样本数据

99.15%的变化，对样本数据的解释能力较强。从体现商业银行个体差异的截距项可知，部分截距项十分显著（P值接近于0），存在个体差异现象，表明本书所采用个体固定效应回归是正确的。

对于解释变量而言，所得税实际税率增加一个百分点，国有大型商业银行信贷规模比非国有大型商业银行信贷规模显著下降0.252%。换句话说，国有大型商业银行对于所得税实际税率的变动更为敏感；同时流转税实际税率下降一个百分点，国有大型商业银行信贷规模比非国有大型商业银行信贷规模显著下降1.34%。表明国有大型商业银行虽然处于规模报酬递增阶段，但与非国有大型商业银行相比，资本成本比较高，导致其对实际税率的变化比较敏感，税率微小变动，导致信贷规模有着较大幅度变化。

对于控制变量而言，所有制差异因素在1%的显著水平下正向影响商业银行信贷规模。在转型期内，与股份制商业银行与城市商业银行相比，国有大型商业银行信贷长期以来受政府的干预和金融抑制造成银行业严重的信贷配给，虽然非国有部门对于GDP的贡献超过70%，而它在过去的几十年内获得的银行贷款却不到20%①，大部分信贷资金流向国有部门。因而，所有制因素导致国有大型商业银行信贷水平显著增加。

其余控制变量的显著性水平，以及与被解释变量的作用方向均与基准模型一致，即银行资产总额与银行信贷规模显著正相关，银行固定资产也与银行信贷正相关，银行营业收入和利润总额与银行信贷之间虽不显著，但呈现出正相关关系，GDP增长率也与银行信贷呈现出正向关系。

综上所述，表4-3与表4-4模型的回归结果表明，流转税对银行信贷行为产生扭曲影响，考虑到银行贷款损失税务处理会改变银行信贷成本时，所得税也不具有"税收中性"的作用，确实会扭曲银行信贷行为。此外，扩展模型的实证结果表明，国有大型商业银行信贷规模对于所得税税率的变动更为敏感。

---

① 何贤杰、朱红军、陈信元：《政府多重利益驱动与银行信贷行为》，《金融研究》2008年第6期。

第四节　商业银行税收对银行存差
影响的实证检验

在第三节中我们实证分析了商业银行税收对银行信贷行为的影响，本节考察商业银行税收对银行存差①的影响。一般情况下，商业银行等金融中介机构在经营存贷款业务时保持适当的存差是必要的，而过高的存贷差反映了银行系统内部资金运行效率的低下。造成银行存差不断扩大的因素比较多，财政借款假说认为，银行将一部分资产从信贷形式转化为持有政府债券形式，导致信贷规模下降，存差扩大；此前，银行监管机构对银行资产负债进行管理，也对银行存贷款比例进行硬性规定②；外部冲击假说认为金融危机，尤其是 2008 年全球金融危机的爆发也导致信贷约束强化，存差扩大；金融抑制理论认为，信贷市场信用体系的不完善是导致存差扩大的一个原因。

但是较少学者从税收角度解释银行存差扩大的原因，我们根据第二章基础理论分析以及本章实证研究商业银行税收对银行信贷的影响时发现，商业银行税收也会在一定程度上造成我国银行存差扩大，即商业银行征收流转税与所得税扭曲银行最优信贷行为，银行倾向于减少信贷水平，而考虑银行税负转嫁的情况，商业银行税收也会影响银行最优存款规模，这两方面作用可能导致银行存差进一步扩大。那么，我国银行税收制度是否显著影响银行存差扩大，这需要我们从实证角度详细分析。

一　数据来源与变量性质描述

（一）数据来源与样本选择

本部分主要研究商业银行税收对上市银行存差影响，属于探讨商业银行微观经济效应范畴，因此，为了保持与前文考察税收对银行融

---

① 银行存差是 20 世纪 80 年代作为我国信贷资金管理制度中控制银行信贷的指标提出的，如果银行存款大于贷款为存差，银行贷款大于存款为贷差。

② 《中华人民共和国商业银行法》第 39 条有关商业银行贷款资产负债比例管理的规定：贷款余额与存款余额的比例不得超过 75%。

资行为与银行信贷行为的研究相一致，我们采用的样本为全体 16 家在 A 股上市的商业银行，时间跨度为 2004 年至 2013 年末，样本数据来源于国泰安数据服务中心 CSMAR 系列研究数据库、RESSET（锐思）金融数据库以及中经网统计数据。

（二）变量的选取与统计性质的描述

薛薇（2011）一文得出银行存差增长率与营业税税率存在显著正相关的结论，但文章采用的是宏观数据且营业税税率为法定税率，没有控制其他变量的影响，因而采用描述性统计方法并不能严格证明营业税与存差扩大之间的相关性，而本书在借鉴前人研究的基础上，从微观视角，分析商业银行税收对上市银行存差的影响。

按照银行存差的定义，我们选取商业银行存差作为被解释变量，即扣除法定存款准备金的银行存款高于贷款的部分。我们设定相应的流转税指标与所得税指标作为影响上市银行存差的税收因素指标，也是我们实证部分重点关注的解释变量。同时我们也将影响商业银行存差的一系列因素，如信贷规模、银行固定资产、国内生产总值以及货币发行量，作为控制变量纳入实证模型中。变量的选取与基本设定如表 4 - 5 所示。

表 4 - 5   变量的说明

	变量名称	变量符号	变量设定
被解释变量	银行存差	*GAP*	银行发放贷款及垫款净额与银行吸收存款及同业存放之间差额的对数值
解释变量	银行流转税	*turnovertax*	银行当期营业税金及附加项目金额的对数值
	银行所得税	*incometax*	银行当期所得税费用项目金额的对数值
控制变量	银行固定资产总额	*lnfix*	银行资产总额对数值
	银行信贷规模	*lnloan*	银行信贷总额对数值
	国内生产总值	GDP	这里选取 GDP 增长率
	货币供应量	*M2*	广义货币供应量

由表 4 - 5 可知，对于被解释变量银行存差而言，我们通过计算银行存贷款额之间的差额的对数值来确定，其中银行存款指标由"银

行发放的贷款和贴现资产扣减贷款损失准备期末余额后的金额"确定，银行贷款指标由"银行吸收的客户存款或者其他金融机构存放于本行的款项"确定。

对于解释变量而言，依据我国现行银行业税制，我们选取上市银行年报利润表中披露的"营业税金及附加"科目余额的对数值作为衡量商业银行流转税的指标；选取上市银行当期实际缴纳的企业所得税金额的对数值作为衡量商业银行直接税的指标。根据前文分析，考虑到商业银行税收的扭曲效应，因此我们预测商业银行税收存在倾向于扩大银行存差的效应，两者呈现正相关关系。

对于控制变量而言，银行固定资产反映了银行资产质量水平，资产质量越高的银行，抵御金融风险的能力越强，因而储蓄者也愿意将资金存入风险系数小的银行，同时，该指标越高，银行的信贷规模通常也大，因而固定资产规模对银行存差的影响效应不定。通过银行存差的计算公式可知，银行信贷规模也是影响存差的因素之一①，因而我们将银行信贷指标作为控制变量引入。GDP 指标作为影响银行存差的宏观经济因素引入实证模型中，现实经济中，经济繁荣，商业银行信贷投放量通常增加，通常会缩小银行存差，因而我们预计 GDP 与银行存差之间呈现出正相关关系。我们将广义货币供应量 M2 作为货币政策控制变量引入模型中，考察货币政策对银行存差的影响。相关变量的统计性质描述如表 4-6 所示。

表 4-6　　　　　　　　变量统计性质描述

变量名		均值	标准差	最小值	最大值
银行存差	Overall	27.0398	1.4532	23.7758	29.4703
	Between		1.4018	24.7823	29.2664
	Within		0.6498	25.3413	28.6857
银行流转税	Overall	21.8427	1.3859	18.5825	25.1566
	Between		1.3425	19.641	23.8066
	Within		0.6106	20.55	23.3905

① 这里不引入银行存款指标是为了防止银行存差、贷款与存款之间存在多重共线性。

续表

变量名		均值	标准差	最小值	最大值
银行所得税	*Overall*	22.2829	1.5453	18.85117	25.0484
	Between		1.4867	19.9764	24.5227
	Within		0.6603	20.5722	23.8654
银行固定资产	*Overall*	23.0059	1.5041	20.0201	25.792
	Between		1.5801	20.9597	25.6355
	Within		0.3555	22.0068	24.14
银行信贷规模	*Overall*	27.4149	1.3743	24.1186	29.9012
	Between		1.3829	25.0125	29.4042
	Within		0.509	26.3029	28.4306
国内生产总值	*Overall*	9.6992	1.4117	7.7	11.9
	Between		0.2831	9.025	9.89
	Within		1.3922	7.5092	12.0563
货币供应量	*Overall*	13.3477	0.438	12.4455	13.9172
	Between		0.1679	13.1957	13.7141
	Within		0.4124	12.5975	14.0692

从表 4-6 样本统计性质描述可知，在取对数后各变量波动幅度较小，样本数据较为集中。同时，我们也对 16 家上市银行存贷差变量的时间趋势进行考察，如图 4-1 所示。

根据图 4-1 可知，除少数商业银行由于上市的时间较晚，时间趋势还不明显外，大部分商业银行的存差随着时间而逐步扩大，该现象是否与商业银行税制相关，需要我们进一步实证检验。

二 实证模型的构建

本节继续沿用上节实证研究分析方法，采用面板数据模型考察商业银行信贷对银行存差的影响。鉴于数据结构中个体变量 N 大于时间趋势变量 T，那么样本符合短面板数据特点。我们构建如下基本模型：

$$GAP_{it} = \beta_0 + \beta_1 turnovertax_{it} + \beta_2 incometax_{it} + \Gamma X_{it} + \mu_{it} \qquad (4-14)$$

基准模型式（4-14）中，i 代表样本中 16 家上市银行，t 代表时间趋势；被解释变量 GAP_{it} 表示第 i 个上市银行在 t 年的存差；解释变量 $turnovertax_{it}$ 与 $incometax_{it}$ 分别表示第 i 个上市银行在 t 年的流转税总

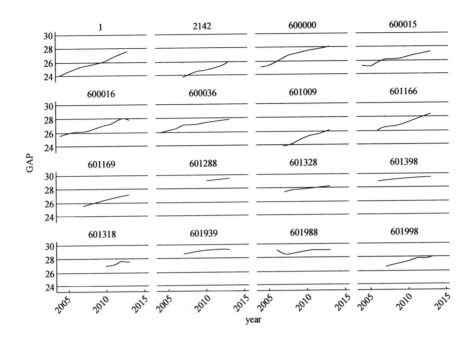

图 4 – 1　16 家上市银行存贷差变动趋势

额对数值与所得税总额对数值；X_{it} 表示影响上市银行存差规模的一系列控制变量，具体包括：银行固定资产（$lnfix_{it}$）、银行信贷规模（$lnloan_{it}$）、国内生产总值增长率（GDP_t）以及广义货币供应量（$M2$）。

在式（4 – 14）基准模型的基础上，我们扩展模型，同样引入所有制差异视角，即当 $dummy = 1$ 时，表明其属于非国有大型商业银行；而当 $dummy = 0$ 时，表明其属于国有大型商业银行。

基于此，我们考察不同所有制条件下，商业银行税收对银行存差规模的影响，构建如下面板数据计量模型：

$$GAP_{it} = \beta_0 + \beta_1 turnovertax_{it} \times dummy + \beta_2 incometax_{it}$$
$$\times dummy + \Gamma \Xi_{it} + \mu_{it} \qquad (4 – 15)$$

基准模型式（4 – 14）与扩展模型式（4 – 15）的区别在于加入所有制差异因素，即我们所重点关注的解释变量为虚拟变量与流转税税收总额和所得税税收总额相乘的交叉项，体现不同所有制属性商业银行税收的差异性。控制变量 Ξ_{it} 不仅包含基准模型中一系列控制变量（银行固定资产、银行信贷规模、国内生产总值增长率以及广义货币供应量）还包含所有制差异虚拟变量（*dummy* = ｛0，1｝）。

三　实证结果分析

应用计量分析软件 STATA 12.0，我们同样采用个体固定效应模型估测上述基准模型与扩展模型，实证结果如下：

（一）基本模型回归结果分析

表 4 - 7 为控制各商业银行个体异质性后的面板数据回归结果，与上述参数估计方法一致，均采用 LSDV 估计面板数据模型，输出的方差为聚类稳健标准差。

表 4 - 7　　　　　　　　　　　**基本模型回归结果分析**

式（4 - 14）回归结果					
变量		估计参数	稳健标准差	T 统计量	P 值
解释变量	*turnovertax*	0. 1954 **	0. 0949	2. 06	0. 040
	incometax	0. 3279 ***	0. 0849	3. 86	0. 000
控制变量	*lnfix*	- 0. 2175 *	0. 1304	- 1. 67	0. 095
	lnloan	1. 2020 ***	0. 3190	3. 77	0. 000
	GDP	- 0. 0348 *	0. 0181	- 1. 93	0. 054
	M2	- 0. 656 *	0. 3565	- 1. 84	0. 066
个体虚拟变量	*Id_*2	0. 9150 **	0. 4592	1. 99	0. 046
	*Id_*3	- 0. 5542 **	0. 2765	- 2. 00	0. 045
	*Id_*4	0. 1095	0. 1039	1. 05	0. 292
	*Id_*5	- 0. 5413 **	0. 2602	- 2. 08	0. 038
	*Id_*6	- 0. 5847 *	0. 3486	- 1. 68	0. 093
	*Id_*7	1. 4133 *	0. 5146	2. 75	0. 006
	*Id_*8	- 0. 1295	0. 1857	- 0. 70	0. 486
	*Id_*9	0. 4168 ***	0. 1040	4. 01	0. 000
	*Id_*10	- 0. 6650	0. 7767	- 0. 86	0. 392
	*Id_*11	- 0. 7086	0. 5153	- 1. 38	0. 169
	*Id_*12	- 1. 0870	0. 8767	- 1. 24	0. 215
	*Id_*13	- 0. 0943	0. 1924	- 0. 49	0. 124
	*Id_*14	- 1. 0988	0. 8132	- 1. 35	0. 177

续表

	式（4-14）回归结果			
变量	估计参数	稳健标准差	T 统计量	P 值
个体虚拟变量　Id_15	-1.0740	0.8168	-1.31	0.189
个体虚拟变量　Id_16	-0.5594 *	0.3122	-1.79	0.073
常数项	-3.1312	4.2383	-0.74	0.460
$R-sq：Overall = 0.9871$				

注：*、**、***分别表示变量在10%、5%、1%的水平上显著。

从表4-7的回归结果中我们可以发现，整体上看回归结果的 R 统计量为 0.9871，表明所构建的面板数据实证模型能够解释样本数据 98.71% 的变化，对样本数据的解释能力较强。变量 Id_2 至 Id_16 为体现不同上市银行个体差异的截距项，可知部分上市银行截距项十分显著（P 值接近于 0），存在个体差异现象，也印证了本书所采用个体固定效应回归的正确性。

与上节面板数据模型设定检验相一致，我们在模型的设定方面也考虑所构建的模型是否为随机效应模型，通过相应 Hausman 检验可知，输出的卡方统计量为 $\chi^2(7) = 17.61$，P 值为 0.013，在 5% 的水平上强烈拒绝所构建的模型为随机效应模型假设，因此本书所采用个体固定效应（Fixed effect）模型进行回归的结果是稳健而准确的。

表4-7中还报告了各解释变量与控制变量对银行存差的影响。对于解释变量而言，银行流转税税收总额在 5% 的显著性水平下能够促进商业银行存差扩大，即流转税增加一个百分点会导致银行存差增加 0.195%。该结论验证了本章第二节中的推论 2，表明流转税对银行储蓄的弹性小于对银行信贷的弹性。该结论的经济学含义为：商业银行税收扭曲了银行最优信贷行为，降低了银行税后贷款收益率，银行最优信贷水平下降；同时考虑到银行营业税负担很难向后转嫁给储蓄者的情况，即银行最优存款数量对营业税的变动不敏感，银行最优储蓄量几乎不变，通过这两个方面的作用，商业银行存差会进一步扩大。该结论从税收角度揭示了商业银行经营中"信贷保守"现象产生

的原因。①

同样，银行所得税税收总额在1%的显著性水平下也对银行存差产生正向影响，即银行所得税提高一个百分点导致银行存差扩大0.328%，该结论的经济学含义为：如果不考虑银行自有资本，那么我们就会得出所得税是"中性税收"，一般不会扭曲银行最优信贷行为的结论，然而，考虑到银行存贷款之间的相互影响，所得税最终也是构成银行贷款资本成本的一部分，如果银行贷款利率低于银行信贷资本成本，那么税收负担部分或者全部由银行自身承担，导致银行贷款收益下降，最优贷款数量减少，扭曲银行最优信贷行为，也会导致银行存差扩大。该结论与表4-3回归结果较为一致，所得税确实影响商业银行信贷行为进而影响银行存差扩大。

对于控制变量而言，商业银行固定资产总额与银行存差的扩大在10%的显著性水平下呈现出负相关关系，即银行固定资产总额上升一个百分点将导致银行存差下降0.218%，银行资产作为衡量银行资产质量的指标，资产质量越高的银行信贷风险越低，越有能力进行大规模的放贷，因此两者呈现出负相关关系。理论传统的货币信贷理论认为，存差=存款-贷款，贷款的增加必然导致存差的下降，然而我们的实证结论却得出两者呈现出显著的正相关关系，一个可能的原因是，存款规模的扩大要远远高于信贷规模的扩大，因而表现出随着银行信贷规模的扩大，银行存差规模也会扩大的现象，这也与我国银行存款增长高于贷款增长的典型事实相符。国内生产总值增长率与银行存差之间在接近5%的显著性水平下呈现出反向相关关系，经济学含义为：我国GDP的增长很大程度上是由投资拉动，而我国企业投资资金绝大部分通过银行信贷市场获得，这样，信贷规模的增长伴随着投资水平的增加，最终促进GDP的增长，因而存差的扩大与GDP之间反向相关。广义货币余额在10%的显著性水平下反向影响银行存差规模的扩大，我国目前基础货币的投放主要通过中央银行再贷款的形式，广义货币余额增加表明银行信贷投放的增加，因而存贷差规模

① 解释商业银行信贷保守或者银行存差扩大的文献较多，大多数从银行风险监管角度以及外部冲击角度予以解释，这里我们主要从银行税收制度解释银行信贷保守现象。

下降。

（二）扩展模型回归结果分析

在基准模型回归分析的基础上，进一步，我们考察在所有制差异条件下，商业银行税收对银行存差扩大影响的差异性。同样我们也通过 Hausman 检验验证模型是否属于随机效应模型，检验输出结果为：$\chi^2(7) = 27.54$，P 值接近于零，故在 1% 的显著性水平下拒绝扩展模型为随机效应模型，因而采用个体固定效应模型回归是恰当的。扩展模型回归结果如表 4 - 8 所示。

表 4 - 8　　　　　　　　　扩展模型回归结果分析

	式（4 - 15）回归结果			
变量		估计参数	稳健标准差	T 统计量	P 值
解释变量	$turnovertax_{it} \times dummy$	0.4085***	0.0947	4.32	0.000
	$incometax_{it} \times dummy$	0.2339***	0.06021	3.88	0.000
控制变量	$dummy$	15.8541***	1.1818	-13.42	0.000
	$lnfix$	-0.256**	0.1121	-2.28	0.022
	$lnloan$	0.5209***	0.1644	3.17	0.002
	GDP	-0.0240	0.0185	-1.29	0.196
	$M2$	0.1722	0.1485	1.16	0.246
个体虚拟变量	Id_2	0.0246	0.2526	0.10	0.922
	Id_3	0.0690	0.1405	0.49	0.623
	Id_4	0.3064***	0.0726	4.22	0.000
	Id_5	0.0061	0.1434	0.04	0.966
	Id_6	0.1736	0.1909	0.91	0.363
	Id_7	0.4100	0.2813	1.46	0.145
	Id_8	0.2838***	0.0904	3.14	0.002
	Id_9	0.3000***	0.0679	4.42	0.000
个体虚拟变量	Id_10	0.3589***	0.0199	18.01	0.000
	Id_11	-0.8615***	0.1928	-4.47	0.000
	Id_12	0.2786***	0.0500	5.57	0.000
	Id_13	0.2336	0.1440	1.62	0.105
	Id_14	0.0816**	0.0408	2.00	0.045

续表

| | | 式 (4-15) 回归结果 | | | |
变量		估计参数	稳健标准差	T 统计量	P 值
个体虚拟	Id_15	(omitted)			
变量	Id_16	0.1020	0.1771	0.58	0.564
常数项		18.0195***	3.539	5.09	0.000
		R-sq：Overall = 0.9909			

注：*、**、***分别表示变量在10%、5%、1%的水平上显著。

从表4-8的回归结果中我们可知，整体上看回归结果的 R 统计量为0.9909，表明所构建的面板数据实证模型能够解释样本数据99.09%的变化，对样本数据的解释能力较强。通过与表4-7的回归结果对比可知，R 统计量增加，表明控制所有制因素后，模型的解释能力进一步增强。从体现商业银行个体差异的截距项可知，部分截距项十分显著（P 值接近于0），存在个体差异现象，表明本书所采用个体固定效应回归是正确的。

对于解释变量而言，流转税增加一个百分点，非国有大型商业银行（股份制商业银行与城市商业银行）存差规模比国有大型商业银行存差规模显著增加0.409%；同样，所得税增加一个百分点，非国有大型商业银行存差规模比国有大型商业银行存差规模增加0.234%，表明非国有大型商业银行的存差对商业银行税收变动更为敏感。张杰（2003）[①]、伍志文等（2004）[②] 提出"贷款与资本金共谋的特殊资本结构"来解释银行存差规模扩大的原因。我们在此基础上认为，由于长期以来国家信用的存在，国有银行的风险水平要低于非国有银行，而从银行风险管理的角度看，存差与银行资本金的作用效果类似，两者存在一定的替代性，因此在面临相同银行风险状况下，国有银行中国家信用就可以替代部分存差在降低风险方面的作用，因而与股份制商业银行相比，国有银行不需要保有更多的存差。

---

① 张杰：《国有银行的存差：逻辑与性质》，《金融研究》2003年第6期。
② 伍志文、鞠方、赵细英：《我国银行存差扩大成因的实证分析》，《财经研究》2004年第4期。

对于控制变量而言，所有制差异因素在1%的显著水平下正向影响非国有商业银行存差规模的扩大，该实证结论也支持上述分析结论，非国有银行确实比国有银行倾向于扩大存差规模。其余控制变量，除广义货币供应量对银行存差的影响不显著，作用方向相反外，其余控制变量的显著性水平以及与被解释变量的作用方向均与基本模型一致。

综上所述，从表4-7与表4-8模型的回归结果表明，流转税显著地促进商业银行存差规模扩大，同样所得税也会导致银行存差扩大。此外，扩展模型实证结果还显示，相对于大型国有商业银行而言，流转税与所得税显著促进非国有大型商业银行存差规模扩大。

第五节　本章小结

本章考察税收对商业银行信贷行为的影响，首先结合微观银行学与税收学相关理论构建数理模型，分别阐明流转税和所得税对信贷行为影响的传导机制。然后在数理模型得出结论基础上，实证检验税收对商业银行信贷行为的影响，不仅在实证模型中引入所有制差异因素，全面考察税收政策对不同所有制属性的商业银行信贷行为的影响，而且阐明商业银行税收对银行存差扩大的影响。本章研究得出如下主要结论：

一　数理模型的结论

（一）流转税扭曲银行存贷行为

在考察流转税对银行信贷行为的影响时，我们发现，对银行贷款利息全额征收流转税，不仅降低银行最优信贷水平而且也会降低银行最优储蓄水平。

（二）银行流转税对银行存差的影响不确定

存差的变化取决于银行存款与银行贷款对流转税变化的敏感程度，一般情况下，流转税对银行信贷影响较为直接，相比银行储蓄，信贷对流转税的变动较为敏感，因而银行存差增加，这需要我们在后文实证分析中进一步验证上述推论。

（三）所得税扭曲银行信贷行为

数理模型显示，在银行信贷方面，所得税并不具备"税收中性"特点。如果不考虑贷款损失成本的条件下，企业所得税并不会扭曲银行最优信贷水平，这样就会得出所得税具有"税收中性"特点的结论，然而在本章的数理模型分析中我们可以发现，银行贷款损失成本提高银行信贷成本，降低银行税后实际贷款收益水平，进而降低最优信贷水平，扭曲银行最优信贷行为。

二 实证检验的结论

（一）税收对银行信贷的影响

第一，实证结果表明：流转税实际税率在1%的显著性水平下对商业银行信贷产生负向影响，即流转税实际税率上升一个百分点导致银行信贷水平平均下降0.357%，该实证结论与本章第二节银行最优信贷行为数理模型所得出的理论预期相一致，而所得税与银行信贷规模负相关，但相关性比较微弱。第二，在所有制差异条件下，实证结果表明：所得税实际税率增加一个百分点，国有大型商业银行信贷规模比非国有大型商业银行信贷规模显著下降0.252%，同时流转税实际税率下降一个百分点，国有大型商业银行信贷规模比非国有大型商业银行信贷规模显著下降1.34%。

（二）税收对银行存差的影响

实证结果显示：流转税增加一个百分点会导致银行存差增加0.195%，表明流转税对银行储蓄的弹性小于对银行信贷的弹性，该结论从税收角度揭示了商业银行经营中"信贷保守"现象产生的原因。同样，银行所得税税收总额在1%的显著性水平下也对银行存差产生正向影响，即银行所得税提高一个百分点导致银行存差扩大0.328%。该结论也证实了所得税确实影响商业银行信贷行为进而影响银行存差扩大。

第五章 商业银行税收微观经济效应：基于银行经营绩效的实证分析

商业银行作为信贷市场中最重要的参与者，一方面商业银行向资金供求双方提供金融服务，通过储蓄—资本转化机制，不断优化社会资源配置，提高整个市场经济体系的运行效率；另一方面商业银行具有与生俱来的脆弱性与高风险性，容易导致金融风险，甚至诱发经济危机，破坏经济体系稳定。因此，商业银行经营绩效水平的高低，是促进银行业稳定发展、维护金融安全的关键因素。在前面的章节中我们基于商业银行微观视角分析商业银行税收对商业银行融资行为和信贷行为的影响，本章将这两方面结合起来，考察商业银行税收对银行经营绩效的影响。首先，本章构建科学、规范的商业银行经济绩效评价指标体系和评价方法；其次，在此基础上从所有制结构差异性视角对上市银行经营绩效进行综合评价；最后，基于所有制结构，重点探讨商业银行税收对商业银行经营绩效的影响。

第一节 文献综述

针对商业银行经营绩效，国内外学者已经做了广泛而深入的研究。通过检索相关文献，我们发现现有研究主要集中于两个方向：一是针对商业银行绩效指标体系和评价方法的研究，主要采用各种财务和非财务指标，通过设计指标体系，应用各种评价方法测算商业银行经营绩效；二是考察影响商业银行经营绩效的各种因素，探究进一步改善商业银行经营绩效的方法，其中影响因素包含微观、行业以及宏观因素。本节首先简要回顾银行绩效评价指标体系的相关文献，然后重点考察税收等因素对银行经营绩效的影响的一类文献。

一 文献回顾

（一）国外文献回顾

对商业银行经营绩效进行评价，一个首要的问题是如何选用恰当的绩效评价指标与评价体系。从 20 世纪 50 年代以来国外就开始了对商业银行经营绩效的评价，主要侧重于对商业银行盈利能力、管理水平以及发展潜力等方面的分析，主要采用以下四类评价方法。

一是基于传统财务指标评价的银行经营绩效评价方法。该方法依据企业资产负债表、利润表、现金流量表以及财务报表附注所披露的会计信息，计算相应的财务指标，进而评价商业银行经营绩效。在前期的一些研究中，主要采用单一财务指标分析，而后期主要采用因子分析法与主成分分析法（West，1985[①]；Gallo，et al.，1996[②]；Canbas，et al.，2005[③]）。Wen Jie（2011）[④] 构建基于因子分析法的中国商业银行绩效评估模型，评估 12 家股份制商业银行绩效表现。

二是基于股东价值最大化的经济增加值评价方法。经济增加值（Economic Value Added，EVA）[⑤] 是目前使用最为广泛的反映股东价值的绩效评价方法。学者们采用该评价方法对包含银行人力资本效率、风险投资管理效率在内的银行经营绩效进行评价（Jensen and

---

[①] West R. C. A., "Factor Analytic Approach to Bank Condition", *Journal of Banking & Finance*, Vol. 9, No. 2, 1985, pp. 253 – 266.

[②] Gallo. J. G., Apilado V. P., Kolari J. W., "Commercial Bank Mutual Fund Activities: Implications for Bank Risk and Profitability", *Journal of Banking & Finance*, Vol. 20, No. 10, 1996, pp. 1775 – 1791.

[③] Canbas S., Cabuk A., Kilic S. B., "Prediction of Commercial Bank Failure via Multivariate Statistical Analysis of Financial Structures: The Turkish Case", *European Journal of Operational Research*, Vol. 166, No. 2, 2005, pp. 528 – 546.

[④] Wen Jie D., "Research on Performance Evaluation of Chinese Joint – stock Commercial Banks Based on Factor Analysis", *Product Innovation Management*（*ICPIM*）, *International Conference on. IEEE*, 2011, pp. 103 – 107.

[⑤] 经济增加值也称为经济利润，等同于企业税后净利润弥补债权资本成本和股权资本成本后的余值。反映企业的真实"利润"，而会计利润并未扣除股权资本成本，不能体现股东权益增加。

Meckling，1976[①]；Pi 和 Timme，1993[②]；Fogelberg 和 Griffith，2000[③]；Goh，2005[④]；Wonglimpiyarat，2007[⑤]）。由于资本成本会影响经济增加值，因此准确计量商业银行资本成本是衡量银行经济增加值的关键。而对于资本市场尚不发达的中国而言，很难获得资本成本的准确信息，因而该方法的实用性有待商榷。

三是财务指标与非财务指标相结合的绩效评价方法。平衡计分卡方法（Balance Score Card；BSC）是典型的结合财务指标与非财务指标的绩效评价方法。Zhang 和 Li（2009）[⑥] 将其应用于对银行效率的评价方面，Panicker 和 Seshadri（2013）[⑦] 基于 Kaplan 和 Norton 的平衡计分卡原理，评估印度 2009—2013 年间外资银行绩效水平。

四是前沿分析方法。[⑧] 目前考察商业银行经营绩效比较先进的方法是前沿分析法，包括参数法和非参数法两类。在参数法中应用最广泛的是随机前沿法（Stochastic Frontier Approach，SFA），学者们探讨了银行控股公司合并、转型国家以及不同国家政治体制差异对银行效

---

① Jensen，M. C. and Meckling，W. H.，"Theory of the Firm：Managerial Behavior，Agency Costs，and Ownership Structure"，*Journal of Financial Economics*，No. 3，1976，pp. 305 – 360.

② Pi，L.，and Timme S. G.，"Corporate Control and Bank Efficiency"，*Journal of Banking and Finance*，Vol. 20，No. 2. 3，1993，pp. 515 – 530.

③ Fogelberg L.，Griffith J. M.，Control and Bank Performance"，*Journal of financial and strategic decisions*，Vol. 13，No. 3，2000，pp. 63 – 69.

④ Goh P. C.，"Intellectual Capital Performance of Commercial Banks in Malaysia"，*Journal of Intellectual Capital*，Vol. 3，No. 6，2005，pp. 385 – 396.

⑤ Wonglimpiyarat J.，"Management and Governance of Venture Capital：A Challenge for Commercial Bank"，*Technovation*，Vol. 27，No. 12，2007，pp. 721 – 731.

⑥ Zhang Y.，Li L.，"Study on Balanced Scorecard of Commercial Bank in Performance Management System"，*the* 2009 *International Symposium on Web Information Systems and Applications*（*WISA*' 09），May 22 – 24 Nanchang，China. 2009.

⑦ Panicker S.，Seshadri V.，"Devising a Balanced Scorecard to Determine Standard Chartered Bank's Performance：A Case Study"，*International Journal of Business Research and Development*（*IJBRD*），Vol. 2，No. 2，2013.

⑧ 前沿分析法的基本原理是在给定技术水平条件下，通过比较商业银行与最优效率银行之间的差距程度来反映银行之间的绩效水平，其中最优效率银行作为比较基准，是指给定技术水平的条件下，理论上能够实现最优经营绩效水平的银行。

率水平的影响（Kohers，Huang，Kohers，2000[①]；Bonin et al.，2005[②]；Robert et al.，2008[③]）。Dong 等（2014）[④] 基于 1994—2007 年间中国商业银行平衡面板数据考察银行成本效益和规模效益。而非参数法中应用最多的是数据包络法（Data Envelopment Analysis，DEA）（Hancock，1989[⑤]；Athanassopoulos and Giokas，2000[⑥]）。应用 DEA 方法，Yue（1992）[⑦] 考察了美国密苏里州 60 家较大规模商业银行效率水平；Paradi 和 Schaffnit（2004）[⑧] 以及 Wu、Yang、Liang（2006）[⑨] 分别评估加拿大商业银行经营效率。Chen、Skully、Brown（2005）[⑩] 基于 DEA 方法考察了 1995 年中国政府放松金融管制后，中国商业银行的成本、技术以及相对效率水平，作者发现相对于国有大型商业银行而言，放松管制提升中小型商业银行效率水平。

---

① Kohers T.，Huang M. H.，Kohers N.，"Market Perception of Efficiency in Bank Holding Company Mergers: The Roles of The DEA and SFA Models in Capturing Merger Potential"，*Review of Financial Economics*，Vol. 9，No. 2，2000，pp. 101 – 120.

② Bonin J. P.，Hasan I.，Wachtel P.，"Bank Performance，Efficiency and Ownership in Transition Countries"，*Journal of Banking & Finance*，Vol. 29，No. 1，2005，pp. 31 – 53.

③ Robert Lensink，Aljar Meester，Ilko Naaborg，"Bank Efficiency and Foreign Ownership: Do Good Institutions Matters?"，*Journal of Bank & Finance*，Vol. 32，No. 5，2008，pp. 834 – 844.

④ Dong Y.，Hamilton R.，Tippett M.，"Cost Efficiency of the Chinese Banking Sector: A Comparison of Stochastic Frontier Analysis and Data Envelopment Analysis"，*Economic Modelling*，Vol. 36，2014，pp. 298 – 308.

⑤ Hancock，Diana，"Bank Profitability，Deregulation，and the Production of Financial Services"，*Federal Reserve Bank of Kansas City*，*Research Working Paper*，Vol. 89，No. 16，1989.

⑥ Athanassopoulos A. D.，Giokas D.，"The Use of Data Envelopment Analysis in Banking Institutions: Evidence from The Commercial Bank of Greece"，*Interfaces*，Vol. 30，No. 2，2000，pp. 81 – 95.

⑦ Yue P.，"Data Envelopment Analysis and Commercial Bank Performance: A Primer with Applications to Missouri Banks"，*Federal Reserve Bank of St. Louis Review*，Vol. 74，1992.

⑧ Paradi J. C.，Schaffnit C.，"Commercial Branch Performance Evaluation and Results Communication in A Canadian Bank – a DEA Application"，*European Journal of Operational Research*，Vol. 156，No. 3，2004，pp. 719 – 735.

⑨ Wu D. D.，Yang Z.，Liang L.，"Using DEA – neural Network Approach to Evaluate Branch Efficiency of a Large Canadian Bank"，*Expert Systems with Applications*，Vol. 31，No. 1，2006，pp. 108 – 115.

⑩ Chen X.，Skully M.，Brown K.，"Banking Efficiency in China: Application of DEA to Pre – and post – deregulation Eras: 1993 – 2000"，*China Economic Review*，Vol. 16，No. 3，2005，pp. 229 – 245.

　　综上所述，根据不同的评价主体和评价目标，商业银行经营绩效的评价方法和指标设计都存在着明显差异，这四类方法在研究商业银行经营绩效方面都具有各自的优势，目前学者们并没有就研究方法的有效性问题达成一致意见。

　　（二）国内文献回顾

　　在构建商业银行经营绩效评价指标体系的基础上，国内学者对商业银行绩效水平的影响因素进行了广泛而深入的研究。宏观经济因素、市场结构、银行规模、自身经营管理以及银行监管方面都会影响银行绩效水平，其中宏观经济中的税收因素也是影响银行绩效水平的主要因素之一。

　　学者在考察税收对银行经营绩效的影响时，一个首要的问题是如何衡量银行税收负担指标。曾庆宾、冯晓燕（2006）[1] 以银行税收总额与税前净收入之比作为衡量税负的指标。学者们通过各种指标计算商业银行税收负担率，得出我国商业银行税收负担过重，扭曲银行经营行为的结论（李文宏、赵睿璇，2009[2]；善婧，2010[3]；徐洁、吴祥纲，2013[4]；杨林、迁婕，2013[5]）。尹音频（2003）[6] 从影响金融业流转税负的因素入手，考察了金融业流转税税收负担的变动情况，发现我国金融业流转税名义税负不仅高于国际一般水平，也高于国内水平。

　　在此基础之上学者们考察了税收负担对银行经营绩效的影响。税收负担通过以下两个途径影响银行绩效：其一，税负水平直接导致商业银行税前扣除发生变化，影响商业银行利润水平；其二，不同税负

---

　　① 曾庆宾、冯晓燕：《完善银行业税收政策　减轻银行业税收负担》，《南方金融》2006 年第 1 期。

　　② 李文宏、赵睿璇：《中外银行业税收制度的对比及对我国的启示》，《消费导刊》2009 年第 22 期。

　　③ 善婧：《中国银行业税收负担比较分析——以四大传统银行与股份制银行为例》，《现代商贸工业》2010 年第 22 期。

　　④ 徐洁、吴祥纲：《中国银行业税收负担与银行"三性"关系实证分析——基于中国16 家上市商业银行数据》，《中国流通经济》2013 年第 4 期。

　　⑤ 杨林、迁婕：《中国商业银行税收负担与经营绩效相关性的脉冲响应分析》，《税收经济研究》2013 年第 5 期。

　　⑥ 尹音频：《金融业流转税负的影响因素分析》，《财经科学》2003 年第 1 期。

水平下，商业银行经营行为有所不同（李文宏、赵睿璇，2011）。大部分学者都认为商业银行过重的税收负担扭曲了银行经营行为，降低银行绩效水平。李庚寅、张宗勇（2005）[①] 从市场结构角度出发，发现股份制银行税收负担变化对绩效影响的敏感程度要高于国有银行。原因在于股份制银行营业税占成本比重比国有银行高，因而成本对营业税负变化较为敏感。路君平、汪慧姣（2008）[②] 发现实际税率对银行绩效有着显著影响且通过影响银行经营行为进而对绩效产生影响。作者认为两税合并后，营业税税率降低 1 个百分点会导致银行税前资产利润率上升 0.19 个百分点。舒敏、林高星（2010）[③] 考察税制对中小银行"盈利性、流动性、安全性"的影响，中小银行所得税负担降低银行资产收益率，而营业税对资产收益率的影响不显著；企业所得税与营业税对商业银行存贷比的影响不显著。李珂（2010）[④] 的实证研究也发现我国针对农村金融机构的税收优惠政策提升了相关农村金融机构的盈利能力。此外，李伟、铁卫（2009）[⑤]，童锦治、吕雯（2010）[⑥]，陈宝熙、舒敏（2010）[⑦]，黄颖倩、饶海琴（2012）[⑧] 也得出较为一致的结论，税收负担会减少银行税收利润，进而影响盈余公积和未分配利润，而这两项直接关系到银行绩效。

此外，还有部分学者探讨了所有制差异对银行绩效的影响。目前

① 李庚寅、张宗勇：《我国银行业的市场结构、税收负担与绩效》，《审计与经济研究》2005 年第 4 期。
② 路君平、汪慧姣：《银行业税负比较分析及其对银行经营绩效的影响》，《财政研究》2008 年第 2 期。
③ 舒敏、林高星：《透过"三性"看税制对中小商业银行的影响》，《郑州航空工业管理学院学报》2010 年第 6 期。
④ 李珂：《优化支持新型农村金融机构可持续发展的财政政策研究——以中西部地区为例》，《财会研究》2010 年第 14 期。
⑤ 李伟、铁卫：《税收负担影响中国银行业经营绩效的实证分析》，《统计与信息论坛》2009 年第 7 期。
⑥ 童锦治、吕雯：《我国银行业实际税负水平对其盈利能力影响的实证研究》，《税务与经济》2010 年第 2 期。
⑦ 陈宝熙、舒敏：《税收与中小商业银行"三性"关系的实证分析》，《扬州大学税务学院学报》2010 年第 5 期。
⑧ 黄颖倩、饶海琴：《基于经营绩效视角的我国商业银行营业税改革》，《金融经济》2012 年第 22 期。

较少文献涉及这一点。孙浦阳等（2012）① 按照所有制形式的不同将47 家商业银行做了区分，以国有银行作为参照标准设置银行属性虚拟变量，通过面板数据模型考察所有制结构与商业银行经营绩效之间的关系，实证结果表明国有银行经营绩效低于其他类型商业银行，政策性银行的投资效率在所有银行中最低，上市银行绩效水平明显好于非上市银行，宏观经济发展带动银行业整体绩效水平的提升，同时银行规模与银行绩效水平呈现出正相关关系。

二　简要述评

通过对国内外有关商业银行经营绩效的文献梳理我们可以发现，国内外学者研究的成果较为丰富，运用多种评价方法衡量商业银行经营绩效水平，并且立足于本国金融业现实状况，多角度考察影响银行绩效的因素，以寻求改善经营绩效的方法。但是，还存在以下两点值得我们做出进一步探讨：

第一，市场结构与所有制差异性影响银行经营绩效水平。与欧美发达国家不同，我国金融市场结构较为复杂，国有商业银行无论是资产规模还是经营网点覆盖范围都远远高于股份制商业银行与城市商业银行，因而信贷市场为寡头垄断竞争市场，根据不完全市场竞争理论，处于市场主导地位的国有银行拥有更多的市场定价权，会获得相应的垄断利润，而股份制商业银行与城市商业银行处于相对弱势地位，因此市场结构或者说所有制差异对商业银行经营绩效有着显著影响。除孙浦阳等（2012）外，在分析商业银行经营绩效时较少文献考虑市场结构与所有制差异因素。

第二，缺乏结合税收与所有制差异因素综合分析它们对银行绩效的影响。首先，虽然金融危机之后西方学者们普遍意识到税收中性原则不适用于金融产品，特别是衍生金融产品，重新重视税收调节对于抑制金融危机的作用，但是学者们却忽视了税收因素对银行经营绩效

---

① 孙浦阳、武力超、付村：《银行不同所有制结构与经营绩效关系——基于中国 47 家不同所有制银行的面板数据分析》，《数量经济技术经济研究》2010 年第 12 期。

的影响。[①] 其次，学者们分别探讨了税收因素对银行绩效的影响以及所有制结构对银行绩效的影响，但没有国内文献将两者结合起来，在所有制结构下探讨商业银行税收对银行绩效的影响。

第二节　上市银行经营绩效的综合评价

本节主要应用主成分分析方法，以我国 2013 年上市银行为全样本，在充分考虑银行业特殊性以及商业银行个体差异性基础上，结合商业银行盈利能力、发展能力、风险防范以及流动性评价原则，构建指标体系对商业银行经营绩效进行综合评价。

一　主成分分析方法的基本原理

（一）主成分分析法实质

主成分分析（Principal Component Analysis）是多元统计方法，最初由 Hotelling（1933）[②] 提出，并将其应用于对随机向量的分析。主成分分析的基本思想是，在保证数据信息丢失最少的原则下，在充分研究多变量之间的内部相关关系基础上，从原始变量的相关矩阵出发，将相关性较高的变量归为一类，最终形成多个类别，而不同类别之间的相关性尽可能最低。每种类别代表一个"主成分"，主成分不可观测，但客观存在，能够反映原始变量绝大部分信息，通常而言主成分的个数小于原始变量个数。换句话说，主成分分析法就是利用"降维"思想，将具有相关性的高维度原始变量处理成低维度变量空间，探索数据结构并化简数据。

（二）主成分分析模型步骤

假设有 n 个原始变量 x_1，x_2，$\cdots$，x_n[③]，通过相关矩阵变换，可以

---

① 虽然也有部分文献探讨了经济转型国家私有化进程与银行绩效（Fries and Taci，2005；Nakane and Weintraub，2005；Williams and Nguyen，2005），但并没有详细探讨商业银行税收对银行绩效的影响。

② Hotelling, Harold, "Analysis of a Complex of Statistical Variables into Principal Components", *Journal of Educational Psychology*, Vol. 24, No. 6, 1933, p. 417.

③ 这里列示的原始变量已经过标准化处理，因而 var (x_i) =1，且 $i=1$，$\cdots$，n。

得到 n 个主成分，将主成分按照方差贡献率由大到小排序，为 y_1，y_2，$\cdots$，y_n，则主成分分析的基本模型可以写成：

$$\begin{cases} y_1 = \alpha_{11}x_1 + \alpha_{21}x_2 + \cdots + \alpha_{n1}x_n \\ y_2 = \alpha_{12}x_1 + \alpha_{22}x_2 + \cdots + \alpha_{n2}x_n \\ \vdots \\ y_n = \alpha_{1n}x_1 + \alpha_{2n}x_2 + \cdots + \alpha_{nn}x_n \end{cases} \quad (5-1)$$

式（5-1）中，α_{ij} 表示原始变量相关系数矩阵 R 的特征值所对应的特征向量分量，可以进一步写成矩阵形式：

$$Y = L'X \quad (5-2)$$

其中，$Y = (y_1, y_2, \cdots, y_n)'$，$X = (x_1, x_2, \cdots, x_n)'$，$L = \begin{pmatrix} \alpha_{11} & \cdots & \alpha_{1n} \\ \vdots & \ddots & \vdots \\ \alpha_{n1} & \cdots & \alpha_{nn} \end{pmatrix}$ 且 L 可逆。在式（5-2）两边同乘以正交矩阵 L，可

以得到 $X = LY$，即：

$$\begin{cases} x_1 = \alpha_{11}y_1 + \alpha_{21}y_2 + \cdots + \alpha_{n1}y_n \\ x_2 = \alpha_{12}y_1 + \alpha_{22}y_2 + \cdots + \alpha_{n2}y_n \\ \vdots \\ x_n = \alpha_{1n}y_1 + \alpha_{2n}y_2 + \cdots + \alpha_{nn}y_n \end{cases} \quad (5-3)$$

主成分 y_j 的方差贡献 c_j^2 为该主成分所对应的特征向量平方和，即：

$$c_j^2 = \sum_{i=1}^{n} \alpha_{ij}^2 \quad (5-4)$$

则该主成分的方差贡献率可以进一步写成：

$$r_j = \frac{c_j^2}{\sum_{i=1}^{n} \text{var}(x_i)} = \frac{\sum_{i=1}^{n} \alpha_{ij}^2}{n} \quad (5-5)$$

这样，在一定的累积方差贡献率条件下，保留 m 个主成分，ε_i 表示原始变量不能被前面 m 个主成分所解释的信息，则式（5-3）可以写成：

$$\begin{cases} x_1 = \alpha_{11}y_1 + \alpha_{21}y_2 + \cdots + \alpha_{m1}y_m + \varepsilon_1 \\ x_2 = \alpha_{21}y_1 + \alpha_{22}y_2 + \cdots + \alpha_{2m}y_m + \varepsilon_2 \\ \vdots \\ x_n = \alpha_{n1}y_1 + \alpha_{n2}y_2 + \cdots + \alpha_{nm}y_m + \varepsilon_m \end{cases} \qquad (5-6)$$

式（5-6）中主成分 y_i，$i = 1$，$\cdots$，m 之间相互独立，令 $\lambda_1 \geqslant \lambda_2 \geqslant \cdots \geqslant \lambda_m$ 为样本原始变量相关矩阵 R 的特征值，L_1，L_2，$\cdots$，L_m 为对应的标准化特征向量，则可以得到上述方程组的一个解为：

$$\Gamma = (y_1, y_2, \cdots, y_m) = (\sqrt{\lambda_1}L_1, \sqrt{\lambda_2}L_2, \cdots, \sqrt{\lambda_m}L_m)$$

在具体分析中，关键在于确定主成分个数 m 的问题，所选取的主成分应能够解释原始变量所包含信息的 70%—90%，即累积方差贡献率应高于 70%。

进一步，在所构建的主成分基本模型中，我们可以将主成分表示成原始变量的线性组合，即：

$$\begin{cases} y_1 = \alpha_{11}x_1 + \alpha_{21}x_2 + \cdots + \alpha_{n1}x_n \\ y_2 = \alpha_{12}x_1 + \alpha_{22}x_2 + \cdots + \alpha_{n2}x_n \\ \vdots \\ y_m = \alpha_{1m}x_1 + \alpha_{2m}x_2 + \cdots + \alpha_{nm}x_n \end{cases} \qquad (5-7)$$

进而以每个主成分的特征值作为权重，最终综合评价函数的表达式为：

$$F = \frac{\lambda_1}{\sum\limits_{i=1}^{m} \lambda_i}y_1 + \frac{\lambda_2}{\sum\limits_{i=1}^{m} \lambda_i}y_2 + \cdots + \frac{\lambda_m}{\sum\limits_{i=1}^{m} \lambda_i}y_m \qquad (5-8)$$

从主成分分析法基本原理和分析步骤可以看出，主成分分析在综合评价商业银行经营绩效方面的优势在于以下四个方面：

（1）全面性。在保证累积方差贡献率不低于 70% 的水平下，主成分个数可以灵活选择，在评价商业银行经营绩效时，既可以使得原始变量信息损失最小又能满足不同视角分析问题的需要。

（2）简洁性。影响商业银行经营绩效的因素很多，各因素之间的相关性较高，通过主成分分析法可以将多个因素转化成少数几个相关性较小指标，降低评价体系的复杂程度，通过对这几个指标合成来评价商业银行绩效水平。

（3）客观性。从分析步骤可以看出，主成分分析方法是多元统计分析的扩展，各个主成分在最终综合绩效表达式中的权重并不依赖于主观确定，而是依据其方差贡献程度确定，这样就保证商业银行经营绩效水平评价的客观性。

（4）可比性。在构建商业银行经营绩效评价体系时，我们收集16家上市银行2013年度财务报告，剔除时间趋势，同时原始变量在进行主成分分析前进行了标准化处理，消除了各指标之间由于单位不同而导致的不可比性，因而所计算的商业银行经营绩效综合评分具有横向可比性。

二　上市银行综合评价指标体系

主成分分析法适用于分析商业银行综合经营绩效水平，进一步我们还需要构建商业银行综合评价指标体系，不仅能全面反映银行业整体绩效水平，而且还能体现所有制结构以及各银行之间的异质性。在第五章第一节中我们发现，许多学者的研究结论都表明，根据不同的评价主体与评价目标，商业银行经营绩效评价体系的设计存在明显差异，有的学者着重考察商业银行经营绩效的核心——盈利能力，选取总资产净利润率、每股收益、净资产收益率以及成本收入比等指标（如王汀汀，2011；顾海峰、李丹，2012）；金融危机之后，部分学者和银行监管部门出于降低金融风险的考虑，在经营绩效评价中更多地侧重于资产质量、风险管理以及金融稳定的考核，因而所构建的指标体系包含不良贷款率、资本充足率以及拨备覆盖率等指标（傅勇、邱兆祥，2011）。本书在考虑指标体系的全面性和层次性基础上，经过多次遴选，从盈利能力、发展能力、资产安全以及流动性角度出发选取如下反映上述四个方面能力的9个指标，如表5-1所示。

根据表5-1包含的四类9个指标，本书选取2013年16家上市银行，其中包含5家国有大型商业银行，即中国银行、中国工商银行、中国建设银行、中国农业银行以及交通银行；3家城市商业银行，即宁波银行、北京银行以及南京银行；8家股份制商业银行，包括深圳平安银行、浦东发展银行、民生银行、招商银行、华夏银行、兴业银行、光大银行以及中信银行，数据来源于CSMAR系列研究数据库以及 2013 年各上市银行年报数据。

表 5 - 1 银行综合经营绩效指标构建

指标类型	指标名称	计算公式
盈利能力	资产净利率	净利润与资产平均总额之比
	净资产收益率	净利润与股东权余额之比
	存款增长率	本期存款增加额与上期存款余额之比
	贷款增长率	本期贷款增加额与上期贷款余额之比
发展能力	营业利润增长率	本期营业利润增长额与上期营业利润总额之比
	净利润增长率	本期净利润增长额与上期净利润总额之比
资产安全[①]	资本充足率	资本总额与资产总额之比
	核心资本充足率	资本总额与加权风险资产总额之比
流动性	流动性比率	流动资产与流动负债之比

三 主成分分析：上市银行经营绩效综合评价

（一）各原始变量相关性分析

表 5 - 2 给出原始变量的相关性，从中我们可以发现，绝大部分原始变量之间存在相关性，资产净利率和净资产收益率、存款增长率、资本充足率、核心资本充足率；营业利润增长率和净利润增长率、存款增长率、核心资本充足率；净利润增长率与存款增长率、核心资本充足率；贷款增长率和存款增长率；资本充足率与核心资本充足率之间存在显著相关性，适宜进行主成分分析。

表 5 - 2 原始变量相关性分析

	净资产收益率	资产净利率	营业利润增长率	净利润增长率	贷款增长率	存款增长率	资本充足率	核心资本充足率	流动性比率
净资产收益率	1 (0.00)	0.702*** (0.002)	0.118 (0.664)	0.178 (0.511)	-0.263 (0.325)	-0.351 (0.183)	0.159 (0.557)	0.039 (0.887)	-0.326 (0.218)

---

① 上市银行资本充足率与核心资本充足率指标按照《商业银行资本充足率管理办法》所规定的标准计量。

续表

	净资产 收益率	资产 净利率	营业利润 增长率	净利润 增长率	贷款 增长率	存款 增长率	资本 充足率	核心资本 充足率	流动性 比率
资产 净利率	0.702 ***	1	−0.204	−0.220	−0.322	−0.583 **	0.459 *	0.508 **	0.040
	(0.002)	(0.00)	(0.450)	(0.414)	(0.224)	(0.018)	(0.074)	(0.045)	(0.884)
营业利润 增长率	0.118	−0.204	1	0.963 ***	0.365	0.453 *	−0.109	−0.482 *	0.010
	(0.664)	(0.450)	(0.00)	(0.00)	(0.165)	(0.078)	(0.687)	(0.058)	(0.970)
净利润 增长率	0.178	−0.220	0.963 ***	1	0.331	0.433 *	−0.190	−0.504 **	−0.147
	(0.511)	(0.414)	(0.00)	(0.00)	(0.211)	(0.094)	(0.480)	(0.046)	(0.586)
贷款 增长率	−0.263	−0.322	0.365	0.331	1	0.579 **	−0.158	−0.067	0.123
	(0.325)	(0.224)	(0.165)	(0.211)	(0.00)	(0.019)	(0.558)	(0.806)	(0.649)
存款 增长率	−0.351	−0.583 **	0.453 *	0.433 *	0.579 **	1	0.019	−0.107	−0.036
	(0.183)	(0.018)	(0.078)	(0.094)	(0.019)	(0.00)	(0.944)	(0.695)	(0.894)
资本 充足率	0.159	0.459 *	−0.109	−0.190	−0.158	0.019	1	0.828 **	0.027
	(0.557)	(0.074)	(0.687)	(0.480)	(0.558)	(0.944)	(0.00)	(0.00)	(0.920)
核心资本 充足率	0.039	0.508 **	−0.482 *	−0.504 **	−0.067	−0.107	0.828 **	1	0.048
	(0.887)	(0.045)	(0.058)	(0.046)	(0.806)	(0.695)	(0.00)	(0.00)	(0.859)
流动性 比率	−0.326	0.040	0.010	−0.147	0.123	−0.036	0.027	0.048	1
	(0.218)	(0.884)	(0.970)	(0.586)	(0.649)	(0.894)	(0.920)	(0.859)	(0.00)

注：测度原始变量相关性的指标为 Pearson 相关系数，括号内的数值为相关系数的 T 统计量；上角标 *、**、*** 分别表示变量在 10%、5%、1% 的水平上显著。

根据公式 $x_{ij} = (x_{ij} - \overline{x_j})/\sigma_j$，其中，$x_{ij}$ 为第 i 个上市公司第 j 个财务指标，$\overline{x_j}$ 和 σ_j 分别为第 j 个财务指标平均值和标准差，将原始数据进行标准化后，运用 SPSS 软件进行主成分分析，输出的巴特利特球形检验统计量为 $\chi^2 = 104.540$，P 值为 0.000，表明相关系数矩阵不是单位阵，这 9 个指标适合采用主成分分析法。

（二）变量的主成分特征值与方差率

表 5 - 3 为变量共同度（Communalities），*Extraction* 表示所有主成分对原始变量信息的提取程度，从中我们可以看出，除贷款增长率外，其余变量的共同度都在 85% 以上，同时没有一个变量的共同度低于 50%，表明提取的主成分对每个变量的解释程度都很高，4 个主成分包含所有变

量的信息，损失的信息很少，并不需要增加主成分个数。

表 5 - 3 变量共同度

	Initial	Extraction
资产净利率	1.00	0.911
营业利润增长率	1.00	0.946
净利润增长率	1.00	0.944
贷款增长率	1.00	0.588
存款增长率	1.00	0.846
资本充足率	1.00	0.870
核心资本充足率	1.00	0.966
净资产收益率	1.00	0.859
流动性比率	1.00	0.972

表 5 - 4 主成分特征值与方差贡献率

主成分	特征值与方差贡献			未经旋转载荷平方			旋转后载荷平方		
	特征值	方差贡献率	累积贡献率	特征值	方差贡献率	累积贡献率	特征值	方差贡献率	累积贡献率
1	3.373	37.478	37.478	3.373	37.478	37.478	2.416	26.846	26.846
2	1.912	21.249	58.726	1.912	21.249	58.726	2.294	25.492	52.338
3	1.603	17.809	76.535	1.603	17.809	76.535	2.066	22.95	75.288
4	1.014	11.267	87.802	1.014	11.267	87.802	1.126	12.514	87.802
5	0.638	7.085	94.888						
6	0.283	3.143	98.031						
7	0.116	1.292	99.323						
8	0.054	0.596	99.919						
9	0.007	0.081	100						

表 5 - 4 为方差贡献表，特征根是主成分的方差，可以视为主成分影响力度大小的指标。从未经旋转的载荷平方和中可知，第一个主成分的特征根为 3.373，方差贡献率为 37.478%；第二个主成分特征根为 1.192，方差贡献率为 21.249%；第三个主成分特征根为 1.603，

方差贡献率为 17.809%；第四个主成分特征根为 1.014，方差贡献率为 11.267%。前四个主成分累积方差贡献率高达 87.802%，已经超过 85% 的显著性水平，表明这四个主成分可以反映原有 9 个指标 85% 以上的信息量，可以全面反映上市银行经营绩效，说明提取这四个主成分是合适的。

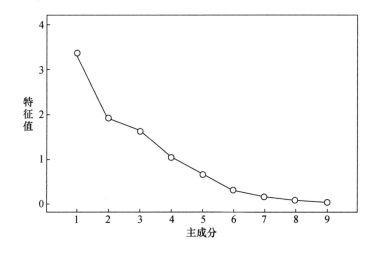

图 5 - 1　碎石图

碎石图为按照特征根的大小排序的主成分折线图，横坐标表示第几个主成分，纵坐标表示特征根的值，我们从图 5 - 1 可以发现，特征根呈现递减状态，从第 5 个主成分到第 9 个主成分，特征根变得较为平缓，表明原始变量剩余信息较少，即提取四个主成分是合理的。

（三）因子载荷矩阵

表 5 - 5　　　　　　　　　　　　因子载荷矩阵

	主成分			
	1	2	3	4
资产净利率	- 0.738	0.516	0.162	0.270
营业利润增长率	0.738	0.525	0.279	0.219
净利润增长率	0.744	0.587	0.199	0.082

续表

	主成分			
	1	2	3	4
贷款增长率	0.578	−0.192	0.462	0.058
存款增长率	0.685	−0.207	0.515	−0.261
资本充足率	−0.552	0.074	0.745	−0.071
核心资本充足率	−0.711	−0.194	0.637	−0.126
净资产收益率	−0.339	0.862	0.034	−0.009
流动性比率	−0.100	−0.400	0.134	0.891

从表 5–5 因子载荷矩阵可知，四个主成分对变量的经济学解释不明显，故采用方差最大正交旋转法（Varimax），目的在于使得每个主成分载荷的差异性最大，即每个主成分只在少数几个变量上有很大载荷，便于主成分的命名。

表 5–6   旋转因子载荷矩阵

	主成分			
	1	2	3	4
营业利润增长率	0.955	−0.087	−0.159	0.038
净利润增长率	0.938	−0.060	−0.216	−0.119
资产净利率	−0.025	0.808	0.496	0.106
贷款增长率	0.443	−0.600	0.089	0.154
存款增长率	0.459	−0.778	0.110	−0.135
净资产收益率	0.311	0.805	0.154	−0.301
资本充足率	−0.02	0.109	0.926	−0.005
核心资本充足率	−0.344	0.033	0.919	0.027
流动性比率	−0.025	−0.068	0.027	0.983

表 5–6 为旋转后的因子载荷矩阵，旋转在五次迭代后收敛。其中第一个主成分（Factor1）在营业利润增长率和净利润增长率上有较大载荷，这两个指标测度的是银行发展水平，故将其命名为发展能力因子。第二个主成分（Factor2）在资产净利率、净资产收益率、贷款

· 146 ·

增长率和存款增长率方面有较大载荷，其中资产净利率测度的是银行全部资产的获利能力，这一比例越高，表明银行盈利能力越强，而净资产收益率衡量的是股东投资获利能力，指标越高，表明投资带来的收益率高；贷款和存款是银行活力的主要来源，因而贷款增长率和存款增长率也衡量银行盈利能力，故将第二个主成分命名为盈利能力因子。第三个主成分（Factor3）在资本充足率和核心资本充足率这两个指标上载荷较大，资本充足率指标是保证银行等金融机构正常经营和发展所需要的最低资本比率，通常也是金融监管部门监测银行风险性的指标，因而将第三个主成分命名为银行资产安全因子。第四个主成分（Factor4）在流动性比率上有较大载荷，因而将其命名为银行流动性因子。

（四）商业银行经营绩效综合评分

进一步分析可知，根据表5-4旋转后的主成分特征值和方差贡献率，第一个主成分和第二个主成分的累积方差贡献率高达50%以上，第三个主成分的方差贡献率仅为22%，表明单因素或者较少指标分析商业银行经营绩效是有失偏颇的，应综合考虑四个方面的因子，建立银行经营绩效综合评价体系。

表5-7　　　　　　　　　　因子得分系数矩阵

	主成分			
	1	2	3	4
资产净利率 x_1	0.125	0.356	0.175	0.171
营业利润增长率 x_2	0.425	0.070	0.017	0.121
净利润增长率 x_3	0.399	0.070	−0.013	−0.021
贷款增长率 x_4	0.173	−0.246	0.151	0.113
存款增长率 x_5	0.138	−0.368	0.194	−0.175
资本充足率 x_6	0.092	−0.049	0.487	−0.028
核心资本充足率 x_7	−0.064	−0.112	0.458	−0.037
净资产收益率 x_8	0.209	0.377	0.039	−0.163
流动性比率 x_9	0.077	0.073	−0.016	0.901

注：Extraction Method：Principal Component Analysis；Rotation Method：Varimax with Kaiser Normalization。

根据表 5 - 7 因子得分系数矩阵（Component Score Covariance Matrix），我们可以得到商业银行四个主成分的分数：

$$\begin{cases} Factor1 = 0.125x_1 + 0.425x_2 + 0.339x_3 + 0.173x_4 + 0.138x_5 \\ \qquad\quad + 0.092x_6 - 0.064x_7 + 0.209x_8 + 0.077x_9 \\ Factor2 = 0.356x_1 + 0.070x_2 + 0.070x_3 - 0.246x_4 - 0.368x_5 \\ \qquad\quad - 0.049x_6 - 0.112x_7 + 0.377x_8 + 0.073x_9 \\ Factor3 = 0.175x_1 + 0.017x_2 - 0.013x_3 - 0.151x_4 + 0.194x_5 \\ \qquad\quad + 0.487x_6 + 0.458x_7 + 0.039x_8 - 0.016x_9 \\ Factor4 = 0.171x_1 + 0.121x_2 - 0.012x_3 + 0.113x_4 - 0.175x_5 \\ \qquad\quad - 0.028x_6 - 0.037x_7 - 0.163x_8 + 0.901x_9 \end{cases}$$

$$(5-9)$$

进一步，以相应主成分特征值作为权重，构建上市银行经营绩效综合评价函数：

$$F = \frac{Factor1 \times 2.416 + Factor2 \times 2.294 + Factor3 \times 2.066 + Factor4 \times 1.126}{2.416 + 2.294 + 2.066 + 1.126}$$

$$(5-10)$$

根据式（5 - 10）可以得到 16 家上市银行四个单因素以及经营绩效综合评价排名，如表 5 - 8 所示。

表 5 - 8   上市银行经营绩效综合评价

	F 值	排名	Factor1	排名	Factor2	排名	Factor3	排名	Factor4	排名
招商	0.7	1	0.39	6	1.26	1	-0.37	10	2.21	1
建设	0.7	2	-0.36	11	1.00	4	1.53	2	0.83	5
宁波	0.62	3	1.41	2	-1.02	13	1.87	1	-0.03	8
中信	0.59	4	2.08	1	-0.18	10	-0.46	13	0.93	3
浦发	0.27	5	1.04	3	0.51	6	-0.39	11	-0.68	10
工商	0.24	6	-0.87	15	1.18	2	1.16	4	-1.01	14
兴业	0.16	7	0.64	5	0.44	7	-0.10	7	-0.98	13
农业	0.08	8	-0.25	9	0.78	5	-0.45	12	0.31	7
中银	0.01	9	-0.72	13	0.35	8	0.06	5	0.84	4

续表

	F 值	排名	Factor1	排名	Factor2	排名	Factor3	排名	Factor4	排名
民生	-0.14	10	-0.22	8	1.15	3	-0.92	14	-1.17	16
南京	-0.18	11	-0.30	10	-1.56	15	1.46	3	-0.14	9
华夏	-0.37	12	0.65	4	-0.26	11	-1.29	15	-1.04	15
北京	-0.48	13	-0.12	7	-1.15	14	-0.03	6	-0.75	11
光大	-0.52	14	-0.86	14	-0.12	9	-0.33	9	-0.94	12
交通	-0.74	15	-2.00	16	-0.56	12	-0.21	8	0.66	6
平安	-0.94	16	-0.51	12	-1.82	16	-1.52	16	0.98	2

由表 5-8 可知，根据上市银行经营绩效综合评分结果，整体上看，招商银行在分析的 16 家商业银行综合绩效评分中，位列第一，表明其综合经营绩效水平最高；除建设银行位居第二位以外，综合绩效排名前五位的银行均为非国有商业银行。这一结果表明，虽然国有商业银行在资产规模以及经营网点范围上具有很大的优势，股份制商业银行和城市商业银行与国有商业银行相比还有较大差距，但是就综合绩效水平而言，国有商业银行并不占据优势。原因在于国有商业银行并没有将其规模经济效应发挥出来，转化为绩效水平的提高，这一差距与我国银行业发展历程是吻合的，国有商业银行或多或少承担着政策性信贷功能，与非国有银行相比，受政府干预的程度较大，本书的实证结论也在一定程度上反映了这一特点。从所有制类型来看，国有大型商业银行中，建设银行排名第一，总绩效排名第二；股份制商业银行中，招商银行排名第一，总绩效排名也为第一；城市商业银行中，宁波银行排名第一，总绩效排名第三。

从各因子排名来看我们可以得到如下结论：

（1）股份制商业银行发展能力较强。从银行发展水平因子方面来看，除宁波银行排在第二位以外，前五名中的剩余四位均为股份制商业银行，国有大型商业银行排名靠后，其中工商银行和交通银行位列后三位。城市商业银行排名处于中上水平的范围内。

（2）国有商业银行盈利能力较强。在银行盈利能力排名方面，工商银行排名第二位，排名前五位中有三位银行属于国有大型商业银行，这与我国利率尚未市场化有一定关系，商业银行利润水平的高低依赖于传统存贷业务，表外业务规模要远远小于表内业务，而国有商业银行遍布全国各地的经营网点，对于提高银行盈利能力有着天然的优势。城市商业银行排名靠后，可能的原因是城市商业银行成立时间较短，在规模和经营管理能力方面还与国有商业银行与股份制商业银行有着较大差距，盈利能力较弱。

（3）城市商业银行与国有大型商业银行资产安全性较高。从银行经营风险角度来看，宁波银行排名第一，排名前五位的银行属于城市商业银行与国有大型商业银行，而股份制商业银行排名在中下水平的范围内。从流动性的角度来看，招商银行排名第一，股份制商业银行排名分布范围较为平均，而城市商业银行流动性水平排名中等，国有商业银行排名中上。

综上所述，就银行综合绩效水平而言，股份制商业银行绩效水平要高于国有商业银行和城市商业银行。就经营绩效各分项来看，国有大型商业银行盈利能力和安全性较强而发展能力较差；股份制商业银行发展水平较高；城市商业银行资产安全性较高而发展能力与盈利能力较差。为了进一步探究不同所有制商业银行经营绩效水平差异原因，我们还需要做出更为细致的实证分析。

第三节 上市银行经营绩效影响因素分析：基于所有制差异视角

在分析商业银行经营绩效影响因素方面，主成分分析并不适用，原因在于：本书数据结构为面板数据，主成分分析法只适用于一维度的分析，特别是样本数据存在时间趋势的话，从历年指标中提取出来的主成分的特征值都会随着时间的变化而变化，导致不同年份的商业银行综合绩效评价值之间不存在可比性。因此，不能直接应用主成分分析法对具有时间趋势的指标进行分析，可以通过主成分分析法间接获得上市银行综合经营绩效水平的替代变量，进而考察税收负担对不同所有制属性商业银行经营绩效的影响程度。

本节在本章第二节分析上市银行综合经营绩效水平的基础上，首先从一般意义上构建面板数据模型考察商业银行税收对银行经营绩效的影响程度；然后扩展模型，在所有制结构视角下分析银行业税收对不同所有制类型商业银行绩效的影响。

一　数据来源与变量性质描述

与西方发达国家相比，我国金融市场发展还不完善，银行上市的时间较晚，大部分商业银行①集中于 2006 年左右上市，样本数据容量有限，因而我们选择面板数据结构以增大样本，提高计量模型估计的稳健性。其中上市银行共有 16 家，时间跨度为 2004 年至 2013 年 10 年。数据来源于国泰安数据服务中心 CSMAR 系列研究数据库与各个商业银行年报。

（一）变量的选取

通过表 5-4 旋转后的主成分特征值与方差贡献率，我们可以发现：主成分 1 与主成分 2 的方差贡献率超过 50%，在银行经营绩效评价中所占的权重最高；进一步，表 5-6 旋转因子载荷矩阵也表明资产净利率（ROA）所占的比重也最大，为 80.8%。综合以上两方面因素考虑，资产净利率完全可以作为代表上市银行经营绩效水平的替代变量。同时，商业银行属于负债经营，自有资本很低，资产净利率不仅反映银行全部资产获利能力，而且体现商业银行对负债资金（储蓄存款）的配置能力，能全面反映商业银行获利能力和投入产出状况。

对于自变量而言，以下试图从微观、中观以及宏观三个层面来考察，力求全面反映各因素对商业银行经营绩效的影响程度。

1. 宏观因素变量

宏观层面的影响因素包含宏观经济环境与政策监管两个方面，选取 GDP 增长率衡量我国银行业发展受宏观经济环境的影响程度。

对于政策监管，由于货币发行量（M2）表示中央银行货币政策，鉴于商业银行的货币创造乘数效应，通过货币供应量体现央行对商业

---

① 由于上市银行均属于商业银行，在本节中"上市银行"与"商业银行"术语相互指代。

银行的金融监管。税收负担体现政府通过财政税收政策对商业银行的监管，分别设置总税收负担率、流转税税收负担率与所得税税收负担率这三个指标，参考娄权（2007）和曾富全、吕敏（2009）一文中所设置的税负指标，如下所示：

$$总税收负担率 = \frac{营业税金及附加 + 企业所得税}{税前利润 + 营业税金及附加} \times 100\% \quad (5-11)$$

$$流转税税收负担率 = \frac{营业税金及附加}{营业收入总额} \times 100\% \quad (5-12)$$

$$所得税税收负担率 = \frac{所得税 - 所得税返还}{利润总额} \times 100\%① \quad (5-13)$$

其中，式（5-12）流转税税收负担率反映商业银行实际承受的流转税占其收入总额的比重，通过影响商业银行信贷成本，进而影响商业银行经营绩效；式（5-13）所得税税收负担率通过影响商业银行税前扣除的成本、费用、税金、损失来影响银行税后利润水平，进而影响经营绩效水平。

2. 中观因素变量

前文第三章以及第五章第一节提到我国商业银行存在所有制差异，不同所有制属性的商业银行经营绩效也有所不同，所有制差异不仅体现在国有持股（控股）比例及股权分散程度上，也体现在信贷市场结构上。根据不完全市场竞争理论②，我国信贷市场属于寡头垄断市场，国有银行由于其庞大的资产规模和市场份额，在信贷市场中居于主体地位，获得相应的垄断地位；而非国有商业银行则居于从属地位，只能获得平均利润水平，因而从税负转嫁角度考虑，理论上讲国有银行凭借市场中的主体地位，更容易将税收负担转嫁给资金需求者和储蓄者，而非国有商业银行则不容易将税负转嫁给资金需求者和储蓄者，只能由自己承担。换句话说，与国有银行相比，非国有银行经营绩效水平受税收负担变化的影响程度更大，也更为敏感。

————————

① 式（5-13）中的税收返还指标在上市银行年报中难以获得，故所得税税收负担率用所得税费用与利润总额的比值近似替代。

② 我们这里所讲的不完全市场竞争理论是基于市场结构（银行组织）角度而不是基于信贷市场信息不完善角度。

按照所有制差异或者信贷市场结构特征，我们将商业银行分为国有大型商业银行与非国有大型商业银行两类，其中国有大型商业银行指中国工商银行、中国建设银行、中国农业银行、交通银行以及中国银行五家；其余11家上市银行为非国有大型商业银行，包括股份制商业银行与城市商业银行。如表5－9所示。

表5－9　　　　　　　　　　　　上市银行分类

所有制属性	国有大型商业银行	股份制商业银行	城市商业银行
	中国工商银行、中国建设银行、中国农业银行、交通银行、中国银行	平安银行、兴业银行、招商银行、华夏银行、浦发银行、民生银行、中信银行、光大银行	北京银行、宁波银行、南京银行

注：按照《中国统计年鉴》银行金融机构分类标准，上市16家银行均属于商业银行，按照出资方的不同，分为国有大型商业银行、股份制商业银行与城市商业银行三类。

3. 微观因素变量

微观层面的因素来源于商业银行个体异质性，各个商业银行在经营规模、盈利以及银行发展方面都存在显著差异，选取的具体指标如下所示：

（1）商业银行资产规模。随着我国金融市场发展，商业银行资产规模迅速扩张，虽然学术界对银行规模与绩效水平之间的相关性存在争议，但是银行资产规模也是影响银行绩效水平的重要因素，本书采用固定资产总额指标反映银行资产规模大小。

（2）净利润增长率。净利润反映商业银行经营的最终成果，也是影响商业银行绩效水平的重要指标，净利润增长越快的商业银行，盈利能力越强，绩效水平也越高，因而我们将净利润增长率作为影响商业银行绩效水平的微观因素。

综合上述分析，变量的设定如表5－10所示，宏观因素中，税收负担率相关变量是本节实证分析所重点关注的解释变量，其余变量为控制变量。

表 5 - 10   变量的选取与设定

类别	二级指标	指标名称	变量名称
宏观因素	宏观经济环境	GDP 增长率	GDP
	政策监管	货币发行量	M2
		总税收负担率	ETR
		流转税税收负担率	PTR
		所得税税收负担率	ITR
中观因素	所有制差异	所有制差异虚拟变量	dummy
微观因素	商业银行资产规模	固定资产对数值	lnfix
	净利润增长率	净利润增长率	net

（二）变量统计性质描述

如表 5 - 11 所示，除净利润增长率的均值为负，其余变量的均值为正，且波动幅度较小，样本数据较为集中。其中总税收负担率均值为 35.771%，流转税税收负担率均值为 7.393%，所得税税收负担率均值为 25.206%。

表 5 - 11   变量统计性质描述

变量名		均值	标准差	最小值	最大值
资产净利率	Overall	0.949	0.295	0.129	1.554
	Between		0.197	0.535	1.257
	Within		0.211	0.453	1.435
货币发行量	Overall	864310.1	271502.4	254106.9	1107000
	Between		98326.3	604190.2	914650.5
	Within		258424.1	334226.8	1187120
总税收负担率	Overall	35.771	8.991	22.98	68.418
	Between		5.453	26.712	46.395
	Within		7.051	20.079	64.414
流转税税收负担率	Overall	7.393	3.387	4.923	42.777
	Between		1.119	5.744	10.245
	Within		3.21	2.071	39.925

变量名		均值	标准差	最小值	最大值
所得税税收负担率	Overall	25.206	6.601	12.552	48.888
	Between		3.708	17.529	30.772
	Within		5.467	12.65	43.322
固定资产对数值	Overall	23.006	1.504	20.02	25.792
	Between		1.58	20.96	25.636
	Within		0.356	22.007	25.14
GDP增长率	Overall	9.7	1.412	7.7	11.9
	Between		0.283	9.025	9.89
	Within		1.392	7.509	12.056
净利润增长率	Overall	-21.102	44.36	-340.4	63.346
	Between		16.906	-67.615	-2.915
	Within		40.617	-283.887	54.79

二 计量模型的构建与实证检验

（一）计量模型的构建

本部分主要采用面板数据（Panel data or Longitudinal）模型考察商业银行税收负担对商业银行经营绩效的影响。考虑到样本数据的特点，个体维度 N 大于时间维度 T，属于短面板模型。基于此，为了验证商业银行税收对上市银行经营绩效的影响，我们构造如下面板数据计量分析基本模型：

$$ROA_{it} = \beta_0 + \beta_1 ETR_{it} + \Gamma X_{it} + \mu_{it} \qquad (5-14)$$

$$ROA_{it} = \beta_0 + \beta_1 ITR_{it} + \beta_2 PTR_{it} + \Gamma X_{it} + \mu_{it} \qquad (5-15)$$

基本模型式（5-14）与式（5-15）中 i 表示 16 家上市银行，t 表示时间趋势，X_{it} 表示影响商业银行经营绩效水平的一系列控制变量向量，具体包括：货币发行量（M2）、GDP 增长率（GDP）、固定资产对数值（$lnfix_{it}$）以及净利润增长率（net_{it}）。实证分析中所重点关注的解释变量为总税收负担率（ETR_{it}）、流转税税收负担率（PTR_{it}）、所得税税收负担率（ITR_{it}）。模型的设定检验分以下三个步骤：

第一步，根据所列示的模型式（5-14）和式（5-15），在同方差和无自相关假设条件下分别构造固定效应模型和随机效应模型。

第二步，利用 Hausman 检验对式（5-14）和式（5-15）进行固定效应模型和随机效应模型进行检验。Hausman 检验的原假设为随机效应，输出的统计量结果分别为 χ^2（4）= 22.91 和 χ^2（4）= 29.95，与之对应的 P 值小于 0.01，即在 1% 的显著性水平上拒绝原假设，表明式（5-13）和式（5-15）模型应为固定效应模型。

（二）总税收负担对银行绩效影响实证结果分析

在模型设定检验的基础上，采用广义最小二乘法（GLS）修正组间异方差和组内自相关及序列相关，修正后采用固定效应模型估计式（5-14），如表 5-12 所示。

表 5-12   计量模型回归结果分析

式（5-14）回归结果				
自变量		估计参数	稳健标准差	T 统计量	P 值
解释变量	ETR	-0.016 ***	0.0049	-3.3	0.005
控制变量	lnfix	0.022	0.101	0.22	0.829
	net	-0.0002	0.0004	-0.48	0.637
	GDP	0.025 *	0.014	1.8	0.091
	M2	$3.54E-07$ **	$1.24E-07$	2.85	0.012
	常数项	0.524	2.325	0.23	0.825
$F(5, 15) = 36.21 \ Prob > F = 0.000 \ R - sq: Overall = 0.71$					

注：*、**、***分别表示变量在 10%、5% 和 1% 的水平上显著。

由表 5-12 可知，总体上看回归结果的 F 统计量在 1% 的置信水平上显著（P 值近似为零），同时 R 值为 0.71，综合两个指标来看，构建的回归方程对数据的解释能力较强，输出的标准差为稳健标准差。计量模型所估计的结果显示：解释变量与控制变量对上市银行经营绩效有着显著影响。

1. 税收负担对银行经营绩效产生不利影响

总税收负担率与银行绩效在 1% 的显著性水平下，呈现出负相关关系。税收负担上升一个百分点导致资产净利率下降 0.016 个百分点，考虑到资产净利率指标本身数量级很小，16 家商业银行中资产净利率最高仅为 1.554%，最低为 0.129%（见表 5 - 11 描述性统计结果），因而税收负担微小变化就会引起资产净利率指标的调整，都会导致商业银行经营绩效水平大幅的改善。

2. 政策变量显著影响银行经营绩效水平

GDP 增长率在 10% 的显著水平下，对银行经营绩效有着正向影响，表明银行绩效与 GDP 增长保持同步关系，宏观经济形势越好，银行信贷需求越大，越有利于银行经营绩效水平的提升。另外货币供应量 M2 显著影响银行经营绩效，当经济系统中流通的货币增加时，银行信贷供给也相应增加，利息收入增加，促进银行经营绩效水平的提高。

（三）流转税与所得税对银行绩效影响实证结果分析

在模型设定检验的基础上，采用广义最小二乘法（GLS）修正组间异方差和组内自相关及序列相关，修正后采用固定效应模型估计式（5 - 15），如表 5 - 13 所示。

表 5 - 13   计量模型回归结果分析

式（5 - 15）回归结果				
自变量		估计参数	稳健标准差	T 统计量	P 值
解释变量	ITR	- 0.018 ***	0.0033	- 5.48	0.000
	PTR	0.0036	0.0022	1.65	0.119
控制变量	lnfix	0.052	0.101	0.52	0.613
	net	0.0009	0.0006	1.41	0.178
	GDP	0.023 *	0.013	1.79	0.094
	M2	$3.33E - 07$ ***	$1.10E - 07$	3.03	0.008
	常数项	- 0.255	2.379	- 0.11	0.916
F (6, 15) $=42.13$ $Prob > F = 0.000$ $R - sq: Overall = 0.64$					

注：*、**、***分别表示变量在 10%、5% 和 1% 的水平上显著。

由表 5 - 13 可知，总体上看回归结果的 F 统计量在 1% 的置信水平上显著（P 值近似为零），同时 R 值为 0.64，综合两个指标来看，构建的回归方程对数据的解释能力较强，输出的标准差为稳健标准差。计量模型所估计的结果显示：解释变量与控制变量对上市银行经营绩效有着显著影响。

1. 所得税税收负担对商业银行经营绩效产生负向影响

在分别考察流转税与所得税对银行绩效影响的情况下，所得税税收负担率在 1% 的显著性水平下，与商业银行资产净利率反向相关，换句话说，所得税税收负担率上升一个百分点导致商业银行资产净利率下降 0.018 个百分点；而流转税税收负担率对商业银行经营绩效的影响不显著。

2. 政策变量显著影响商业银行绩效水平

同理，GDP 增长率对银行绩效有着显著正向影响，GDP 增加一个百分点导致银行绩效水平增加 0.023 个百分点；另外货币发行量也会显著正向影响银行绩效水平，货币发行量增加，银行信贷规模必然增大，进而绩效水平提高，表明利差收入仍然占据银行利润构成中的重要部分。

综上所述，表 5 - 12 与表 5 - 13 相比，各变量的显著性水平及估计参数都没有发生较大变动，表明模型的稳健程度较高。

三 计量模型的扩展与实证检验

在第五章第三节中提到我国信贷市场本身是不完全竞争市场，市场主体——商业银行存在所有制差异，国有大型商业银行处于垄断地位，而非国有大型商业银行处于市场从属地位，因而市场地位不同导致银行在面临商业银行税收政策时呈现出不同反应，经营绩效对税收负担变动的敏感性也有所不同。本部分在上节所分析税收负担变化对绩效影响的基础上，引入所有制差异，考察不同类型银行税收负担对经营绩效水平的影响。扩展模型如下所示：

$$ROA_{it} = \beta_0 + \beta_1 dummya + \Gamma X_{it} + \mu_{it} \qquad (5-16)$$

$$ROA_{it} = \beta_0 + \beta_1 dummyb + \beta_2 dummyc + \Gamma \Xi_{it} + \mu_{it} \qquad (5-17)$$

我们通过设置虚拟变量体现商业银行所有制差异因素，虚拟变量 $dummy = 0$ 表示银行属于国有大型商业银行，而 $dummy = 1$ 表示银行属于非国有大型商业银行（股份制商业银行与城市商业银行）。模型中通过代表所有制差异的虚拟变量与税收负担交叉项考察不同所有制银行税收负担变化的差异性。其中 $dummya = dummy \times ETR_{it}$ 表示不同所有制属性商业银行总税收负担差异性；$dummyb = dummy \times ITR_{it}$ 和 $dummyc = dummy \times PTR_{it}$ 分别表示不同所有制属性商业银行所得税税收负担和流转税税收负担差异，这也是本部分所重点关注的解释变量。X_{it} 表示影响商业银行经营绩效水平的一系列控制变量向量，具体包括：税收负担率（ETR_{it}）、货币发行量（$M2$）、GDP 增长率（GDP）、固定资产对数值（$lnfix_{it}$）以及净利润增长率（net_{it}）。Ξ_{it} 控制变量向量包含：流转税税收负担率税（PTR_{it}），所得税税收负担率（ITR_{it}）、货币发行量（$M2$）、GDP 增长率（GDP）、固定资产对数值（$lnfix_{it}$）以及净利润增长率（net_{it}）。

（一）所有制差异条件下总税收负担对银行绩效影响分析

本部分采用的仍是 16 家上市银行全体，则可以直接使用面板数据固定效应回归。采用广义最小二乘法（GLS）修正组间异方差和组内自相关及序列相关，修正后采用固定效应模型估计式（5－16），如表 5－14 所示。

表 5－14　　　　　　　　　　回归结果

式（5－16）回归结果					
自变量		估计参数	稳健标准差	T 统计量	P 值
解释变量	dummya	− 0.021***	0.003	− 7.11	0.000
控制变量	ETR	0.0001	0.002	0.06	0.95
	lnfix	0.031	0.085	0.37	0.718
	net	− 0.0004	0.0003	− 1.26	0.226
	gdp	0.017	0.013	1.33	0.203
	M2	$2.94E-07$**	$1.01E-07$	2.91	0.011
	常数项	0.414	2.005	0.21	0.839
$F(6, 15) = 124.81$　　$Prob > F = 0.000$　　$R-sq: overall = 0.472$					

注：*、**、*** 分别表示变量在 10%、5% 和 1% 的水平上显著。

由表 5－14 可知，总体上看回归结果的 F 统计量在 1% 的置信水平上显著（P 值近似为零），同时 R 值为 0.472，综合两个指标来看，构建的回归方程对数据的解释能力较强，输出的标准差为稳健标准差。计量模型所估计的结果显示：解释变量与控制变量对上市银行经营绩效有着显著影响。具体而言：

1. 总税收负担变化对股份制商业银行和城市商业银行影响程度更大

总税收负担提高一个百分点，非国有商业银行比国有银行下降的幅度更大，为 0.021%。验证了本章第三节所得出的理论预期。这一结果表明，股份制商业银行和城市商业银行对税收负担的变化更为敏感，经营绩效水平更易受到税收负担变化的影响。而所有制差异性导致税收负担对银行经营绩效的影响敏感性不同。

2. 货币发行量对银行绩效水平产生显著正向影响

这与我们之前的回归结果类似，存贷差既是银行利润的重要来源，也是影响商业银行经营绩效的重要因素。

（二）所有制差异条件下流转税和所得税税收负担对银行绩效影响分析

采用广义最小二乘法（GLS）修正组间异方差和组内自相关及序列相关，修正后采用固定效应模型估计式（5-17），如表5-15所示。

表 5-15　　　　　　　　　回归结果

式（5-17）回归结果				
自变量		估计参数	稳健标准差	T统计量	P值
解释变量	*dummyb*	-0.011	0.0067	-1.58	0.134
	dummyc	-0.074*	0.0404	1.84	0.086
控制变量	*ITR*	-0.003	0.0068	-0.46	0.654
	PTR	0.003*	0.0012	2.65	0.018
	ln*fix*	-0.014	0.0771	0.19	0.854
	net	0.0007	0.0007	1.03	0.32
	M2	3.32E-07*	1.02E-07	3.27	0.005
	GDP	2.20E-03	1.72E-02	0.13	0.898
	常数项	1.709	1.963	0.87	0.398
$F(8, 15)=41.27$　　$Prob>F=0.000$　　$R-sq: overall=0.442$					

注：*、**、***分别表示变量在10%、5%和1%的水平上显著。

由表 5 - 15 可知：总体上看回归结果的 F 统计量在 1% 的置信水平上显著（P 值近似为零），同时 R 值为 0.442，综合两个指标来看，构建的回归方程对数据的解释能力较强，输出的标准差为稳健标准差。计量模型所估计的结果显示：基于所有制差异，解释变量与控制变量对上市银行经营绩效有着显著影响。具体而言：

1. 流转税税收负担变化对非国有银行经营绩效的影响程度更大

流转税税收负担增加一个百分点，非国有商业银行比国有银行经营绩效水平相对下降 0.011%；而所得税税收负担变化对国有银行与非国有银行相对经营绩效水平变化没有显著影响。该结论与上文所分析的理论预期相一致。

2. GDP 增长率及净利润增长率与银行绩效正相关

控制变量中，货币发行量对银行绩效水平有着显著正向影响，而GDP 增长率对银行绩效水平的影响虽然不显著，但呈现出正相关关系。净利润增长率也对绩效水平有着正向影响。

第四节 本章小结

本章首先应用主成分分析方法，以我国 2014 年上市银行为样本，综合商业银行盈利能力、发展能力、风险防范以及流动性，构建指标体系对商业银行经营绩效进行综合评价；其次在此基础之上，考察影响商业银行经营绩效水平的因素，特别是在所有制差异的框架下，探讨了税收负担对商业银行经营绩效的影响，得到了具有应用价值的结论。

一 商业银行经营绩效综合评价

就综合经营绩效水平而言，招商银行综合经营绩效评分最高；除建设银行位居第二位以外，综合绩效排名前五位的银行均为非国有商业银行。这一结果表明，在国有商业银行中，国有控股或者"一股独大"的银行治理结构往往会严重影响国有银行经营绩效目标，具体表现为，经济转型期间，国有银行信贷投向的行政导向性强，并没有将资金投向资源配置效率高的地方，因而也就不能转化为经营绩效水平的提升。这一差距与我国银行业发展历程是吻合的，国有商业银行或多或少承担着政策性信贷功能，与非国有银行相比，受政府干预的程度较大，本章的实证结论也在一定程度上反映了这一特点。从所有制类型来看，国有大型商业银行中，建设银行排名第一，总绩效排名第二；股份制商业银行中，招商银行排名第一，总绩效排名也为第一；城市商业银行中，宁波银行排名第一，总绩效排名第三。从各因子排名来看我们可以得到如下三个方面结论：

第一，股份制商业银行发展能力较强。从银行发展水平因子方面来看，除宁波银行排在第二位以外，前五名中的剩余四位均为股份制商业银行，国有大型商业银行排名靠后，其中工商银行和交通银行仅列后三位。

第二，国有商业银行盈利能力较强。在银行盈利能力排名方面，工商银行排名第二位，排名前五位中有三位银行属于国有大型商业银行，这与国有银行特殊的历史背景和我国利率尚未市场化有一定关系。当前银行业垄断格局很大程度上是计划经济产物，国有银行成立时间早，资产规模庞大，同时，银行利润大多数来源于存贷利差，而国有商业银行遍布全国各地的经营网点，对于提高银行盈利能力有着天然的优势。

第三，城市商业银行与国有大型商业银行资产安全性较高。从银行经营风险角度来看，宁波银行排名第一，排名前五位的银行属于城市商业银行与国有大型商业银行，而股份制商业银行排名在中下水平的范围内。从流动性的角度来看，招商银行排名第一，股份制商业银行排名分布范围较为平均，而城市商业银行流动性水平排名中等，国有商业银行排名中上。

综上所述，就银行综合绩效水平而言，股份制商业银行绩效水平要高于国有商业银行和城市商业银行。就经营绩效各分项来看，国有大型商业银行盈利能力和安全性较强而发展能力较差；股份制商业银行发展水平较高；城市商业银行资产安全性较高而发展能力与盈利能力较差。

二 商业银行经营绩效影响因素实证分析

鉴于不同所有制属性商业银行经营绩效存在显著差异，我们探究不同所有制商业银行经营绩效水平差异原因，进而在所有制结构基础上，研究商业银行税收对银行绩效差异的影响。得出的具体结论如下所示：

第一，税收负担对银行经营绩效产生不利影响。所得税税收负担率在1%的显著性水平下，与商业银行资产净利率反向相关；而流转税税收负担率对商业银行经营绩效的影响不显著。政策变量显著影响银行经营绩效水平，GDP 增长率和货币供应量 M2 显著正向影响银行经营绩效，当宏观经济环境改善以及经济系统中流通的货币增加时，银行信贷供给相应增加，利息收入增加，促进银行经营绩效水平的提高。

第二，总税收负担变化对股份制商业银行和城市商业银行影响程度更大。这一结果表明，股份制商业银行和城市商业银行对税收负担的变化更为敏感，经营绩效水平更易受到税收负担变化的影响。所有制差异性会最终导致税收负担对银行经营绩效的影响敏感性不同，其中，流转税税收负担变化对于非国有银行经营绩效的影响程度更大。而所得税税收负担变化对国有银行与非国有银行相对经营绩效水平变化没有显著影响，实证结论与理论预期相一致。

第六章　商业银行税收宏观经济效应：基于经济发展的实证分析

　　从宏观的视角分析，商业银行作为市场经济中的核心部门与支柱产业，与经济增长、经济波动的关系十分密切。商业银行对宏观经济影响的传导渠道主要有两条：一是通过商业银行自身发展与积累，不断为 GDP 创造新的价值，成为经济增长的组成部分；二是商业银行通过自身承载的资源配置功能，降低市场摩擦，从而提高储蓄率和改善投资的质量与效率，进而降低企业外部融资成本和加速资本积累水平。由于商业银行系统本身所具有的风险性与传播性，容易引起投资和宏观经济波动，因此，政府应尽可能从宏观经济整体出发，制定相关商业银行税收政策。那么将商业银行部门置于整个宏观经济系统中后，商业银行税收如何通过各宏观经济变量的传导对经济增长和经济波动产生影响，商业银行自身发展与其所承担信贷功能，哪一项对宏观经济发展的促进作用更为直接和迅速。基于此，本章在前文考察商业银行微观经济效应的基础上，结合我国改革开放 30 多年来的经济发展数据，对上述商业银行宏观经济效应问题展开研究，为后文提出具有针对性的商业银行税收政策做理论与实证支撑。

第一节　文献综述

一　商业银行税收、信贷规模与经济增长文献回顾

在新古典经济学（Neoclassical Economics）框架下金融系统（商

业银行）对经济增长的影响十分有限①，而现实经济中处处存在信息不对称和不完全竞争现象，而降低市场摩擦，提高资源配置效率本身就是商业银行所承载的基本金融功能。鉴于此，在金融发展理论的基础上，我们有必要将金融部门（商业银行）独立作为一个市场主体，纳入宏观经济分析中，重新认识商业银行税收通过商业银行对经济增长产生影响。因此，本部分文献回顾的安排如下：首先考察商业银行发展与经济增长关系的一类文献，然后重点关注商业银行税收、银行信贷与经济增长关系的文献。

（一）国外文献回顾

国外大量文献考察了包括商业银行在内的金融发展与经济增长之间的相互关系，而包括商业银行税收在内的金融税收与宏观经济关系的相关文献较少，直到 2008 年全球金融危机爆发后②，学者们才涉及这一方面的论题。

Goldsmith（1969）③、Mckinnon（1973）④ 以及 Shaw（1973）⑤ 对金融发展与经济增长之间的关系做出了开创性的研究，金融发展对经济增长作用机理归纳起来有以下两个方面：一是商业银行促进资本积累，主要是通过储蓄—投资转化机制，将信贷资金投放到最有生产力的企业和部门中，进而促进经济增长；二是商业银行可以有效降低信息成本，提高信贷资金配置效率，促进技术进步与经济增长。商业银行税收正是遵循上述传导路径来影响经济增长的。

1. 理论研究方面

传统的新古典经济增长理论，将技术进步视为外生给定因素，更

---

① 新古典经济学是建立在信息成本与市场交易成本较小，近乎完美的市场假设前提之上，因而在该框架下很少探讨银行在资源配置中所起到的作用。

② 前期文献更多地囿于讨论对金融产品和服务是否征收间接税这一论题，以及税收政策应用方面，而本章并不对上述问题做过多涉及，更多地把重心集中于有关商业银行税收宏观经济效应问题方面。

③ Goldsmith R. W. , *Financial Structure and Development*, New Haven: Yale university press, 1969.

④ Mckinnon R. I. , *Money and Capital in Economic Development*, Brookings Institution Press, 1973.

⑤ Shaw E. S. , *Financial Deepening in Economic Development*, Oxford University Press, 1973.

重视资本积累对经济增长的拉动效应，因而这方面的文献更多地关注于商业银行如何通过动员储蓄，将资本转化为现实的生产能力，进而促进经济增长（Mckinnon，1973；Shaw，1973）。然而内生经济增长理论更强调技术进步的内生性，金融中介通过技术进步而与经济增长相联系。更多文献在金融发展理论与内生经济增长理论框架下探讨金融发展在技术创新中的作用，以及资本积累水平与效率对经济增长的影响（Bencivenga 和 Smith，1991①；Pagano，1993②；King 和 Levine，1993③）。从经济增长贡献角度来看，King 和 Levine（1994）④ 批判了"唯物质资本积累才能促进经济增长"的传统理论观点，认为在资本边际报酬递减的限制条件下，资本积累对经济增长的贡献十分有限，而金融中介在提升技术进步水平、促进经济增长方面却有着重要作用，类似的一些结论也可以参见 Greenwood 和 Jovanovic（1989）⑤、Levine（1991）⑥ 的论述。从市场信息完善角度来看，学者认为银行有效降低信息不对称所导致的摩擦成本，促进经济增长（Fuente 和 Martin，1996⑦；Acemoglu et al.，2006⑧；Buera 和 Skin，2010⑨；

①　Bencivenga V. R.，Smith B. D.，"Financial Intermediation and Endogenous Growth"，*The Review of Economic Studies*，Vol. 58，No. 2，1991，pp. 195 – 209.

②　Pagano M.，"Financial Markets and Growth: An Overview"，*European Economic Review*，Vol. 37，No. 2，1993，pp. 613 – 622.

③　King R. G.，Levine R.，"Finance, Entrepreneurship and Growth"，*Journal of Monetary Economics*，Vol. 32，No. 3，1993，pp. 513 – 542.

④　King R. G.，Levine R.，"Capital Fundamentalism, Economic Development, and Economic Growth"，*Carnegie – Rochester Conference Series on Public Policy. North – Holland*，1994，pp. 259 – 292.

⑤　Greenwood J.，Jovanovic B.，Financial Development, Growth, and the Distribution of Income"，*National Bureau of Economic Research*，1989.

⑥　Levine R.，"Stock Markets, Growth, and Tax Policy"，*The Journal of Finance*，Vol. 46，No. 4，1991，pp. 1445 – 1465.

⑦　De la Fuente A.，Martin J. M.，"Innovation, Bank Monitoring, and Endogenous Financial Development"，*Journal of Monetary Economics*，Vol. 38，No. 2，1996，pp. 269 – 301.

⑧　Acemoglu D.，Aghion P.，Zilibotti F.，"Distance to Frontier, Selection, and Economic Growth"，*Journal of the European Economic association*，Vol. 4，No. 1，2006，pp. 37 – 74.

⑨　Buera F. J.，Skin Y.，"Financial Frictions and The Persistence of History: A Quantitative Exploration"，*National Bureau of Economic Research*，2010.

Michalopoulos et al. , 2009[①]）。Morales（2000）[②] 构建考虑研发者道德风险问题的内生经济增长模型，假设研发支出由金融中介来融资，模型结果显示，金融中介对企业研发的支持，有力地促进了生产效率的提升。特别是政府采取相应的减税和补贴政策激励技术创新，作者发现如果政策实施对象为对研发进行投资的金融中介，那么所产生的经济增长效应要明显高于直接向研发技术的企业进行政策优惠。

然而，部分学者从理论上也提出了相反的观点，Mckinnon 与 Shaw 认为有关金融发展促进经济增长的论断是建立在市场经济环境中存在成熟而且健全的金融体系。而发展中国家尚不具备发达的市场经济条件，此外，发展中国家政府大多数制定严格的利率以及信贷管制措施，实际利率水平很低甚至为负，信贷市场也存在严重的市场分割现象，大型商业银行在信贷市场中具有垄断地位，使得很多企业在面临融资约束时难以获得信贷支持，只能依赖非正式的融资，因而导致整个金融体制存在扭曲，难以有效促进经济增长。中国信贷市场就是一个典型的例证，大量研究表明，我国存在"二元信贷结构"，即信贷市场是高度分割的，Wei 和 Wang（1997）认为国有银行更偏好于向国有企业贷款；Chang（1999）的研究同样表明国有企业甚至不需要任何抵押或者信用评级就可以从银行中获得贷款。在此种情况之下，商业银行效率低下，并不能对经济增长产生实质影响（Aziz and Duenwald，2002[③]）。

2. 实证研究

在理论研究的基础上，有关金融中介（商业银行）影响经济增长的经验研究文献也大量涌现。大部分学者们认为，金融发展通过资本积累和技术进步影响经济增长（Benhabib 和 Spiegel，2000[④]；Beck et al.，

① Michalopoulos S. , Laeven L. , Levine R. , "Financial Innovation and Endogenous Growth", *National Bureau of Economic Research*, 2009.

② Morales M. F. , "Financial Intermediation in a Model of Growth Through Creative Destruction", *Macroeconomic Dynamics*, Vol. 70, No. 3, 2003, pp. 363 – 393.

③ Aziz J. , Duenwald C. , "Growth – financial Iintermediation Nexus in China", *International Monetary Fund*, 2002.

④ Benhabib J. , Spiegel M. M. , "The Role of Financial Development in Growth and Investment", *Journal of Economic Growth*, Vol. 5, No. 4, 2000, pp. 341 – 360.

2000①）。部分学者关注于商业银行与直接融资市场在促进全要素生产率提升方面哪一个更有效。Obstfeld（1995）②、Levine 和 Zervos（1998）③ 以及 Tadesse（2007）④ 的研究表明与股票等直接融资相比较，银行对全要素生产率的影响要显著得多。

仅直接研究税收政策影响金融发展的经济增长效应的文献较少，有学者探讨转型国家财政与税收体制变化是否会影响金融中介的经济增长效应。学者们认为发展中国家面临金融体制尚不完善，政府需要通过对金融的管制来弥补财政收入不足的问题。在这样的财政背景之下，由于信贷市场中少数处于垄断地位的大型国有银行主要为大型企业提供融资，很多创新型的中小企业难以获得银行融资，因此金融发展而导致发展中国家经济增长更多地表现为资本积累而非技术进步（Rioja 和 Valev，2004⑤；Huang 和 Lin，2009⑥）。Roubini 和 Sala－i－Martin（1995）⑦ 研究了金融抑制、逃税与长期增长之间的关系，作者构建模型想要表达的是对于政府而言金融部门（尤其是商业银行）是一个"更加易于从中获得收入（通货膨胀税）的部门"，因而对于一些逃税严重或财政收入不足的国家，政府的最佳策略是通过金融抑制以获得更多的铸币税收入，该政策也会进一步降低商业银行效率，提高金融中介成本，减少投资与资本积累，因而金融抑制与逃税（政府财力下降）、高通胀与低增长相互关联。

---

① Beck T., Levine R., Loayza N., "Finance and the Sources of Growth", *Journal of Financial Economics*, Vol. 58, No. 1, 2000, pp. 261–300.

② Obstfeld M., "Risk－taking, Global Diversification, and Growth", *National Bureau of Economic Research*, 1995.

③ Levine R., Zervos S., "Stock Markets, Banks, and Economic Growth", *American Economic Review*, Vol. 88, 1998, pp. 537–558.

④ Tadesse S., "Financial development and technology", *William Davison Institute Working Paper*, 2007.

⑤ Rioja, Felix, and Neven Valev, "Does one size fit all? a reexamination of the finance and growth relationship", *Journal of Development economics*, Vol. 74, No. 2, 2004, pp. 429–447.

⑥ Huang H. C., Lin S. C., "Non‐linear Finance‐growth Nexus", *Economics of Transition*, Vol. 17, No. 3, 2009, pp. 439–466.

⑦ Roubini N., Sala－i－Martin X., "A Growth Model of Iinflation, Tax Evasion, and Financial Repression", *Journal of Monetary Economics*, Vol. 35, No. 2, 1995, pp. 275–301.

（二）国内文献回顾

随着金融业的发展，对银行等金融中介重要性不断体现，有关商业银行税收效应的文献也越来越多，但是从宏观视角，结合税收学、宏观经济理论与金融发展理论研究商业银行税收经济增长效应的文献较少。闫肃（2012）比较详尽和系统地分析了金融业税收宏观效应，作者从宏观层面上考察了金融业税收政策对经济效率的影响，构建VAR模型研究税收、金融发展与经济增长之间的关系，但由于文中所采用的金融税收口径存在问题，以至于后文的脉冲相应分析中税收因素对信贷与金融产业增加值的影响微乎其微，因而也得出经济增长的影响有限的结论。

然而大多数学者们更多地从一般性出发，探讨税收对金融行业自身影响以及金融发展对经济增长的影响。部分国内学者实证研究表明，虽然金融发展与经济增长正相关，但是银行信贷与投资效率呈现显著负相关，金融发展并没有显著改善投资效率，意味着我国经济增长仍停留在要素投入推动的"粗放式"经济增长模式（沈坤荣、孙文杰，2004[①]；师文明、王毓槐，2010[②]；余利丰等，2011[③]）。

部分学者基于我国分税制改革在金融发展影响经济增长中的作用。张军和金煜（2005）[④]、尹希果等（2006）[⑤]、张璟和沈坤荣（2008）[⑥]以及王定祥等（2011）[⑦]实证研究表明，分税制改革使得地方政府财政负担过重，迫使地方政府加强对商业银行的信贷控制和干

① 沈坤荣、孙文杰：《投资效率、资本形成与宏观经济波动——基于金融发展视角的实证研究》，《中国社会科学》2004 年第 6 期。

② 师文明、王毓槐：《金融发展对技术进步影响的门槛效应检验——基于中国省际面板数据的实证研究》，《山西财经大学学报》2010 年第 9 期。

③ 余利丰、邓柏盛、王菲：《金融发展与中国生产率增长——随机前沿分析的视角》，《管理科学》2011 年第 4 期。

④ 张军、金煜：《中国的金融深化和生产率关系的再检测：1987—2001》，《经济研究》2005 年第 11 期。

⑤ 尹希果、陈刚、潘杨：《分税制改革、地方政府干预与金融发展效率》，《财经研究》2006 年第 10 期。

⑥ 张璟、沈坤荣：《地方政府干预、区域金融发展与中国经济增长方式转型——基于财政分权背景的实证研究》，《南开经济研究》2008 年第 6 期。

⑦ 王定祥、刘杰、李伶俐：《财政分权、银行信贷与全要素生产率》，《财经研究》2011 年第 4 期。

预，降低信贷资金配置效率，虽然提高资本积累速度，但是降低全要素生产率，从而对经济增长产生负面影响。

二　商业银行税收与宏观经济波动文献回顾

根据商业银行税收的经济增长效应传导路径，考虑到我国现实经济状况，大部分企业外部融资依赖于商业银行，经济波动对信贷变化具有较高的敏感性。因此，政府的财政、税收政策通过影响银行进而对宏观经济稳定也会产生影响。然而更多的文献是从一般性出发，探讨税收对经济波动的影响以及信贷与经济波动的关系，鲜有文献直接考察税收通过银行信贷的特定传导路径来影响经济稳定。鉴于此，本部分首先回顾信贷与经济波动的关系的一类文献，然后考察税收与经济波动的相关文献。

（一）国外文献回顾

有关信贷对经济波动影响的经典范式为资产负债表渠道（the Balance sheet channel）和银行信贷渠道（the Credit channel）。其中，资产负债表渠道着重从信贷资金需求角度分析企业自身财务状况影响企业所获得的信贷资金，强调信贷市场信息不对称（市场摩擦），而企业所面临的内外融资成本不同导致不同财务状况企业获得信贷资金存在差异，并放大经济波动的现象，具体参见 Stiglitz 和 Weiss（1981）[①]，Bernanke、Gertler 和 Gilchrist（1999）的相关论述。而银行信贷渠道着重从信贷资金供给角度考察信贷投放对经济系统的影响，强调根据货币当局的信贷政策，商业银行调整自身信贷供给，从而对企业投资和企业产出产生影响。商业银行税收正是通过银行信贷系统的传导影响宏观经济波动的。因此，本部分文献回顾首先从一般性出发考察税收因素对经济波动影响的一类文献，然后考察银行信贷的经济波动效应。

1. 理论研究

当前西方学者更多地从动态随机一般均衡视角分析财政政策经济效应，鉴于本部分探讨的是商业银行税收与经济波动，因而我们重点

---

① Stiglitz, Joseph E. and Andrew Weiss, "Credit Rationing in Markets with Imperfect Information", *The American Economic Review*, Vol. 71, No. 3, 1981, pp. 393 – 410.

回顾财政收入政策对经济波动的影响的相关文献。大部分学者研究边际税率变动对经济波动影响以及通过扭曲性税收来解释部分经济波动的典型事实（McGrattan，1994[1]；Braun，1994[2]；Mendoza et al.，1994[3]；Baxter 和 King，1993[4]；Fatás 和 Mihov I.，2001[5]）。Jonsson 和 Klein（1996）[6] 也发现扭曲性的税收冲击可以解释瑞典战后经济波动的典型事实。作者首先通过实证方法总结出经济波动的典型事实，然后构建包含税收因素与不包含税收因素的 DSGE 模型分别拟合上述典型事实，作者发现：包含流转税与所得税以及政府消费的模型能更好地解释经济波动特征，暂时性的税收冲击降低家庭当期消费，而个人所得税的下降又会使得家庭增加当期劳动供给水平，而消费与劳动波动又与产出波动具有一致性，这样最终体现出减税冲击对经济波动的影响。

　　然而通过对比分析经济典型事实与 RBC 模型中的拟合结果，学者们发现真实商业周期模型中设定的合理的假设与参数校准得出的结果并不能很好地拟合财政政策冲击对消费和就业的正向反映。因而在模型中引入价格黏性与工资刚性的非竞争性因素以及消费习惯与投资调整成本（Linnemann 和 Schabert，2003[7]；Gali，1994[8]；Burnside et al.，

① McGrattan E. R.，"The Macroeconomic Effects of Distortionary Taxation"，*Journal of Monetary Economics*，Vol. 33，No. 3，1994，pp. 573 – 601.

② Anton Braun R.，"Tax Disturbances and Real Economic Activity in the Postwar United States"，*Journal of Monetary Economics*，Vol. 33，No. 3，1994，pp. 441 – 462.

③ Mendoza E. G.，Razin A.，Tesar L. L.，"Effective Tax Rates in Macroeconomics：Cross – country Estimates of Tax Rates on Factor Incomes and Consumption"，*Journal of Monetary Economics*，Vol. 34，No. 3，1994，pp. 297 – 323.

④ Baxter M.，King R. G.，"Fiscal Policy in General Equilibrium"，*The American Economic Review*，1993，pp. 315 – 334.

⑤ Fatás A.，Mihov I.，"The Effects of Fiscal Policy on Consumption and Employment：Theory and Evidence"，*Centre for Economic Policy Research*，2001.

⑥ Jonsson G.，Klein P.，"Stochastic Fiscal Policy and The Swedish Business Cycle"，*Journal of Monetary Economics*，Vol. 38，No. 2，1996，pp. 245 – 268.

⑦ Linnemann L.，Schabert A.，"Fiscal Policy in The New Neoclassical Synthesis"，*Journal of Money，Credit and Banking*，Vol. 35，No. 6，2003，pp. 911 – 929.

⑧ Gali J.，"Government Size and Macroeconomic Stability"，*European Economic Review*，Vol. 38，No. 1，1994，pp. 117 – 132.

2004①；Susan Yang，2005②；Mountford 和 Uhlig，2009③）。

2. 实证研究

在上述学者理论研究各种财政政策冲击（包括税收政策冲击）的宏观经济效应基础上，学者们也从实证角度考察上述问题。Auerbach（1984）④ 从信贷供给角度发现考察税收政策确实对企业外部融资成本产生显著影响。学者们认为，税收的增加是一项高度紧缩的政策，容易引起总产出的波动（Giavazzi et al.，2000⑤；Romer C. D. 和 Romer D. H.，2007⑥；Dreher，2006⑦）。

（二）国内文献回顾

国内学者文献更多的是从一般角度出发，探讨税收与经济波动关系，形成比较丰富的结论。然而涉及税收、信贷以及经济波动的相关问题时，国内学者的研究更多的是从信贷需求角度，即企业视角，考察税收对资本成本以及企业外部融资的影响，鲜有文献从信贷供给角度考察行业税收（如商业银行）与经济波动之间关系。

在考察税收对宏观经济影响方面，国内文献主要集中于财政政策实施是否符合凯恩斯经典理论，即提升消费与拉动投资效应（郭庆旺

① Burnside C. , Eichenbaum M. , Fisher J. D. M. , "Fiscal Shocks and Their Consequences", *Journal of Economic Theory*, Vol. 115, No. 1, 2004, pp. 9 – 117.

② Susan Yang S. C. , "Quantifying Tax Effects Under Policy Foresight", *Journal of Monetary Economics*, Vol. 58, No. 8, 2005, pp. 1557 – 1568.

③ Mountford A. , Uhlig H. , "What are the Effects of Fiscal Policy Shocks?" *Journal of Applied Econometrics*, Vol. 24, No. 6, 2009, pp. 960 – 992.

④ Auerbach A. J. , "Taxes, Firm Financial Policy and the Cost of Capital: An Empirical Analysis", *Journal of Public Economics*, Vol. 23, No. 1, 1984, pp. 27 – 57.

⑤ Giavazzi F. , Jappelli T. , Pagano M. , "Searching for Non – linear Effects of Fiscal Policy: Evidence from Industrial and Developing countries", *European Economic Review*, Vol. 44, No. 7, 2000, pp. 1259 – 1289.

⑥ Romer C. D. , Romer D. H. , "The Macroeconomic Effects of Tax Changes: Estimates Based on A New Measure of Fiscal Shocks", *National Bureau of Economic Research*, 2007.

⑦ Dreher A. , "The Influence of Globalization on Taxes and Social Policy: An Empirical Analysis for OECD countries", *European Journal of Political Economy*, Vol. 22, No. 1, 2006, pp. 179 – 201.

等，2007①；龚刚、陈琳，2007②；王立勇、高伟，2009③）。张洁颖、郭晓峰（2007）④重点考察了财政政策自动稳定器效应对经济波动的影响，其中一国税收制度是影响财政政策自动稳定器的重要因素，税基对经济周期的敏感性制约自动稳定器效力的高低。

三　文献述评

通过对相关文献的梳理，我们发现从宏观视角，学者们对税收、银行信贷与经济发展都做了较多探索，为我们进一步的研究提供了基础，但也存在以下不足：

在理论研究方面，较少文献分析商业银行税收经济增长效应。尤其是金融危机之后，学者们对税收在抑制金融投机、银行过度信贷方面有了充分的认识，但没有深入探讨税收通过特定的银行渠道而对经济发展产生影响的传导机制。更多文献是从一般视角出发分析税收对经济增长和经济波动的影响。此外，也没有将商业银行税收放在整个宏观经济系统中研究，即没能将税收、商业银行与宏观经济三者关系结合起来进行系统研究。

在实证研究方面，一方面，囿于理论研究的局限性，实证研究并没有获得相应的创新性进展。在分析商业银行、税收政策与宏观经济效应的文献，关注于两两变量之间的相关性，即仅仅考察税收政策对商业银行的影响以及商业银行或金融发展对经济发展与经济波动的影响，并未将三者纳入统一的实证研究框架内。另一方面，采用的实证分析方法较为简单，很难识别三者之间的关系。研究采用的方法要么是面板数据模型，要么是时间序列分析，但由于变量之间的内生性影响，导致实证结果不显著或者有偏，很难得出三者之间的数量关系。

综上所述，我们可以从以下两个方面进行改进：

---

① 郭庆旺、贾俊雪、刘晓路：《财政政策与宏观经济稳定：情势转变视角》，《管理世界》2007 年第 5 期。

② 龚刚、陈琳：《供给推动——论经济增长方式转型中的财政政策》，《南开经济研究》2007 年第 2 期。

③ 王立勇、高伟：《财政政策对私人消费非线性效应及其解释》，《世界经济》2009 年第 9 期。

④ 张洁颖、郭晓峰：《财政自动稳定器及其在经济波动中的效力分析》，《江西社会科学》2007 年第 5 期。

一是理论模型方面。将商业银行部门引入一般均衡模型中，加入符合中国现实经济的商业银行税收因素（营业税与企业所得税），分析两者对商业银行的影响进而分析对经济增长与经济波动的影响。

二是实证研究方面。结合我国金融危机前后数据，应用联立方程组系统与构建 VAR 模型实证分析商业银行税收宏观经济效应的传导机制。

第二节　商业银行税收政策、信贷扩张与经济增长实证分析

动态随机一般均衡模型（Dynamic stochastic general equilibrium，DSGE）是近十年来描述和分析宏观经济波动和宏观经济冲击传导机制最有效的方法之一。当前西方学者对财政政策经济效应分析更多地采用该种范式。本节首先构建一个包含银行部门和价格黏性的动态一般均衡模型，用以刻画商业银行税收通过银行信贷系统影响资金供求双方，并最终对经济增长产生影响的传导机制。然后，在数理模型推导得出的理论预期的基础上，采用联立方程系统（Simultaneous equation system）模型考察商业银行税收、信贷扩张与经济增长之间的联动关系。

一　一般均衡模型的扩展

为了研究商业银行税收对经济增长的影响，我们扩展了第二章第二节商业银行税收机理模型［式（2 - 1）至式（2 - 10）］，从而构建包含商业银行部门的新凯恩斯垄断竞争模型。模型的经济环境设定如下：假设模型中存在四类经济主体：企业、代表性家庭、金融中介（商业银行）以及政府。其中企业分为两类：一是中间产品企业为垄断竞争者，通过投入实物资本、雇佣劳动以及银行贷款生产异质性的中间产品；二是最终产品企业为完全竞争者，利用中间产品来生产供家庭消费的最终产品，两类企业的定价规则有所不同。代表性家庭消费最终产品并向中间产品企业提供劳动，家庭不仅拥有真实货币余额还在商业银行中拥有储蓄。商业银行连接资金供求双方，为中间产品

企业生产提供信贷支持，政府制定商业银行税收政策，对商业银行利润征收企业所得税和对贷款利息收入征收营业税。接下来，我们具体从四个部门的经济行为对模型进行扩展。

（一）家庭

我们对第二章第二节商业银行税收机理分析模型中式（2 - 1）与式（2 - 2）描述家庭经济行为的方程进行扩展。基于标准的 MIU（Monetary in Utility）模型，我们采用 Sidrauski（1967）[①] 方法将货币引入家庭效用函数和预算约束中，这样设定基于以下两个理由：一方面，增加货币余额可以降低市场交易成本和缩短搜寻匹配过程（解决其他经济模型中实物交换供求不匹配问题），这样，持有货币余额会给家庭带来正的边际效用，提高家庭福利水平；另一方面，货币余额将家庭与商业银行联系起来，即家庭扣除持有现金后的货币余额存入银行可以获得储蓄利息收益，同时银行业相应获得信贷资金来源。这样家庭预算约束中不仅实物资产会带来收益，而且金融资产（储蓄）也会给家庭带来回报，两者的实际收益率存在差异，并且模型可以为货币带来一个低于金融资产和实物资本的收益率，这样的设定也符合现实经济。具体而言：

假设经济系统中存在无限期生存的家庭，单位化在 [0，1] 之间的连续统上。代表性家庭的偏好定义在消费最终产品 c_t，工作 h_t 以及持有现金余额 M_{ct}，家庭的效用函数采用如下 CRRA 形式：

$$U(c_t, h_t, M_{ct}) = E_0 \sum_{t=0}^{\infty} \beta^t \left\{ \frac{\gamma}{\gamma-1} \log\left[c_t^{\frac{\gamma-1}{\gamma}} + b_t^{\frac{1}{\gamma}} \left(\frac{M_{ct}}{P_t} \right)^{\frac{\gamma-1}{\gamma}} \right] + \eta \log(1 - h_t) \right\}$$

$$(6 - 1)$$

式（6 - 1）中，$\beta \in (0，1)$ 为主观贴现率，γ 为家庭消费和实际现金余额的替代弹性，b_t 为现金需求冲击，遵循 $AR(1)$ 过程（Kim，2000）[②]。E_t 表示基于第 t 期所获得信息的条件期望。

① Sidrauski, Miguel, "Inflation and Economic Growth", *The Journal of Political Economy*, Vol. 75, 1967, pp. 796 - 810.

② Kim, Jinill, "Constructing and Estimating a Realistic Optimizing Model of Monetary Policy", *Journal of Monetary Economics*, Vol. 45, No. 2, 2000, pp. 329 - 359.

代表性家庭在 $t-1$ 期拥有资本存量 k_t，名义货币余额 M_t，在 t 期，家庭在劳动力市场和资本市场中向中间产品企业提供劳动和资本，并获得相应的报酬 $r_{k_t}k_t + w_t h_t$，其中 r_{k_t} 表示真实资本回报率，w_t 表示真实工资率。t 期末家庭在商业银行存款账户中的总收入为 $R_t^D D_t$，R_t^D 为当前名义储蓄回报率。这里我们假设家庭拥有中间产品企业股权和商业银行股权，并且获取的股权收益视为垄断竞争厂商[①]和银行超额利润的一次性转移，即 π_t^F 和 π_t^B。代表性家庭在 t 期所获得的收入一部分用来购买最终消费品 c_t，另一部分用于投资 i 以及以货币形式持有部分收入 M_t。因此代表性家庭预算约束为：

$$c_t + i_t + \frac{M_t}{P_t} - \frac{M_{t-1}}{P_t} \leq r_{k_t}k_t + w_t h_t + \frac{(R_t^D - 1)\, D_t}{P_t} + \frac{\pi_t^F + \pi_t^B}{P_t} \qquad (6-2)$$

式（6-2）的经济学含义为：代表性家庭的预算约束满足量入为出的原则，家庭收入来源为在资本市场和劳动力市场中获得的资本收益和劳动报酬，储蓄存款利息收益以及从商业银行和中间产品企业获得的股权收益；而家庭的支出用来消费、投资以及持有的货币。

资本积累方程为：

$$k_{t+1} = i_t + (1-\delta) k_t - \Psi(k_{t+1}, k_t) \qquad (6-3)$$

式（6-3）中，δ 为资本折旧率；借鉴 Atta - Mensah 和 Dib（2008）[②] 以及许伟、陈斌开（2009），资本调整成本方程形式为：$\Psi(k_{t+1}, k_t) = \frac{\kappa}{2}\left(\frac{k_{t+1}}{k_t} - 1\right)^2 k_t$，该设定满足凸性以及稳态时资本调整成本为零的条件。

综合上述分析，代表性家庭通过选择 $\{c_t, h_t, M_t, D_t, k_{t+1}\}$，在家庭预算约束式（6-2）、资本积累方程式（6-3）以及 $M_t = M_{ct} + D_t$[③]下，实现家庭跨期效用式（6-1）最大化，一阶条件如下

---

① 由于模型设置时考虑中间产品企业为垄断竞争型，因而具有超额利润，而最终产品企业为完全竞争型，利润为零。

② Atta - Mensah, Joseph, and Ali Dib, "Bank Lending, Credit Shocks, and the Transmission of Canadian Monetary Policy", *International Review of Economics & Finance*, Vol. 17, No. 1, 2008, pp. 159 - 176.

③ 表示经济系统中货币平衡，即经济系统中流通的货币来源于持有的现金和银行存款两部分。

所示：

$$\frac{c_t^{-\frac{1}{\gamma}}}{c_t^{\frac{\gamma-1}{\gamma}} + b_t^{\frac{1}{\gamma}}\left(\frac{M_{ct}}{P_t}\right)^{\frac{\gamma-1}{\gamma}}} = \lambda_t \tag{6-4}$$

$$\frac{\eta}{1-h_t} = \lambda_t w_t \tag{6-5}$$

$$\frac{c_t^{-\frac{1}{\gamma}}}{c_t^{\frac{\gamma-1}{\gamma}} + b_t^{\frac{1}{\gamma}}\left(\frac{M_{ct}}{P_t}\right)^{\frac{\gamma-1}{\gamma}}} = \lambda_t - \beta E_t\left(\frac{P_t \lambda_{t+1}}{P_{t+1}}\right) \tag{6-6}$$

$$\frac{c_t^{-\frac{1}{\gamma}}}{c_t^{\frac{\gamma-1}{\gamma}} + b_t^{\frac{1}{\gamma}}\left(\frac{M_{ct}}{P_t}\right)^{\frac{\gamma-1}{\gamma}}} = \lambda_t (R_{P_{-1}} - 1) \tag{6-7}$$

$$\beta E_t\left\{\frac{\lambda_{t+1}}{\lambda_t}\left[r_{k_{t+1}} + (1-\delta) + \frac{\kappa}{2}\left(\frac{k_{t+2}}{k_{t+1}} - 1\right)\left(\frac{k_{t+2}}{k_{t+1}} + 1\right)\right]\right\} = 1 + \kappa\left(\frac{k_{t+2}}{k_{t+1}} - 1\right) \tag{6-8}$$

其中，λ_t为拉格朗日乘子，表示财富的影子价格。式（6-4）与式（6-5）表明消费与劳动的边际替代率等于实际工资率；式（6-6）表明实际货币余额的边际效用等于当期消费的边际效用与经过通货膨胀调整后的未来预期消费边际效用之差；式（6-7）表明单位储蓄的边际成本为$R_{t-1}^D - 1$；式（6-8）为家庭跨期财富最优配置条件。

（二）企业

同样，我们也对第二章第二节式（2-3）和式（2-4）描述企业部门经济决策的方程进行扩展，在扩展模型中企业包含两种类型，即中间产品企业和最终产品企业，其中只有中间产品企业在信贷市场中向银行借入资金。

1. 最终产品生产企业

基于 Blanchard 等（1987）[1] 标准 的 垄断 竞争 模型 和 Calvo

---

① Blanchard, Olivier Jean, and Nobuhiro Kiyotaki, "Monopolistic Competition and the Effects of Aggregate Demand", *The American Economic Review*, 1987, pp. 647-666.

（1983）① 交错定价模型假设中间产品企业存在于 ［0，1］ 的连续统上，每个中间产品企业生产一种与其他企业完全不同的中间产品，因而中间产品企业为垄断竞争型。在 t 期，第 j 个中间产品企业生产的中间产品 y_{jt} 被最终产品企业购买，并被投入最终产品的生产过程中。最终产品企业生产函数为 CES 形式：

$$y_t = \left(\int_0^1 y_{jt}^{\frac{\theta-1}{\theta}} dj \right)^{\frac{\theta}{\theta-1}} \tag{6-9}$$

其中，$\theta > 1$ 为中间产品的替代弹性，最终产品 y_t 可以供家庭消费、投资。最终产品企业为完全竞争型，给定中间产品价格 P_{jt} 和最终产品价格 P_t，最终产品企业为完全竞争型，利润函数为：

$$profit_t = P_t y_t - \int_0^1 P_{jt} y_{jt} dj \tag{6-10}$$

通过选择最优中间产品投入，最终产品利润最大化条件为：

$$\max_{\{y_{jt}\}} \left[P_t \left(\int_0^1 y_{jt}^{\frac{\theta-1}{\theta}} dj \right)^{\frac{\theta}{\theta-1}} - \int_0^1 P_{jt} y_{jt} dj \right] \tag{6-11}$$

由此可以得到一阶条件：

$$P_t \left(\int_0^1 y_{jt}^{\frac{\theta-1}{\theta}} dj \right)^{\frac{1}{\theta-1}} y_{jt}^{-\frac{1}{\theta}} = P_{jt} \tag{6-12}$$

进而可以得到最终产品企业对中间产品 j 的需求函数：

$$y_{jt} = y_t \left(\frac{P_t}{P_{jt}} \right)^{\theta} \tag{6-13}$$

将中间产品企业产出 y_{jt} 代入式（6-9）中，可得：

$$y_t = \left\{ \left[\int_0^1 \left(y_t \left(\frac{P_t}{P_{jt}} \right)^{\theta} \right) dj \right]^{\frac{\theta}{\theta-1}} \right\} = y_t \left[\int_0^1 \left(\frac{P_t}{P_{jt}} \right)^{\theta-1} dj \right]^{\frac{\theta}{\theta-1}} \tag{6-14}$$

则完全竞争的最终产品企业零利润时，最终产品的定价规则为：

$$P_t = \left(\int_0^1 P_{jt}^{1-\theta} dj \right)^{\frac{1}{\theta-1}} \tag{6-15}$$

2. 中间产品生产企业

中间产品生产企业通过在劳动力市场中雇佣劳动，在直接融资市

① Calvo, Guillermo A, "Staggered Prices in a Utility – maximizing Framework", *Journal of monetary Economics*, Vol. 12, No. 3, 1983, pp. 383 –398.

场中向家庭租赁资本，在信贷市场中向商业银行借入资金来生产中间产品，生产函数为：

$$y_{jt} = \chi_{jt}^{\psi} \left[k_{jt}^{\alpha} (A_t h_{jt})^{1-\alpha} \right]^{1-\psi} \tag{6-16}$$

其中，$\psi \in (0, 1)$ 为信贷资金占中间产品投入的份额；$\alpha \in (0, 1)$ 为实物资本在非信贷中间产品投入的份额；χ_{jt} 为第 j 个中间产品企业向商业银行借入的信贷资金；A_t、k_{jt} 以及 h_{jt} 为中间产品企业的技术进步、资本投入以及劳动投入。采用式（6-16）生产函数设定方式的理由是：信贷资金与实物资本虽然都构成中间产品企业生产投入的一部分，但是两者并不完全替代，特别是对于一些中小企业，很难获得直接融资，银行信贷是其获取生产所需资金的唯一渠道，这也是银行信贷存在的基础以及影响经济增长的条件（Bernanke and Blinder，1988）[1]。同时，这样设定也保证商业银行信贷规模为顺周期性（pro-cyclical），与现实经济中所观察到的经验事实相符（Basu，1997[2]；Huang et al.，2004[3]）。

因此，借鉴 Rotemberg（1982）[4] 以及 Atta - Mensah 和 Dib（2008）[5]，本书在中间产品企业定价中引入名义价格刚性，设定价格调整成本形式为：

$$PAC_{jt} = \frac{\varphi}{2} \left(\frac{P_{jt}}{\pi P_{jt-1}} - 1 \right)^2 y_t \tag{6-17}$$

中间产品企业通过选择 $\{k_{jt}, h_{jt}, \chi_{jt}, P_{jt}\}$，在式（6-15）、式（6-16）以及式（6-17）约束下实现利润最大化：

---

① Bernanke, Ben S. and Alan S. Blinder, "Credit, Money, and Aggregate Demand", *American Economic Review*, Vol. 78, No. 2, 1988, pp. 435 - 439.

② Basu, Sudipta, "The Conservatism Principle and the Asymmetric Timeliness of Earnings", *Journal of Accounting and Economics*, Vol. 24, No. 1, 1997, pp. 3 - 37.

③ Huang, Kevin XD, Zheng Liu, and Louis Phaneuf, "Why does the Cyclical Behavior of Real Wages Change over Time?" *American Economic Review*, 2004, pp. 836 - 856.

④ Rotemberg, Julio J, "Monopolistic Price Adjustment and Aggregate Output", *The Review of Economic Studies*, Vol. 49, No. 4, 1982, pp. 517 - 531.

⑤ Atta - Mensah, Joseph and Ali Dib, "Bank Lending, Credit Shocks, and the Transmission of Canadian Monetary Policy", *International Review of Economics & Finance*, Vol. 17, No. 1, 2008, pp. 159 - 176.

$$\max_{\{k_{jt}, h_{jt}, \chi_{jt}, P_{jt}\}} E_0 \Big[\sum_{t=0}^{\infty} \beta^t \lambda_t \frac{\pi_{jt}^F}{P_t} \Big] \tag{6-18}$$

其中 β 为贴现率，中间产品企业垄断利润为：

$$\pi_{jt}^F = P_t y_t - P_t (r_{k_t} k_{jt} + w_t h_{jt} + R_t^l \chi_{jt} + PAC_{jt}) \tag{6-19}$$

由此可以得到企业垄断利润最大化一阶条件：

$$(1 - \psi)\alpha \frac{y_{jt}}{k_{jt}} \frac{\xi_t}{\lambda_t} = r_{k_t} \tag{6-20}$$

$$(1 - \psi)(1 - \alpha) \frac{y_{jt}}{h_{jt}} \frac{\xi_t}{\lambda_t} = w_t \tag{6-21}$$

$$\psi \frac{y_{jt}}{\chi_{jt}} \frac{\xi_t}{\lambda_t} = R_t^l \tag{6-22}$$

$$\frac{\xi_t}{\lambda_t} - \frac{\theta - 1}{\theta} \frac{P_{jt}}{P_t} - \frac{\varphi}{\theta} \Big(\frac{P_{jt}}{\pi P_{jt-1}} - 1 \Big) \frac{P_{jt}}{\pi P_{jt-1}} \frac{y_t}{y_{jt}} = \frac{\beta\varphi}{\theta} E_t \left[\frac{\Big(\frac{P_{jt+1}}{\pi P_{jt}} - 1 \Big) \frac{P_{jt+1}}{\pi P_{jt}} \frac{y_{t+1}}{y_{jt}} \lambda_{t+1}}{\lambda_t} \right]$$

$$\tag{6-23}$$

其中，ξ_t 为拉格朗日乘子；上述一阶条件经济学含义为：式（6-20）表示资本的边际产出等于资本品要素的报酬率；式（6-21）表明劳动的边际产出等于实际工资率；式（6-22）表明中间产品企业借入信贷资金而增加的产出等于企业所支付的贷款利息率；式（6-23）表明垄断竞争的中间产品企业价格调整的动态最优化条件。

（三）银行以及政府税收政策

1. 政府

政府的作用是制定相应的税收政策，政府向商业银行贷款利息征收流转税，向银行利润征收所得税。[①]

2. 商业银行

在第二章第二节探讨商业银行税收机理的模型中，式（2-5）、式（2-6）以及式（2-7）描述银行部门经济行为，在此基础上我们进行了扩展，加入银行信贷调整成本。假设代表性商业银行的主要业务为存贷业务，因此在贷款利率 R_t^l 和存款利率 R_t^D 给定的条件下，

---

① 由于本章主要探讨商业银行税收经济增长效应，因此其他税收政策可以视为外生给定，我们在此不做过多讨论。

商业银行吸收家庭的储蓄 D_t，接受来自中央银行的货币资金注入 Z_t，并将储蓄存款中的一部分作为准备金上缴中央银行 R_t，剩余部分为商业银行向中间产品企业提供的贷款 L_t。

借鉴许伟、陈斌开（2009）[1]，商业银行每一期的信贷调整幅度为 $(l_t - l_{t-1})$，同时在 t 期商业银行信贷投放时会产生额外的信贷调整成本 LAC_t，银行信贷调整成本的经济学含义为：商业银行会对申请贷款企业进行信用评价和对每期增加的银行信贷进行风险评估，这样就会产生额外的成本。调整成本的形式为：

$$LAC_t = \frac{a}{2} \left(\frac{l_t}{l_{t-1}} \right)^2 l_{t-1} \tag{6-24}$$

其中，$l_t = \dfrac{L_t}{P_t}$ 表示 t 期的真实信贷水平。商业银行税前利润为：

$$\pi_t^{B\prime} = R_t^l L_t - R_t^D D_t - \frac{a}{2} \left(\frac{l_t}{l_{t-1}} \right)^2 l_{t-1} P_t + Z_t - (l_t - l_{t-1}) P_t \tag{6-25}$$

此外，政府向商业银行贷款利息收入征收流转税，向银行利润征收所得税，其中，流转税税率为 τ_B，所得税税率为 τ_C。商业银行应缴纳的企业所得税为 $T_t^c = \tau_C \left[(1 - \tau_B) R_t^l L_t - R_t^D D_t \right]$，流转税为 $T_t^b = \tau_B R_t^l L_t$，将其代入式（6-25），我们可以得到商业银行税后净利润为：

$$\pi_t^B = (1 - \tau_C)(1 - \tau_B) R_t^l L_t - (1 - \tau_C) R_t^D D_t - \frac{a}{2} \left(\frac{l_t}{l_{t-1}} \right)^2 l_{t-1} P_t$$
$$+ Z_t - (l_t - l_{t-1}) P_t \tag{6-26}$$

商业银行资产负债约束满足：

$$L_t + R_t = D_t + Z_t \tag{6-27}$$

其中，e_t 为商业银行准备金率，$R_t = e_t D_t$。因此，代表性商业银行最优化问题描述为，在式（6-27）约束条件下商业银行通过选择 $\{L_t, D_t\}$ 实现税后利润贴现值最大化，即：

$$E_0 \max_{\{L_t, D_t\}} \sum_{t=0}^{\infty} \beta^t \lambda_t \frac{\pi_t^B}{P_t} \tag{6-28}$$

一阶条件为：

---

[1]　许伟、陈斌开：《银行信贷与中国经济波动》，《经济学季刊》2009 年第 8 期。

$$(1-\tau_C)(1-\tau_B)R_t^l - \frac{(1-\tau_C)R_t^D}{1-e_t} - a\left(\frac{l_t}{l_{t-1}}-1\right) - 1 =$$

$$\beta E_t\left\{\frac{\lambda_{t+1}}{\lambda_t}\left[\frac{a}{2}\left(\frac{l_t}{l_{t-1}}-1\right)^2 - a\left(\frac{l_{t+1}}{l_t}-1\right)\frac{l_{t+1}}{l_t}-1\right]\right\} \quad (6-29)$$

（四）模型的稳态

1. 模型的竞争性均衡

在竞争性均衡中，每个中间产品企业是同质的，都会做出相同的最优经济决策，因此，对于 $j \in (0,1)$，存在 $k_{jt}=k_t$，$h_{jt}=h_t$，$\chi_{jt}=\chi_t$，$y_{jt}=y_t$，$P_{jt}=P_t$，$\pi_{jt}^F = , \pi_t^F$，$\pi_{jt}^B=\pi_t^B$，且 $m_t=\frac{M_t}{P_t}$，$m_{ct}=\frac{M_{ct}}{P_t}$，$l_t=\frac{L_t}{P_t}$ 成立。竞争性均衡定义为：一系列资源配置由 $\{c_t,\ h_t,\ m_t,\ m_{ct},\ k_t,\ l_t,\ \chi_t,\ D_t\}$ 给出，一系列价格变量由 $\{R_t^l,\ R_t^D,\ r_{k_t},\ w_t\}$ 给出，且满足以下四个条件：（1）家庭在预算约束下实现跨期效用最大化；（2）最终产品企业与中间产品企业在各自约束条件下实现利润最大化；（3）商业银行在资产负债约束下实现税后利润最大化；（4）所有市场出清。

$$k_t = \int_0^1 k_{jt}dj \quad (6-30)$$

$$h_t = \int_0^1 h_{jt}dj \quad (6-31)$$

$$\chi_t = \int_0^1 \chi_{jt}dj \quad (6-32)$$

$$M_t = M_{t-1} + Z_t \quad (6-33)$$

$$M_t = M_{ct} + D_t \quad (6-34)$$

$$y_t = c_t + \chi_t + i_t \quad (6-35)$$

其中，式（6-30）表示资本市场均衡条件，式（6-31）表示劳动力市场均衡条件，式（6-32）表明信贷市场均衡条件，式（6-33）和式（6-34）表示经济系统中发行的名义货币总量均衡条件，式（6-35）表示整个经济系统资源总量平衡。

2. 商业银行税收影响经济增长的传导机制分析

这里我们将第二章商业银行课税机理模型化、数量化，通过相应均衡状态的方程描述市场主体最优化的经济行为，不仅能够更清晰考察银行业税收、银行信贷与经济增长之间的传导机制，而且还能从中抽象分析出商业银行税收经济增长效应的核心方程［参见下文式（6-41）与式（6-42）］。

中间产品企业作为信贷市场中资金需求方，根据式（6-20）、式（6-21）以及式（6-22）可得：

$$k_{jt} = \frac{(1-\psi)\alpha}{\psi} \frac{R_t^l}{r_{k_t}} \chi_{jt} \qquad (6-36)$$

$$h_{jt} = \frac{(1-\psi)(1-\alpha)}{\psi} \frac{R_t^l}{w_t} \chi_{jt} \qquad (6-37)$$

式（6-36）与式（6-37）分别表示信贷资金与资本、劳动之间的相关关系，从中可以发现商业银行信贷可以促进企业资本形成和劳动需求的增加。将这两个关系式代入中间产品企业生产函数式（6-16）中，我们可以进一步得到信贷资金与中间产品企业产出之间的关系，即：

$$y_{jt} = \left[\frac{(1-\psi)\alpha^\alpha(1-\alpha)^{1-\alpha}}{\psi r_{k_t}^\alpha w_t^{1-\alpha}} A_t^{1-\alpha} \right]^{1-\psi} (R_t^l)^{1-\psi} \chi_{jt} \qquad (6-38)$$

在产品市场和信贷市场均衡条件下［式（6-32）］，社会总产出与商业银行信贷总水平之间的关系如下：

$$y_t = \left[\frac{(1-\psi)\alpha^\alpha(1-\alpha)^{1-\alpha}}{\psi r_{k_t}^\alpha w_t^{1-\alpha}} A_t^{1-\alpha} \right]^{1-\psi} (R_t^l)^{1-\psi} L_t \qquad (6-39)$$

此外，在经济系统处于稳态时，商业银行信贷调整幅度和额外的信贷调整成本均为零。因此，根据商业银行税后净利润最大化一阶条件，可得：

$$R_t^l = \frac{R_t^D}{(1-\tau_B)(1-e_t)} \qquad (6-40)$$

将式（6-40）代入式（6-39）整理可得：

$$y_t = \left[\frac{(1-\psi)\alpha^\alpha(1-\alpha)^{1-\alpha}}{\psi r_{k_t}^\alpha w_t^{1-\alpha}} A_t^{1-\alpha} \right]^{1-\psi} (R_t^l)^{1-\psi} L_t \qquad (6-41)$$

式（6-41）也表明商业银行信贷规模不仅与经济社会总产出直接相关，而且是顺周期性质的。定义 $C_t = \frac{L_t}{y_t}$ 为单位产出的信贷成本，式（6-41）进一步整理可得：

$$C_t = \left[\frac{(1-\psi)\,\alpha^\alpha (1-\alpha)^{1-\alpha}}{\psi r_{k_t}^\alpha w_t^{1-\alpha}} A_t^{1-\alpha} \right]^{1-\psi} \left[\frac{R_t^D}{(1-\tau_B)(1-e_t)} \right]^{1-\psi}$$

$$(6-42)$$

式（6-42）表明，单位产出与资本收益率 r_{k_t}、工资率 w_t、准备金率 e_t 以及流转税税率 τ_B 有关。

通过对上述核心方程式（6-41）与式（6-42）的分析，我们可以清晰看出，由于中间产品企业在信贷市场中向商业银行借入资金生产中间产品，那么商业银行税收就会通过信贷渠道影响中间产品企业的产出，进而最终产品企业所生产的最终消费品也会受到影响，导致家庭消费行为发生改变，最终影响经济增长。

进而我们可以得出以下两个方面结论：第一，流转税税率会提高单位产出的信贷成本。根据比较静态分析，$\frac{\partial C_t}{\partial \tau_B} > 0$，表明随着流转税税率的提高，经济系统中的单位产出信贷成本不断增加。换句话说，单位信贷资金的产出水平是下降的。第二，商业银行税收降低企业资本形成和劳动需求，最终降低社会总产出水平。通过上述银行信贷渠道①分析可知，流转税首先降低企业资本形成和劳动需求［见式（6-36）及式（6-37）］，进而降低中间产品企业产出，通过市场机制作用［式（6-39）］，最终降低社会总产出水平。

通过对上述核心方程式（6-41）与式（6-42）的分析，我们可以清楚地看出税收政策作用于商业银行通过信贷投放对企业产生影响，最终降低社会产出的过程。

二 税收、银行信贷与经济增长的实证检验

在前面文献研究和数理模型推导所得出的理论预期的基础上，我们首先测算了全要素生产率，进而构建联立方程组系统，刻画商业银行税收、银行信贷扩张与经济增长之间相互影响的联动机制，最后对

---

① 目前考察银行信贷、经济危机的文献主要有两个范式：一是资产负债表渠道，从信贷需求方解释经济波动，强调企业内外部融资成本差异会加剧经济波动，即金融加速器效应（Bernanke、Gertler、Gilchrist，1999）；二是银行信贷渠道，从信贷供给角度解释经济波动，强调银行调整信贷规模会影响产出和投资水平，本书模型的架构着重考察的是信贷渠道对经济系统的影响。

三者的影响效应进行估测分析。

（一）联立方程模型设定

根据上一节所构建的一般均衡经济模型分析，商业银行税收、信贷规模与经济增长之间并不是相互独立的，而是存在广泛的关联关系，构成一个统一的系统，因而单纯构建单一计量方程并不能反映这种变量之间内生性问题，另外内生性也通常导致计量经济模型结果有偏且不一致。而联立方程系统不仅能从整体视角考察不同变量之间的相互作用与影响，能够完整有效地把经济系统中各变量之间的相互反馈关系表达出来；而且联立方程模型更加契合前文所构建的一般均衡模型分析框架，更适合用来研究商业银行税收、信贷扩张与经济增长这类宏观性、系统性问题，估计的结果也更为精确，同时也可以进一步测算经济系统中众多宏观经济变量对经济增长的贡献程度。

鉴于以上考虑，我们选择构建联立方程系统（simultaneous equa-tion system）模型①，以宏观经济学和金融发展理论为基础，考察商业银行税收通过信贷系统对宏观经济变量产生影响，并最终影响经济增长的机制。本节所构建的联立方程系统由三个相互关联的方程组成，分别为经济增长方程、银行信贷扩张方程以及商业银行税收方程。具体分析如下：

根据第六章第二节第一部分中式（6－39），当经济处于稳态时，商业银行信贷规模、技术进步以及资本报酬率之间相互影响，同时根据有信贷需求的中间产品企业生产函数式（6－16），企业产出不仅会受传统生产要素、资本、技术与劳动的影响，而且还受到银行信贷规模的制约，因而我们在传统的经济增长方程中加入银行信贷规模因素，体现银行信贷、金融发展对经济增长的作用。

根据前文一般均衡模型中的式（6－41）信贷规模与企业总产出关系，式（6－36）信贷规模与资本积累关系以及式（6－40）商业银行税收与贷款利息率关系，构建商业银行信贷扩张方程。

最后考虑到商业银行税收总量会受到经济发展水平、信贷规模以

---

① 联立方程系统以经济理论为基础，以揭示经济系统中各部分、各因素之间的数量关系和模型特征为目标。

及政府支出因素的影响，构建商业银行税收方程。

基于上述基本思路，我们所构建的反映商业银行税收、银行信贷扩张与经济增长关联关系的联立方程模型基本形式为：

$$\begin{cases} GDP_t = \alpha_0 + \alpha_1 Credit_t + \alpha_2 Capital_t + \alpha_3 TFP_t + \varepsilon_{1t} \\ Credit_t = \beta_0 + \beta_1 GDP_t + \beta_2 Taxation_t + \beta_3 Capital_t + \varepsilon_{2t} \\ Taxation_t = \gamma_0 + \gamma_1 GDP_t + \gamma_2 Credit_t + \gamma_3 Expenditure_t + \gamma_4 Labor_t + \varepsilon_{3t} \end{cases}$$

$$(6-43)$$

式（6-43）联立方程基本模型由三个方程构成，其中 GDP_t 表示第 t 期剔除价格因素后的国内生产总值，反映经济发展水平；$Capital_t$ 为全社会固定资本存量指标，反映资本积累水平；TFP_t 为全要素生产率，反映技术进步水平；$Taxation_t$ 为商业银行税收总量指标，反映政府对银行系统干预；$Expenditure_t$ 表示政府支出规模，政府支出也会对税收产生影响；$Labor_t$ 表示劳动总量，反映生产环节中的要素投入水平。ε_{1t}、ε_{2t}、ε_{3t} 分别为三个方程中的随机扰动项。方程1中我们重点关注的解释变量为 $Capital_t$ 和 TFP_t，$Credit_t$ 为控制变量；同理方程2中 GDP_t 和 $Taxation_t$ 为重点关注变量，$Capital_t$ 为控制变量；方程3中 GDP_t 和 $Credit_t$ 为重点关注变量，$Expenditure_t$ 和 $Labor_t$ 为控制变量。

（二）变量界定

本部分重点对指标进行简要说明，并对变量统计性质进行描述。GDP_t 变量是将历年国内生产总值通过国内生产总值指数（2000年=100）换算成按照2000年基期价格衡量的实际 GDP，然后取自然对数，便于经济分析。$Credit_t$ 变量选取历年金融机构（主要为银行）人民币信贷资金平衡表中贷款余额指标，经过价格指数平减，并取对数。自2006年起我国才详细统计银行业税收指标，因而考虑到数据的完整性，我们选取金融业税收总量作为商业银行税收 $Taxation_t$ 的替代变量①，并取对数。$Labor_t$ 变量国外文献通常采用工作小时数，而我国没有相应的统计指标，故使用历年就业人员合计指标作为替代变量，并取对数。由于我国统计体系已经在1993年后不再公布资本积

————

① 商业银行税收占金融业税收总量的一半以上且商业银行税收波动与金融行业税收波动高度相关，两者具有很强的替代性。

累指标，因此当前资本积累 $Capital_t$ 数据必须通过间接计算间接获得，具体计算过程参见第六章第二节"（三）全要素生产率：基于索洛余量的测算"部分①，同理，r 变量依赖于资本积累变量，也需要通过相应计算而间接获得。$Expenditure_t$ 变量采用《中国统计年鉴》历年国家财政收支总额数据，并取对数。

（三）全要素生产率：基于索洛余量的测算

新古典经济理论表明，经济增长的源泉主要有两个方面：一是包括资本、劳动力在内的生产要素的投入；二是全要素增长率（Solow，1957②）。因而，商业银行（金融发展）影响经济增长的渠道也有两个方面：一是通过信贷渠道，影响生产要素（主要是资本）的积累来实现；二是通过影响 TFP 的增长来实现（Romer，1990③；Grossman 和 Helpman，1991④）。因此，商业银行税收也会通过上述传导机制对宏观经济产生影响，商业银行税收会通过改变税后贷款利率和储蓄利率，使得信贷资金在不同资本使用者之间重新配置，从而对资本积累和稳态经济产生影响，同时商业银行税收通过信贷系统也会影响技术进步，从而对 TFP 增长和稳态经济产生影响。我们发现，资本积累是连接商业银行税收与社会总产出水平的关键环节，鉴于此，一个基础性的工作就是估测资本积累水平和 TFP 增长，反映我国真实资本积累水平和技术进步，最终正确考察商业银行税收对经济增长的影响。

1. 资本存量的测算

测算资本存量的永续盘存法最初由 Goldsmith（1951）⑤ 提出，已经被经合组织有关国家广泛利用，其基本原理是通过资本积累方程来

---

① 也有部分文献采用固定资产投资完成额作为替代指标，然而资本积累是存量指标，而投资属于流量指标，两者之间虽然存在相关性，但概念本质上不同，相互替代存在较大误差。

② Solow, R. M., "Technical Change and Aggregate Production Function", *Review of Economic and Statistic*, Vol. 39, No. 3, 1957, pp. 312 – 320.

③ Romer, Paul M., "Endogenous Technological Change", *Journal of Political Economy*, Vol. 98, No. 5, 1990, pp. S71 – S102.

④ Grossman, Gene M., and Elhanan Helpman, "Trade, Knowledge Spillovers, and Growth", *European Economic Review*, Vol. 35, No. 2, 1991, pp. 517 – 526.

⑤ Goldsmith, R. W. A., *Perpetual Inventory of National Wealth*, *Studies in Income and Wealth*, New York: NBER, 1951.

测算，即：

$$K_t = \frac{I_t}{P_t} + (1-\delta)K_{t-1} \qquad (6-44)$$

其中，P_t 表示第 t 期的价格水平，K_t 和 $\frac{I_t}{P_t}$ 表示第 t 期的真实资本存量和投资额，δ 为资本折旧率。从式（6-44）可知，当期资本积累水平取决于扣除折旧后的前期资本积累与按照不变价格计算获得的投资量，因而估测历年资本积累水平涉及基期资本积累量 K_0 和价格指数 P_t 的确定，以及历年投资总量的选取。现有研究全要素生产率测算的文献大多数基于永续盘存法，但是数据选择和处理细节有所差别（王小鲁、樊纲，2000[①]；易纲、樊纲等，2003[②]；康继军、张宗益等，2007[③]）。

我们借鉴赵志耘、杨朝峰（2011）[④] 对资本积累的估测方法与思路，测算和补充 2009—2013 年资本积累相关数据。笔者首先依据《中国国内生产总值核算历史资料》1987 年至 2004 年资本形成总额历年数据，折算成以 2000 年价格为基期表示的数据，具体测算方法是根据《中国统计年鉴》公布的 GDP 指数（$Index_{GDP_t}$）与固定资本形成总额平减指数（$Deflator_{K_t}$），获得两者的相关系数，即：

$$Deflator_{K_t} = 0.9776 Index_{GDP_t} \qquad (6-45)$$

式（6-45）中调整后的可决系数高达 0.996，表明存在高度相关性。至于投资流量以及投资价格指数序列可以从《中国统计年鉴》全社会固定资产投资和固定资产投资价格指数历年数据获得，进而折算成按基期价格的数据；折旧率，根据相关文献一般选取 5%（赵志耘、杨朝峰，2009）。至此，可以获得按照基期价格测算的固定资本形成总额历年数据。

---

① 王小鲁、樊纲：《中国经济增长的可持续性——跨世纪的回顾与展望》，经济科学出版社 2000 年版。

② 易纲、樊纲、李岩：《关于中国经济增长与全要素生产率的理论思考》，《经济研究》2003 年第 8 期。

③ 康继军、张宗益、傅蕴英：《中国经济转型与增长》，《管理世界》2007 年第 1 期。

④ 赵志耘、杨朝峰：《中国全要素生产率的测算与解释》，《财经问题研究》2011 年第 9 期。

2. 全要素生产率的测算

我们根据"索洛残差法"对全要素生产率进行估测，Solow（1957）表明全要素生产率为除劳动和资本对经济增长的贡献外，其他能够促进经济增长的因素贡献综合，反映了技术进步及其他可以提升资源配置效率方式对经济增长的贡献。由规模报酬不变的 Cobb - Douglas 生产函数 $Y_t = A_t K_t^{\alpha} L_t^{1-\alpha}$ 写成集约形式并取对数可得：

$$\ln\left(\frac{Y_t}{L_t}\right) = \ln(A_t) + \alpha \ln\left(\frac{K_t}{L_t}\right) \tag{6-46}$$

其中，Y_t 表示 t 期的社会总产出，K_t 表示 t 期的资本积累，L_t 表示 t 期的劳动投入，α 和 $1-\alpha$ 为平均资本产出份额和劳动产出份额。在确定了资本存量数据序列后，国内生产总值、价格指数以及就业人数也可以从统计年鉴相应指标获得，我们通过对式（6-46）进行回归，可以得到相应的资本产出份额。

$$\ln\left(\frac{Y_t}{L_t}\right) = 1.896 + 0.671\ln\left(\frac{K_t}{L_t}\right) \tag{6-47}$$

$$(4.67)^{***} \quad (14.78)^{***}①$$

式（6-47）中调整后的可决系数为 0.9477，表明模型显著性水平较高，资本产出份额为 0.671，劳动产出份额为 0.339。该实证结果与赵志耘、杨朝峰（2011）资本份额 0.711 差异较小，模型估计结果比较稳健。

将式（6-46）两边取对数可得：

$$\ln Y_t = \ln A_t + \alpha \ln K_t + (1-\alpha)\ln L_t \tag{6-48}$$

进而，（6-48）式两边取全微分可得：

$$\frac{\Delta Y_t}{Y_t} = \frac{\Delta A_t}{A_t} + \alpha\frac{\Delta K_t}{K_t} + (1-\alpha)\frac{\Delta L_t}{L_t} \tag{6-49}$$

分别根据实际产出、资本积累以及就业人数计算各自增长率，将上述资本产出份额与劳动产出份额代入式（6-49）中，可以获得 2000 年至 2012 年全要素增长率，如图 6-1 所示。

---

① ＊＊＊表示变量在1%的显著性水平上显著。

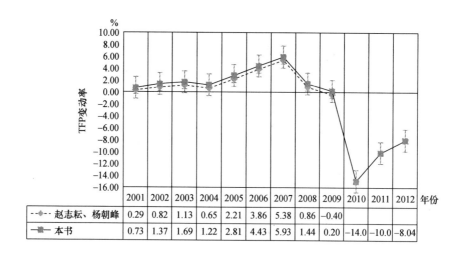

图 6-1 表明为本书所测算的全要素生产率变化趋势与赵志耘、
杨朝峰（2011）所测算的结果大体一致，在 2001 年至 2009 年间，两
条全要素生产率的变动均在误差范围之内。[①] 数据处理方式不同导致
结果存在一定的偏差。从图中我们可以看出，以金融危机为分界点，
全要素生产率增长率在 2009 年之前为正，且波动幅度小，在 2009 年
之后为负，波动幅度较大。

（四）实证结果分析及经济学解释

根据式（6-3）构建的联立方程模型，我们所估计的结果如表
6-1 所示。

由表 6-1 可知，方程 1 的可决系数 R 值为 0.9943；方程 2 的
可决系数 R 值为 0.9899；方程 3 的可决系数 R 值为 0.9962，且三
个方程 F 统计量的值均在 1% 的水平上显著，同时联立方程组模型
中绝大多数变量的系数很显著，表明联立方程模型对数据的拟合程
度较高。

[①] 估计存在较小偏差，可能的原因是赵志耘、杨朝峰（2011）选取的资本存量和劳动
力投入数据为年中数，而本书为年末数。

表6-1　　　　　　　　　　　联立方程回归结果

变量	1 经济增长方程		2 信贷扩张方程		3 商业银行税收方程	
	估计参数	T统计量	估计参数	T统计量	估计参数	T统计量
常数项	3.038*** (0.394)	7.71	-8.527*** (1.712)	-4.98	921.187*** (129.643)	7.11
TFP	0.066*** (0.002)	3.1				
Capital	0.066** (0.037)	1.82	-0.085 (0.079)			
Credit	0.661*** (0.030)	22.4			-2.528*** (0.373)	-6.77
GDP			2.046*** (0.264)	7.75	8.689*** (1.605)	5.41
Taxation			-0.16** (0.92)	-1.74		
Expenditure					-1.023 (0.835)	-1.23
Labor					-86.178*** (11.781)	-7.32

注：**、***分别表示变量在5%和1%的水平下显著。

　　从表6-1报告的回归结果我们发现：对于经济增长方程而言，信贷规模的扩大对经济增长有着显著的影响，银行等金融中介机构的发展，为实体经济提供大量的信贷资金，促进经济系统中各部门资本的积累和全要素生产率的提升，最终促进了经济增长。Solow经济增长理论认为产出的增长来源于各生产要素的投入，本书的实证结论也证明，通过银行信贷渠道，资本积累和全要素生产率对产出的影响十分显著，且两者对经济增长的贡献程度大致相同，即资本积累和全要素生产率增加1%时，经济增长相应增加0.066%。表明我国于20世纪90年代初推行的商业银行市场化改革，以及90年代末亚洲金融危机促使政府进一步深化金融体制改革和推进信贷体制改革，如撤并部分央行机构、信贷权限上收。上述改革措施确实使得商业银行信贷投放逐步摆脱政府行政控制,转向追求盈利性的市场化目标,这样信贷资金配置效率得以提升,通过加速资本积累和将资金配置到最有竞争力和创新力的部门中提升技术进步而促进经济增长。

对于信贷扩张方程而言,GDP 对信贷规模扩张的影响十分显著,经济增长通过"需求拉动"以促使企业将更多的要素投入生产过程中,这样,各经济部门对间接融资需求增加,促使信贷规模的扩大。另外,商业银行税收总量与信贷规模显著负相关,银行业税收增加1% 导致信贷规模下降 0.16%,信贷规模对税收的反映较为敏感,这与我们在前文中数理模型得出的比较静态结论较为一致,商业银行税收(主要为流转税)确实会抑制银行信贷增长。

对于商业银行税收方程而言,信贷规模与商业银行税收呈现十分显著的反向相关性,这与上文信贷规模方程中得出的结论是一致的。同时经济增长也会带动商业银行税收规模的增长,两者存在显著的相关性,政府支出与商业银行税收之间的相关性没有通过显著性检验,控制变量中,劳动力的增加会带动商业银行税收总量增加。

综合上述实证结果,我们可以得出如下结论:

一是产出、信贷规模以及商业银行税收存在双向因果关系。在之前有关商业银行税收微观效应的研究中,我们把税收作为影响商业银行经济行为的外生变量,而在宏观效应方面,我们将商业银行税收内生化,研究三者之间的相互关系。实证结论背后的经济学含义为,我国利率尚未市场化,这样金融机构的扩张为实体经济提供大量信贷资金,一方面,满足企业资本积累和技术进步对信贷资金的大量需求,进而促进经济增长;另一方面,商业银行利润的主要来源为存贷利差,利率管制政策为商业银行部门提供了高额的垄断租金,不仅促进商业银行的发展,而且同时带来银行业税收总额的增长;反过来,商业银行税收也会在一定程度上抑制银行信贷规模的扩张。

二是商业银行税收与信贷规模两者之间作用敏感程度不同。从信贷扩张方程和商业银行税收方程中可以看出,商业银行税收变动1%对信贷规模的影响幅度要小于信贷规模变动1%时对商业银行税收的影响幅度。商业银行税收从一个侧面反映政府对银行部门的干预程度，信贷规模也体现企业对资金的需求，是市场化因素，两者敏感性不同也反映了金融体制与财政体制不断调整的过程中，政府力量与市场力量此消彼长的关系，最终形成商业银行市场化改革路径。

（五）商业银行税收、信贷与经济增长的联动机制分析

基于上述结论，接下来我们重点分析商业银行税收、信贷以及经济增长三者之间的传导与反馈机制。

从图 6－2 中我们可以清晰看出商业银行税收通过银行系统对经济增长的调节反馈机制，其中商业银行税收与信贷之间为反向变动关系，其余变量之间为同向变动关系。首先，商业银行税收负担的降低有助于银行信贷规模的扩大，加速企业资本积累和技术进步，推动经济第一轮发展，而经济发展又会促进商业银行税收总量的增长，存在促进机制。然后，经济发展的同时，拉动企业对资本等生产要素需求，进而增加对银行信贷的需求，最终银行信贷扩张。该反馈机制与本章前文所构建的一般均衡模型所得出的传导机制结论是一致的。至此，经济系统中商业银行税收、信贷以及经济增长相互影响、相互促进，共同处于一个闭合的均衡系统中。

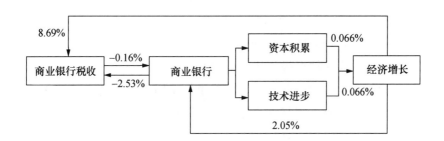

图 6－2　商业银行税收、信贷规模与经济增长联动效应

三　小结

我们这里所构建的新凯恩斯垄断竞争模型从四个经济主体行为方面扩展了第二章商业银行税收机理模型，使之更为接近现实经济情况。在竞争性均衡条件下详细考察了家庭、企业、银行部门和政府的经济行为；然后，基于数理模型得出的理论预期，构建联立方程模型分析商业银行税收、银行信贷与经济增长之间的联动机制，得出的主

要结论如下：

第一，通过数理模型的比较静态分析，我们发现：商业银行流转税通过税负转嫁的作用，提高企业信贷成本，进而从需求角度降低商业银行信贷规模。

第二，商业银行税收降低社会总产出水平背后的传导机制是：税收通过银行信贷渠道抑制企业资本形成和劳动需求，进而降低中间产品企业产出，通过市场机制作用，最终降低社会总产出水平，该结论与我们通过联动机制分析得出的结论是一致的。

第三，通过联立方程组模型实证分析，我们发现：其一，产出、信贷规模以及商业银行税收存在双向因果关系。实证结论背后的经济学含义为，我国利率尚未市场化，这样金融机构的扩张为实体经济提供大量信贷资金，一方面，满足企业资本积累和技术进步对信贷资金的大量需求，进而促进经济增长；另一方面，商业银行利润的主要来源为存贷利差，利率管制政策为商业银行部门提供了高额的垄断租金，不仅促进商业银行的发展，而且同时带来银行业税收总额的增长；反过来，商业银行税收也会在一定程度上抑制银行信贷规模的扩张。其二，商业银行税收与信贷规模两者之间作用敏感程度不同。从信贷扩张方程和商业银行税收方程中可以看出，商业银行税收变动1%对信贷规模的影响幅度要小于信贷规模变动1%时对商业银行税收的影响幅度。商业银行税收从一个侧面反映政府对银行部门的干预程度，信贷规模也体现企业对资金的需求，是市场化因素，两者敏感性不同也反映了金融体制与财政体制不断调整、相互影响的过程。

第三节　商业银行税收、银行信贷与宏观经济波动的实证检验

第六章第二节第二部分的经验研究得出商业银行税收在长期均衡下影响商业银行信贷规模和企业产出，最终会对经济增长产生显著影响的结论。而在短期内，通过信贷渠道，商业银行税收是不是影响宏观经济波动的因素？对经济波动的直接影响与间接影响程度多大，或

者说商业银行税收、信贷波动与经济周期之间的关系如何？较少有国内外学者针对上述问题进行研究，本节继续在第六章第二节第一部分中商业银行税收一般均衡分析框架内，结合改革开放以来我国经济发展实际情况，构建向量自回归（VAR）模型，实证分析商业银行税收、信贷与经济波动的关系。

一　向量自回归模型构建

前文构建的一般均衡模型是以税收经济学、金融发展理论为基础，描述商业银行税收对信贷规模、社会总产出等宏观经济变量的影响，以及三者表现出的联动关系。但由于经济系统本身的复杂性，尤其是不同变量之间存在的内生性问题，同一变量前后期之间存在相关性，使得依据现有经济理论构建的模型往往不能很好拟合宏观经济变量特征，为变量之间的联动关系提供一个严密的说明。为了解决这一问题，20 世纪 80 年代，计量经济学界提出一种不依赖于经济学理论，直接将各经济变量放在一起，作为一个系统来分析各变量关联关系，预测变量的变化趋势的研究方法。Sims（1980）[1] 首次提出基于多变量时间序列（Multivariate Time Series）的向量自回归（Vector Auto Regression，VAR）模型，采用联立方程组形式，考虑时间序列中各变量的统计性质构建模型，最终达到预测相互自洽（Mutually Consistent）的目的。

（一）VAR 模型一般形式说明

向量自回归（VAR）模型将系统中的每一个内生变量作为系统中所有内生变量的滞后值的函数构造模型，从而将单变量自回归模型推广到多元时间序列变量组成的"向量"自回归模型。假设经济系统中有 k 个内生时间序列变量 $\{y_{1t}, y_{2t}, \cdots, y_{kt},\}$，解释变量为这 k 个变量的 p 阶滞后项，构成 k 元的 VAR（p）系统：

$$\begin{Bmatrix} y_{1t} \\ y_{2t} \\ \vdots \\ y_{kt} \end{Bmatrix} = \Lambda_1 \begin{Bmatrix} y_{1t-1} \\ y_{2t-1} \\ \vdots \\ y_{kt-1} \end{Bmatrix} + \Lambda_2 \begin{Bmatrix} y_{1t-2} \\ y_{2t-2} \\ \vdots \\ y_{kt-2} \end{Bmatrix} + \cdots + \Lambda_p \begin{Bmatrix} y_{1t-p} \\ y_{2t-p} \\ \vdots \\ y_{kt-p} \end{Bmatrix} + H \begin{Bmatrix} x_{1t} \\ x_{2t} \\ \vdots \\ x_{dt} \end{Bmatrix} + \begin{Bmatrix} \varepsilon_{1t} \\ \varepsilon_{2t} \\ \vdots \\ \varepsilon_{2t} \end{Bmatrix}$$

$$(6-50)$$

---

[1]　C. A. Sims, *Macroeconomics and Reality*, *Econometrica*, Oxford, 1980, p. 48.

其中，$t = 1$，2，$\cdots$，T，向量（x_{1t}，x_{2t}，$\cdots$，x_{dt}）为外生控制变量。进一步式（6-50）可以写成：

$$y_t = X_1 y_{t-1} + X_2 y_{t-2} + \cdots + X_p y_{t-p} + \mu_t \qquad (6-51)$$

本部分就是利用式（6-51）的 VAR 模型研究商业银行税收、银行信贷与宏观经济波动三者的关系，解释各宏观经济变量对于外生冲击的波动情况。其中 y_t 为 k 维内生变量，如商业银行税收总量、信贷波动以及产出波动等；$\{\Lambda_1, \Lambda_2, \cdots, \Lambda_p\}$ 为待估参数向量矩阵，μ_t 为随机扰动向量。

（二）指标选取与数据预处理

在建立 VAR 模型过程中，我们借鉴闫肃（2013）一文，然而闫肃采用的是税收总额指标，而我们本章的指标选取是商业银行税收，如果采用税收总量替代商业银行税收指标，那么实证分析就会出现较大偏误。后文的 Granger 因果关系检验表明税收总量指标与信贷和金融产业增加值之间无相关性，也间接印证了这一点。因此采用税收总量指标分析不妥，需要从税收总额中分离出商业银行税收收入指标。

需要特别指出的是，本节主要关注于商业银行税收政策变化对宏观经济波动的影响，并不考察其他宏观经济政策变化等特殊因素的影响。

1. 指标的选取

1978 年改革开放标志着中国市场化进程开始，随着市场开始在资源配置方面发挥主导作用，政府也相应通过财政政策及税收政策对宏观经济进行调控。因此，本书选取 1978 年至 2012 年年度数据作为研究样本，数据来源于《中国统计年鉴》、《中国税务年鉴》以及《中国金融年鉴》。原始变量的选取如下所示：

（1）社会总产出指标。不论是经济增长还是经济波动，都是从社会经济活动规模考量，因而本书选取国内生产总值（GDP_t）作为衡量社会总产出的指标。

（2）商业银行税收总量指标。根据《中国统计年鉴》以及《中国税务年鉴》公布的相关数据，我们发现银行税收总额指标在 2006 年才开始统计公布，金融业税收总额指标也是在 2001 年开始公布，样本数据量严重缺失，我们通过商业银行税收与税收总额之间的相关性，间接获得商业银行税收数据，具体测算方法详见数据预处理部分。

（3）商业银行信贷指标。改革开放 30 多年来，以银行信贷为主的间接融资一直是我国社会融资的主要方式，直接融资比例长期偏低[1]，而且商业银行通过促进社会储蓄转化为社会投资，进而提升社会总产出水平。因而本书选取金融机构历年存贷款余额（$Credit_t$）[2]作为衡量商业银行信贷对经济影响的指标。

（4）社会总投资指标。适时有效的投资不仅是拉动经济增长的关键因素，而且稳定的投资增强经济系统的稳定性，从 2013 年消费与投资对经济增长的贡献率来看，投资拉动 GDP 增长 4.2%，高于最终消费支出 0.6%。[3] 由此可见投资是稳定宏观的关键。因此，本书选取全社会固定资产投资额（Inv_t）作为社会总投资指标。

（5）金融产业增加值。金融产业增加值（Add_t）是指金融业基层单位一定时期内从事金融中介服务及其他金融附属活动创造的新价值。由于我国金融业中银行业在社会融资中占据主导地位，因而本书选取金融产业增加值作为衡量商业银行创造的价值对社会总产出的直接贡献（区别于商业银行通过信贷渠道对经济的间接贡献）。

2. 数据的预处理

鉴于商业银行税收总量严重缺失，我们无法直接获得相关年份数据，但是我们发现在 2001 年至 2012 年已有的数据样本中，金融税收与税收总额之间存在显著的相关性，因而通过构造两者之间的相关系数，以推算 1978 年至 2000 年商业银行税收总量数据[4]。具体两者关系如下：

$$FT_t = 0.09045\,Taxation_t \qquad\qquad (6-52)$$
$$(0.0051)$$

---

① 2013 年社会融资总量中，间接融资的比例达到 88%，而直接融资的比例仅为 12%。

② 需要说明的是，1978—1988 金融机构各项贷款（余额）为国家银行各项存/贷款（余额），统计口径包括中国人民银行、政策性银行、国有独资商业银行、其他商业银行、城市商业银行、城市信用社、农村商业银行、农村信用社、信托投资公司、财务公司、租赁公司、邮政储蓄机构、外资金融机构（2002 年起）。

③ 根据国家统计局网站公布相关统计数据整理而得。

④ 与前一节分析商业银行税收对经济增长的影响相一致，本节选取金融税收总额作为商业银行税收总额的替代变量。

其中，$Taxation_t$ 为税收总量，系数在 1% 的水平下显著，R 统计量为 0.9673，表明构造的模型对数据的拟合程度较好，至此我们可以测算出历年商业银行税收总量数据。

本书实证分析所采用的变量包括商业银行税收（FT_t）、银行信贷总额（$Credit_t$）、社会投资总额（Inv_t）、金融产业增加值（Add_t）以及国内生产总值（GDP_t）。为了便于解释实证分析的经济学含义以及弱化样本数据中存在的异方差，我们将上述变量分别取自然对数，即 $\ln FT_t$、$\ln Credit_t$、$\ln GDP_t$，所使用的数据处理软件为STATA 12.0。

（三）VAR 模型的识别

一般而言，经济数据大多都具有时间趋势，属于非平稳时间序列（Non-stationary Time Series），由于共同的时间因素作用，实际不相关的数据往往呈现出高度的相关性。如果时间序列为非平稳时间序列，那么就可能带来如下问题：一是自回归系数的估计值的分布左偏；二是传统的 T 检验失效；三是两个相互独立的单位根变量可能出现伪回归（Spurious Regression）或伪相关。因此，在对时间序列模型进行估计前，应首先考察 $\ln FT_t$、$\ln Credit_t$、$\ln GDP_t$、$\ln Add_t$、$\ln Inv_t$ 变量的时间趋势。

1. 数据平稳性检验

图 6-3 表明各变量序列具有明显的时间趋势，且变量之间的相关程度较高，属于非平稳时间序列。在经济分析中短期周期性变动要素和不规则要素往往与经济长期发展趋势交织在一起，给分析短期经济变化带来困难，因而，为了研究短期周期性变化以及样本数据平稳性的要求，我们需要采用趋势分解的方法，将循环要素与长期发展趋势分离，从而研究经济的周期性波动。本节采用 Hodrick 和 Prescott (1980)[①] 的方法，滤除时间趋势项，提取波动成分，以各变量的周期性序列作为 VAR 模型实证分析数据来源。

---

① R. Hodrick and E. C. Prescott, *Post-war U. S. Business Cycles: An Empirical Investigation*, *Mimeo*, Pittsbursh: Carnegie-Mellon University, 1980.

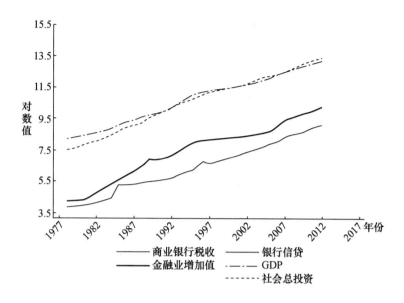

图 6 - 3　指标时间变化趋势

图 6 - 4 为各变量经 HP 滤波后，仅保留的周期性趋势，从中可以发现，各变量的周期性趋势十分明显，商业银行税收与金融产业增加

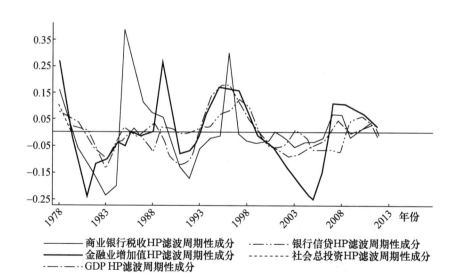

图 6 - 4　变量周期性趋势

值的周期性震荡较大，随着时间推移，除金融产业增加值外，各变量的震荡幅度逐渐减弱，整体看来，各变量的周期性波动具有趋同的趋势。

接下来我们采用基于 GLS 方法的退势 DF 检验（DF – GLS）和 Phillips – Perron（PP）检验对 $\ln FT_t$、$\ln Credit_t$、$\ln GDP_t$、$\ln Add_t$、$\ln Inv_t$ 变量以及经提取周期性变动趋势后的变量 FT_hp_t、$Credit\_hp_t$、GDP_hp_t、Add_hp_t、Inv_hp_t 进行平稳性检验（如表 6 – 2 所示）。

表 6 – 2　　　　　　　　　数据单位根检验

变量	检验方法	输出统计量	临界值1%	临界值5%	临界值10%	结论
$\ln FT$	DF – GLS	– 2.350	– 3.770	– 3.386	– 3.049	不平稳
	PP	0.403	– 3.689	– 2.975	– 2.619	不平稳
FT_hp	DF – GLS	– 3.121*	– 3.770	– 3.386	– 3.049	平稳
	PP	– 3.870***	– 3.689	– 2.975	– 2.619	平稳
$\ln Credit$	DF – GLS	– 1.118	– 3.770	– 3.386	– 3.049	不平稳
	PP	– 0.996	– 3.689	– 2.975	– 2.619	不平稳
$Credit\_hp$	DF – GLS	– 2.754*	– 3.770	– 2.775	– 2.407	平稳
	PP	– 3.114**	– 3.689	– 2.975	– 2.619	平稳
$\ln Inv$	DF – GLS	– 2.798	– 3.770	– 3.313	– 2.974	不平稳
	PP	– 0.089	– 3.702	– 2.980	– 2.622	不平稳
Inv_hp	DF – GLS	– 5.604***	– 3.770	– 3.414	– 3.067	平稳
	PP	– 2.709*	– 3.702	– 2.980	– 2.622	平稳
$\ln Add$	DF – GLS	– 1.424	– 3.770	– 3.386	– 3.049	不平稳
	PP	– 0.843	– 3.689	– 2.975	– 2.619	不平稳
Add_hp	DF – GLS	– 3.116*	– 3.770	– 3.386	– 3.049	平稳
	PP	– 3.376**	– 3.689	– 2.975	– 2.619	平稳
$\ln GDP$	DF – GLS	– 2.604	– 3.770	– 3.386	– 3.049	不平稳
	PP	– 0.241	– 3.689	– 2.975	– 2.619	不平稳
GDP_hp	DF – GLS	– 3.890*	– 3.770	– 3.191	– 2.866	平稳
	PP	– 12.353*	– 17.812	– 12.788	– 10.38	平稳

注：*、**、*** 分别表示变量在10%、5%以及1%的水平下显著。

从表 6 - 2 数据平稳性检验的结果可以看出，$\ln FT_t$、$\ln Credit_t$、$\ln GDP_t$、$\ln Add_t$、$\ln Inv_t$ 变量的 $DF - GLS$ 统计量和 PP 统计量均大于 10% 的显著性水平下的临界值，表明这 5 个序列是非平稳的；进一步经过 HP 滤波提取变量周期性趋势后，FT_hp_t、$Credit\_hp_t$、GDP_hp_t、Add_hp_t、Inv_hp_t 的 $DF - GLS$ 统计量和 PP 统计量均小于 10% 的显著性水平下的临界值，表明变量为平稳时间序列。

2. VAR 模型滞后期的确定

在对 VAR 模型估计之前，首次根据信息准则估计 VAR 模型的滞后阶数，提高 VAR 模型估计的精确性。本书通过似然比检验（LR）、Akaike's Final Prediction Error（FPE）、AIC 准则、HQIC 准则以及 SBIC 准则测算 VAR 模型的滞后期（如表 6 - 3 所示）。

表 6 - 3　　　　　　　　　　　VAR 模型滞后项确定

滞后阶	LL	LR	DF	P	FPE	AIC	HQIC	SBIC
0	173.24	—	25	0.00	9.3E - 12	- 11.216	- 11.141	- 10.983
1	232.513	118.55	25	0.00	9.7E - 13	- 13.501	- 13.053	- 12.100
2	280.7	96.374	25	0.00	2.4E - 13 *	- 15.047	- 14.225 *	- 12.478 *
3	308.323	55.247 *	25	0.00	3.1E - 13	- 15.222 *	- 14.026	- 11.485

其中，LL 为对数似然函数值，LR 为似然比检验，即对最后一阶系数的联合显著性检验，DF 与 P 分别为似然比检验的自由度与 P 值。"*" 表示根据信息准则所选取的 VAR 模型滞后阶数，从表 6 - 3 中我们可以看出，根据 LR 检验需要滞后 3 阶，根据 FPE 准则需滞后 2 阶，根据 AIC 准则需要滞后 3 阶，根据 SBIC 准则和 HQIC 准则需要滞后 2 阶，表明所选取的滞后期并不一致。Lutkephol（2005）认为，HQIC 准则与 SBIC 准则提供了对 VAR 模型真实滞后期的一致估计，但可能过于保守，综合各信息准则所估计结果，作为折中，我们选择 3 阶作为 VAR 模型的滞后阶数，这样可以保证随机扰动项为白噪声过程，参见后文各阶系数的联合性显著性检验。

二 基于 VAR 模型的动态联动效应实证检验

(一) VAR 模型估计

在提取变量周期性趋势，进行数据平稳性检验，以及确定滞后期的基础上构建如 VAR（3）模型：

$$
\begin{bmatrix} FT\_hp_t \\ Credit\_hp_t \\ GDP\_hp_t \\ Add\_hp_t \\ Inv\_hp_t \end{bmatrix} = B_0 + B_{t-1} \begin{bmatrix} FT\_hp_{t-1} \\ Credit\_hp_{t-1} \\ GDP\_hp_{t-1} \\ Add\_hp_{t-1} \\ Inv\_hp_{t-1} \end{bmatrix} + B_{t-2} \begin{bmatrix} FT\_hp_{t-2} \\ Credit\_hp_{t-2} \\ GDP\_hp_{t-2} \\ Add\_hp_{t-2} \\ Inv\_hp_{t-2} \end{bmatrix}
$$

$$
+ B_{t-3} \begin{bmatrix} FT\_hp_{t-3} \\ Credit\_hp_{t-3} \\ GDP\_hp_{t-3} \\ Add\_hp_{t-3} \\ Inv\_hp_{t-3} \end{bmatrix} + \begin{bmatrix} \varepsilon_{1t} \\ \varepsilon_{2t} \\ \varepsilon_{3t} \\ \varepsilon_{4t} \\ \varepsilon_{5t} \end{bmatrix} \qquad (6-53)
$$

其中，B_0、B_{t-1}、B_{t-2}、B_{t-3} 为向量自回归模型参数矩阵，估计结果见表 6-4。

表 6-4　　　　　　　　　　向量自回归模型结果

方程	变量名	估计参数	标准差	T 统计量	P 值
FT_hp	L1. FT_hp	0. 3864 *	0. 203	1. 9	0. 078
	L2. FT_hp	− 0. 0247	0. 1777	− 0. 14	0. 891
	L3. FT_hp	− 0. 1630	0. 1677	− 0. 97	0. 348
	L1. Credit_hp	2. 5182 ***	0. 766	3. 29	0. 005
	L2. Credit_hp	− 2. 9778 ***	0. 7308	− 4. 07	0. 001
	L3. Credit_hp	1. 5247 *	0. 7228	2. 11	0. 053
	L1. GDP_hp	1. 3725	0. 8636	1. 59	0. 134
	L2. GDP_hp	− 3. 2838 ***	1. 0982	− 2. 99	0. 01
	L3. GDP_hp	0. 4415	0. 7569	0. 58	0. 569
	L1. Add_hp	− 0. 6644 *	0. 3167	− 2. 1	0. 055
	L2. Add_hp	0. 523	0. 3267	1. 6	0. 132
	L3. Add_hp	− 0. 3059	0. 3459	− 0. 88	0. 392

续表

方程	变量名	估计参数	标准差	T统计量	P值
FT_ hp	L1. *Inv_ hp*	0.4194	0.3667	1.14	0.272
	L2. *Inv_ hp*	0.1533	0.4424	-0.35	0.734
	L3. *Inv_ hp*	1.1695**	0.4142	2.82	0.014
	常数项	0.0002	0.1686	0.01	0.99
Credit_ hp	L1. *FT_ hp*	-0.0458	0.0649	-0.71	0.492
	L2. *FT_ hp*	-0.0297	0.0568	0.52	0.61
	L3. *FT_ hp*	0.0161	0.0536	0.3	0.769
	L1. *Credit_ hp*	0.121	0.245	0.49	0.629
	L2. *Credit_ hp*	-0.3891	0.2337	-1.66	0.118
	L3. *Credit_ hp*	-0.1496	0.2312	-0.65	0.528
	L1. *GDP_ hp*	0.5307*	0.2762	1.92	0.075
	L2. *GDP_ hp*	0.2703	0.3513	0.77	0.454
	L3. *GDP_ hp*	-0.0715	0.2421	-0.3	0.772
	L1. *Add_ hp*	-0.1079	0.1013	-1.07	0.305
	L2. *Add_ hp*	0.2534**	0.1045	2.43	0.029
	L3. *Add_ hp*	0.165	0.1106	1.49	0.158
	L1. *Inv_ hp*	-0.0868	0.1173	-0.74	0.472
	L2. *Inv_ hp*	0.1086	0.1415	0.77	0.456
	L3. *Inv_ hp*	-0.2769**	0.1325	-2.09	0.055
	常数项	0.0023	0.0054	0.43	0.676
GDP_ hp	L1. *FT_ hp*	-0.0682	0.0785	-0.87	0.4
	L2. *FT_ hp*	0.0175	0.0688	0.25	0.803
	L3. *FT_ hp*	-0.0156	0.0649	-0.24	0.814
	L1. *Credit_ hp*	0.4561*	0.2965	1.84	0.087
	L2. *Credit_ hp*	-0.2601	0.2829	-0.92	0.373
	L3. *Credit_ hp*	0.3152	0.2798	1.13	0.279
	L1. *GDP_ hp*	0.8888**	0.3343	2.66	0.019
	L2. *GDP_ hp*	-0.6883	0.4251	-1.62	0.128
	L3. *GDP_ hp*	0.1841	0.293	0.63	0.54
	L1. *Add_ hp*	0.0168	0.1226	0.14	0.893
	L2. *Add_ hp*	0.1219	0.1265	0.96	0.352
	L3. *Add_ hp*	-0.2141	0.1339	-1.6	0.132

续表

方程	变量名	估计参数	标准差	T统计量	P值
GDP_ hp	L1. Inv_ hp	0. 3108 **	0. 142	2. 19	0. 046
	L2. Inv_ hp	0. 139	0. 1713	− 0. 81	0. 431
	L3. Inv_ hp	− 0. 027	0. 1603	− 0. 17	0. 869
	常数项	− 0. 0008	0. 0065	− 0. 12	0. 903
Add_ hp	L1. FT_ hp	0. 0157	0. 1576	0. 1	0. 922
	L2. FT_ hp	− 0. 0064	0. 138	− 0. 05	0. 963
	L3. FT_ hp	0. 1092	0. 1303	0. 84	0. 416
	L1. Credit_ hp	− 0. 8127	0. 5951	− 1. 37	0. 194
	L2. Credit_ hp	− 0. 156	0. 5678	− 0. 27	0. 788
	L3. Credit_ hp	0. 3678	0. 5618	0. 65	0. 523
	L1. GDP_ hp	0. 3529	0. 6709	0. 53	0. 607
	L2. GDP_ hp	− 0. 3624	0. 8533	− 0. 42	0. 678
	L3. GDP_ hp	− 0. 2023	0. 5881	− 0. 34	0. 736
	L1. Add_ hp	0. 7876 ***	0. 2461	3. 2	0. 006
	L2. Add_ hp	− 0. 0494	0. 2538	− 0. 19	0. 849
	L3. Add_ hp	0. 1974	0. 2687	0. 73	0. 475
	L1. Inv_ hp	0. 5796 **	0. 2849	2. 03	0. 061
	L2. Inv_ hp	− 0. 2299	0. 3438	− 0. 67	0. 515
	L3. Inv_ hp	0. 1275	0. 3218	0. 4	0. 698
	常数项	0. 0019	0. 0131	0. 015	0. 885
Inv_ hp	L1. FT_ hp	− 0. 157	0. 1758	− 0. 89	0. 387
	L2. FT_ hp	0. 1488	0. 1539	0. 97	0. 350
	L3. FT_ hp	− 0. 1332	0. 1453	− 0. 92	0. 375
	L1. Credit_ hp	0. 3843	0. 6637	0. 58	0. 572
	L2. Credit_ hp	− 0. 1843	0. 6332	− 0. 29	0. 775
	L3. Credit_ hp	0. 0267	0. 6263	0. 04	0. 967
	L1. GDP_ hp	0. 3947	0. 7483	0. 53	0. 606
	L2. GDP_ hp	0. 0726	0. 9516	0. 08	0. 94
	L3. GDP_ hp	− 0. 0189	0. 6559	− 0. 03	0. 977
	L1. Add_ hp	− 0. 0757	0. 2744	− 0. 28	0. 787
	L2. Add_ hp	0. 2038	0. 2831	0. 72	0. 483

续表

方程	变量名	估计参数	标准差	T 统计量	P 值
	L3. Add_hp	-0.1981	0.2997	-0.66	0.519
	L1. Inv_hp	1.0463 ***	0.3177	3.29	0.005
Inv_hp	L2. Inv_hp	-0.6944 *	0.3834	-1.81	0.092
	L3. Inv_hp	-0.1828	0.3589	-0.51	0.618
	常数项	0.0012	0.0146	0.08	0.834

注：* 、** 、*** 分别表示变量在 10% 、5% 、1% 的水平下显著。

表 6 - 4 为 VAR 模型的回归结果，其中 L1、L2、L3 分别表示对应变量的滞后项，五个方程的可决系数分别为：0.7758、0.8851、0.9098、0.8395、0.8358；F 统计量所对应的 P 值分别为 0.0172、0.0003、0.0001、0.0025、0.0029。整体上看，所构建的向量自回归模型对数据的拟合程度较好，对数据具有较强的解释力度。从模型中我们可以发现商业银行税收及其滞后项与信贷规模、金融产业增加值、全社会固定资产投资、GDP 的滞后项相关。虽然模型滞后仅 3 阶，但此 VAR 模型估计参数却高达 80 个，以至于无法精确解释各参数的经济学含义，因而在相关的时间序列实证研究文献中，甚至不报告 VAR 模型的估计参数，通过格兰杰因果检验、脉冲响应函数以及预测方差分解来考察相关变量之间的联动机制。[①]

1. 系数的联合显著性检验

从表 6 - 5 中我们可以看出，滞后一阶与滞后两阶系数均在 1% 的水平下显著，而滞后三阶的系数不显著，但作为三个方程整体而言，各变量及其滞后项均高度显著。[②]

---

① 陈强：《高级计量经济学及 STATA 应用》，高等教育出版社 2014 年第 2 版。
② 本书也对单一方程的系数做了显著性检验，结果表明各阶变量系数均高度显著，考虑到本书篇幅限制，并不一一赘述。

表 6 - 5   各阶系数的联合显著性检验

滞后期	F 统计量	自由度	调整自由度	P 值
1	6. 6398 ***	25	14	0. 0003
2	3. 7490 ***	25	14	0. 0064
3	1. 4972	25	14	0. 2174

注：*** 表示变量在 1% 水平下显著。

2. VAR 系统稳定性检验

通过对残差项和特征值是否位于单位圆内考察所估计的 VAR 系统是否稳定。

表 6 - 6   残差 LM 检验

滞后期	χ^2 统计量	自由度	P 值
1	31. 9438	25	0. 15965
2	33. 9989	25	0. 10793

LM 检验的原假设为 "残差无自相关"，表 6 - 6 中滞后期的 P 值大于 0. 1，在 10% 的显著性水平下接受原假设，即表明随机扰动项为白噪声（Residual Whiteness）过程。

进一步，图 6 - 5 显示，所有特征值均在单位圆内，因而本书建立的 VAR（3）系统是稳健的，随后进行的 Granger 因果关系检验、脉冲响应以及方差分解都必须建立在稳定的 VAR（3）系统上。

Granger（1969）提出考察变量之间动态相关的一种方法，如果变量 x 的滞后项可以帮助预测变量 y 的将来值，而变量 y 的滞后项却不能预测变量 x 的将来值，那么变量 x 为变量 y 的格兰杰原因。在实证分析中，通常将变量（x, y）纳入一个 VAR 系统中，考察两者之间关系。需要指出的是，格兰杰因果关系分析并非真正意义上的因果联系，表明一种变量变化是否能预测另一种变量的变化。为了考察商业银行税收影响经济波动的机制，我们对变量 FT_hp_t、$Credit\_hp_t$、GDP_hp_t、

Add_hp_t、Inv_hp_t 进行格兰杰因果关系分析（见表 6 - 7）。

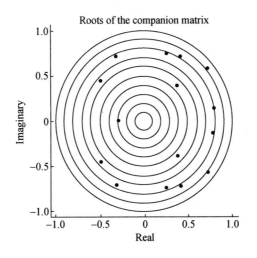

图 6 - 5　VAR 系统稳定性识别图

（二）格兰杰因果关系分析①

表 6 - 7   **Granger 因果关系分析**

方程	排除变量	χ^2 统计量	自由度	P 值
FT_ hp	Credit_ hp	40.267***	3	0.000
	GDP_ hp	29.585***	3	0.000
	Add_ hp	10.846***	3	0.013
	Inv_ hp	22.914***	3	0.000
	All	78.119	12	0.000
Credit_ hp	FT_ hp	6.250*	3	0.100
	GDP_ hp	18.581***	3	0.000
	Add_ hp	37.748***	3	0.000
	Inv_ hp	10.155*	3	0.017
	All	97.539***	12	0.000

---

①　由于脉冲相应分析依赖于变量次序，变量次序一旦发生变化，得到的脉冲响应图像也会有所差异，因而必须首先通过格兰杰因果关系检验，明确变量次序。

续表

方程	排除变量	χ^2 统计量	自由度	P 值
GDP_ hp	FT_ hp	1. 673	3	0. 643
	Credit_ hp	7. 5342 *	3	0. 057
	Add_ hp	6. 2062 *	3	0. 102
	Inv_ hp	15. 403 ***	3	0. 002
	All	39. 722 ***	12	0. 000
Add_ hp	FT_ hp	6. 3209 *	3	0. 097
	Credit_ hp	4. 6180	3	0. 202
	GDP_ hp	2. 7727	3	0. 428
	Inv_ hp	10. 474 *	3	0. 015
	All	53. 895	12	0
Inv_ hp	FT_ hp	3. 921	3	0. 27
	Credit_ hp	6. 6753 *	3	0. 083
	GDP_ hp	1. 0442	3	0. 791
	Add_ hp	1. 3442	3	0. 719
	All	13. 518	12	0. 333

注：＊、＊＊＊分别表示变量在 10% 、1% 的水平下显著。

表 6 - 7 中，第一列所示各变量作为被解释变量的方程，第二列检验变量系数的联合显著性（即在方程中排除相关变量），第三、四、五列为对应的 χ^2 统计量、自由度以及 P 值。从表中我们可以看出，在滞后三阶的情况下，绝大部分变量组合在 10% 及以下显著性水平通过格兰杰检验，我们可以初步得出如下结论：

第一，商业银行税收与信贷规模互为格兰杰因果关系。这与我们之前的理论预期相一致，商业银行税收影响信贷规模，但两者呈现出较弱的相关性，而信贷规模是商业银行税收的强格兰杰原因。这与我国商业银行税制的构成有关，一直以来，我国对商业银行征收的主体税种为营业税和企业所得税，信贷规模的增长带来营业税的增加，而利率管制政策又使得商业银行获得高额的垄断利润，导致所得税的增长。因而我国商业银行税收与信贷规模会保持同步增长。

第二，商业银行信贷规模与全社会固定资产投资规模之间存在双向格兰杰因果关系。从表 6 – 10 中我们发现，在 10% 的显著性水平下，信贷规模是投资的格兰杰原因，反映出我国全社会投资资金主要来源于商业银行的间接融资的典型事实；同时 1% 的显著性水平下投资又是信贷规模的强格兰杰原因，表明我国信贷的增长主要源于社会投资需求的拉动。

第三，投资总额是社会总产出的格兰杰原因，而社会总产出不是投资总额的格兰杰原因。该结论表明改革开放 30 多年来，我国经济增长主要依赖于投资的增长，而后金融危机时代，特别是当前经济形势尚不明朗，适度的投资能够维持宏观经济的稳定。经济增长却不是投资的格兰杰原因，反映出社会总投资受政府影响较大，投资在某些时段偏离了经济基本面和实体经济的需求，一定程度上存在过度投资的现象。

第四，金融产业增加值是 GDP 的格兰杰原因，而 GDP 不是金融产业增加值的格兰杰原因。从表 6 – 7 中我们发现，在 10% 的显著性水平下，金融产业增加值是 GDP 的弱格兰杰原因。与上文提到的信贷间接方式对经济的影响不同，金融产业增加值反映出金融行业（主要是商业银行）对经济的直接贡献，但显著性水平较低。这一实证结论表明自改革开放以来，我国经济发展一直依赖于第二产业的增长，金融产业增加值对经济增长的贡献较低，因而两者之间呈现出较弱的相关性。

综合上述分析，从格兰杰因果关系检验得出的响应次序，我们可以发现商业银行税收通过各变量对经济稳定的影响。一是间接途径（信贷渠道），社会产出波动通常受投资的影响，而投资资金主要来源于银行信贷，商业银行税收通过影响信贷规模最终影响经济波动，即商业银行税收→信贷→社会总投资→经济波动。二是直接途径，商业银行税收直接影响金融产业（主要是银行业）创造的价值，而该增加值构成 GDP 的组成部分，即商业银行税收→金融产业增加值→经济波动。

在格兰杰因果关系分析的基础上，进一步，我们通过脉冲响应和方差分解量化考察判断商业银行税收冲击对经济变量的影响方向、影响程度、持续时间以及对经济波动的贡献情况。

（三）脉冲响应分析

在本书所估计的 VAR 模型中，由于估计的变量个数过多，且受变量滞后期影响，我们并不分析变量之间的相互关系，而是通过脉冲响应函数考察商业银行税收一个标准差信息的冲击对内生变量波动性的影响，并通过变量间的传导最终对经济稳定产生影响的过程。需要特别指出的是，变量的次序通常对 VAR 模型脉冲响应结果产生影响，考虑到上文格兰杰因果关系实证结论以及本节主要考察商业银行税收对经济稳定的影响，故将商业银行税收排在脉冲响应函数的第一位，而经过多次测算，我们也发现将其他变量放在首位后脉冲响应结论差异并不明显，表明将商业银行税收放在首位的脉冲响应分析结论是稳健的。因此，本书的变量次序为：FT_hp_t、Inv_hp_t、$Credit\_hp_t$、Add_hp_t、GDP_hp_t，各时间序列变量受到一个标准差冲击后的脉冲响应如图 6-6 至图 6-10 所示，其中横轴表示内生变量冲击作用的滞后时间（单位：年），纵轴表示响应变量的波动幅度，虚线所示的区间范围表示正负两倍标准差的显著性水平。

通过格兰杰因果关系分析，我们已知商业银行税收主要通过两个途径造成经济波动，一是信贷渠道间接影响经济波动，二是通过自身金融产业发展直接影响经济波动。基于此，我们分别分析两个途径的商业银行税收冲击脉冲响应。

1. 商业银行税收影响经济波动性——间接途径

第一阶段，信贷对商业银行税收冲击的脉冲响应分析。

如图 6-6 所示，在商业银行税收一个正向的标准差冲击的影响下，商业银行信贷在同期显著下降，但冲击的持续性较短。随着时间推移，税收的影响逐渐减弱，银行信贷呈现出小幅驼峰状的波动，并在 15 期之后保持平稳的收敛状态。该实证结论与我们前文数理模型得出商业银行税收降低信贷规模的结论相符合。

第二阶段，全社会固定资产投资对商业银行信贷冲击的脉冲响应分析。

从图 6-7 我们可以发现，商业银行信贷一个正向的冲击对全社会固定资产投资的同向影响十分显著，但信贷冲击并不会在当期引起固定资产投资的增加，而是在随后的 3—4 期内，固定资产投资总额达到峰值，之后呈现出震荡中衰减的趋势，最终在 18 期之后收敛。该结论与我国经济发展的典型事实相一致，投资对我国经济的影响十分显著，而我国直接融资市场尚不发达，投资资金绝大多数来源于银行信贷，因而信贷冲击与投资波动呈现出同向变化的特征，此外，投资项目的存续具有一定的阶段性，因而信贷资金对投资的影响表现出一定的持续性和滞后性。

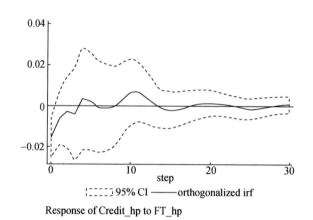

图 6 - 6 信贷对商业银行税收脉冲响应

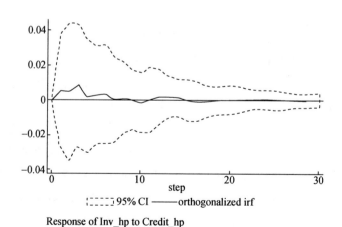

图 6 - 7 总投资对银行信贷脉冲响应

第三阶段，GDP 对全社会固定资产投资冲击的脉冲响应。

与前文图 6 - 6、图 6 - 7 脉冲响应相比，图 6 - 8GDP 对全社会固定资产投资脉冲响应波动性较大。在全社会固定资产投资 1% 的正向冲击影响下，GDP 当期增加，并在 3 期左右达到峰值，随后逐渐衰减，在前 20 期内 GDP 的波动性十分明显，而在 20 期之后逐渐趋于稳态，整体上呈现出震荡中收敛的态势。

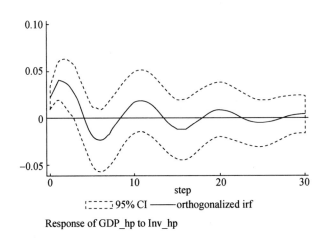

图 6 - 8　GDP 对全社会固定资产投资脉冲响应

综合上述商业银行税收对经济波动间接影响的四个阶段脉冲响应，可知商业银行税收对经济波动的影响具有引致效应，各变量的传导具有一定的滞后性和波动性，且最终收敛到各自的稳态水平。

2. 商业银行税收影响经济波动性——直接途径

第一阶段，金融业增加值对商业银行税收冲击的脉冲响应。

从图 6 - 9 中可以看出，在商业银行税收一个标准差冲击下，金融业增加值在当期小幅下降，在 3—4 期时达到峰值，之后金融业增加值的波动性逐渐减弱，直到 20 期后趋于收敛，该实证结论表明商业银行税收确实会对金融产业产值的增加产生抑制作用，而与图 6 - 6 相比，商业银行税收对金融产业增加值的冲击效应明显小于对银行信贷的冲击效应。

第二阶段，GDP 对金融产业增加值冲击的脉冲响应。

如图 6-10 所示，在当期面对金融产业增加值一个标准差的正向冲击下，GDP 当期显著增加，但在大约 5 期后达到峰值，随后在震荡中下降，在 20 期之后保持平稳的收敛状态。该实证结论表明金融产业增加值对 GDP 正向的影响同样具有一定的滞后性和波动性，这说明商业银行发展到一定阶段后才能促进我国经济发展，虽然与商业银行信贷促进效应不同，但是该效应一旦发生，也会对经济发展起到稳定而持续的影响。

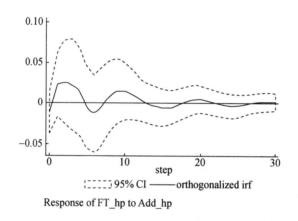

Response of FT_hp to Add_hp

图 6-9　金融业增加值对商业银行税收脉冲响应

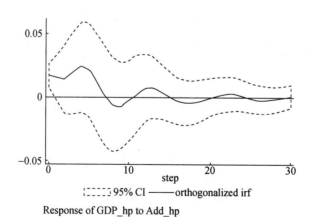

Response of GDP_hp to Add_hp

图 6-10　GDP 对金融业增加值脉冲响应

综合上述商业银行税收对经济波动影响的两个阶段脉冲响应分析，表明商业银行税收对经济波动影响同样具有滞后性和波动性，但与信贷方式相比，直接渠道的影响却更为直接，但作用效果较小。

（四）预测方差分解

上文脉冲响应分析主要考察商业银行税收冲击对内生变量的波动性影响（作用方向以及持续时期），以下通过预测方差分解分析每一个结构冲击对内生变量波动性影响的贡献程度，进一步评价商业银行税收冲击以及由此冲击引致其他变量结构性冲击的重要性。综合考虑上文所构建的 VAR（3）模型变量次序和本书数据样本区间为 1978—2012 年，我们选择 10 期（10 年）作为预测方差分解的滞后期，分别对商业银行税收、信贷、全社会固定资产投资、金融产业增加值以及 GDP 进行预测方差分解。

1. 对变量 GDP_hp 预测方差分解

表6-8　　　　　各变量对 GDP_hp 波动方差贡献率

滞后期	FT_hp	$Credit\_hp$	Inv_hp	Add_hp	GDP_hp
1	0.0050	0.0201	0.3840	0.2315	0.3585
2	0.0042	0.0248	0.6051	0.149	0.2170
3	0.0063	0.0220	0.6714	0.1384	0.162
4	0.0086	0.0190	0.6532	0.1731	0.1464
5	0.0385	0.0212	0.5616	0.2251	0.1537
6	0.0715	0.0226	0.5212	0.2388	0.1460
7	0.0804	0.0234	0.5333	0.2297	0.1332
8	0.0777	0.0235	0.5444	0.2217	0.1328
9	0.0842	0.0233	0.5345	0.2209	0.1371
10	0.0965	0.0227	0.5263	0.2194	0.1351

我们首先对影响 GDP 波动的直接与间接因素贡献情况进行考察，从表6-8可知，在期初，金融产业增加值、自身变动与社会固定资产投资因素对 GDP 波动贡献的影响较大，表明投资与金融产业产值是影响经济波动的直接因素，这与我们上文格兰杰因果关系传导机制

与脉冲响应的实证结论相一致，而银行信贷与金融税收对 GDP 的波动影响较小，尚不足 10%，表明这两类因素通过其他变量间接影响经济波动。

从图 6 - 11 中可以看出，全社会固定资产投资对 GDP 的波动贡献率呈现出驼峰状特点，在 3 期左右的时候达到峰值，随后逐年呈现递减趋势，最后贡献率稳定在 50% 附近，表明投资波动对经济波动的影响最大。同样 GDP 对自身波动贡献率在期初迅速达到峰值，随后呈现出逐年递减趋势，最后贡献率稳定在 15% 附近。金融产业增加值对 GDP 波动的贡献相对较低，也呈现出先上升后下降的趋势，这与我国金融（银行）产业规模较小有关。相反，商业银行税收对 GDP 波动的贡献率在期初相对较低，随后增加，整体上保持在 8% 的水平上；银行信贷对 GDP 波动的贡献一直处于比较稳定的状态。

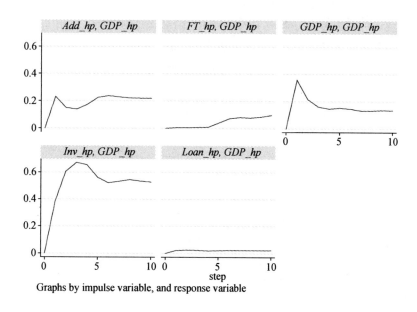

Graphs by impulse variable, and response variable

图 6 - 11　变量 GDP_ hp 方差分解

2. 对变量 Credit_ hp 预测方差分解

表 6 - 9 表明，在初期商业银行信贷波动绝大部分是由自身波动引起的，贡献率高达 70.32%，而全社会固定资产投资与金融产业增

表 6 – 9 各变量对 *Credit_ hp* 波动方差贡献率

滞后期	*FT_ hp*	*Credit_ hp*	*Inv_ hp*	*Add_ hp*	*GDP_ hp*
1	0. 2968	0. 7032	0	0	0
2	0. 2746	0. 5722	0. 0293	0. 005	0. 1188
3	0. 1311	0. 2672	0. 2038	0. 254	0. 1439
4	0. 0828	0. 1804	0. 1959	0. 4443	0. 0967
5	0. 0712	0. 1523	0. 2143	0. 4813	0. 0809
6	0. 0696	0. 151	0. 2217	0. 4801	0. 0775
7	0. 0684	0. 1582	0. 2235	0. 4727	0. 0767
8	0. 0674	0. 1582	0. 2348	0. 4642	0. 0753
9	0. 0668	0. 1569	0. 2411	0. 4603	0. 0749
10	0. 0682	0. 1557	0. 2397	0. 4579	0. 0785

加值对信贷波动在第一期内无影响，表明我国信贷投放规模并没有切合实体经济的投资需求，存在信贷投放的盲目性。贡献率排在第二位的是商业银行税收，为29.68%，但随后递减的趋势较为明显，表明商业银行税收在短期内对信贷的影响较大，但随着时间推移影响效应逐步减弱。

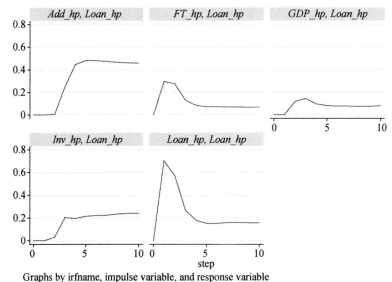

Graphs by irfname, impulse variable, and response variable

图 6 – 12 变量 *Credit_ hp* 方差分解趋势

从图 6 - 12 方差分解趋势可以看出：信贷波动对商业银行税收变化的响应十分迅速，也呈现出驼峰状的收敛趋势；而金融产业增加值在期初对信贷波动的贡献度较小，但增长迅速并保持稳定；GDP 对信贷波动的贡献程度整体较小。

3. 对变量 *Inv_ hp* 预测方差分解

从表 6 - 10 以及图 6 - 13 中可以看出，在整个滞后期内，对全社会固定资产投资波动贡献最大的是其自身因素，贡献率最高为 83.58%，最低也达到 67.06%，呈现出驼峰状的收敛趋势，这表明投资具有一定的周期性，因而投资的波动会持续一段时期；信贷对全社会固定资产投资波动的贡献较小但一直比较稳定；商业银行税收对全社会固定资产投资波动贡献率呈现出逐年增加的趋势，最终收敛到 13%—14% 的水平上。

表 6 - 10　　　　　　　　各变量对 *Inv_ hp* 波动方差贡献率

滞后期	FT_ hp	Credit_ hp	Inv_ hp	Add_ hp	GDP_ hp
1	0.1616	0.0027	0.8358	0.0000	0.0000
2	0.0898	0.0013	0.9036	0.0003	0.0051
3	0.0747	0.0045	0.8729	0.0295	0.0216
4	0.0936	0.0044	0.7541	0.0929	0.0549
5	0.1356	0.0049	0.6791	0.1187	0.0621
6	0.1418	0.0059	0.6819	0.1167	0.0546
7	0.1339	0.0057	0.6956	0.1091	0.0555
8	0.1324	0.0057	0.6881	0.1169	0.0569
9	0.1387	0.0056	0.6728	0.126	0.0569
10	0.1439	0.0055	0.6706	0.1247	0.0553

4. 对变量 *Add_ hp* 预测方差分解

从表 6 - 11 以及图 6 - 14 中可以看出，期初对金融产业增加值贡献最大的是自身因素为 76.93%，随着时间的推移，贡献率呈现出递减趋势，最终收敛在 36.65% 水平上；对金融产业增加值波动贡献排在第二位的因素是全社会固定资产投资，在期初的贡献水平较低，仅为0.09%，但整体增长迅速，在10期期末时贡献率增加到44.55%，这表明金融产业增加值受整个经济体投资的影响较大；而商业银行税收对金融产业增加值波动贡献率在期初为3.01%，随着时间推移，有所增加，最终稳定在9.88%的水平上。

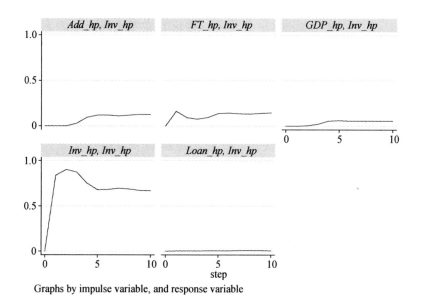

Graphs by impulse variable, and response variable

图 6 - 13　变量 *Inv_ hp* 方差分解趋势

表 6 - 11　　　　　　　各变量对 *Add_ hp* 波动方差贡献率

滞后期	*FT_ hp*	*Credit_ hp*	*Inv_ hp*	*Add_ hp*	*GDP_ hp*
1	0.0301	0.1996	0.0009	0.7693	0
2	0.0661	0.0915	0.2096	0.6277	0.0051
3	0.0755	0.055	0.4145	0.452	0.0031
4	0.0857	0.0624	0.4362	0.4055	0.0102
5	0.0893	0.0654	0.4455	0.3902	0.0096
6	0.0899	0.0653	0.4418	0.39	0.013
7	0.0922	0.0642	0.4488	0.3824	0.0125
8	0.0898	0.0626	0.456	0.3752	0.0165
9	0.0915	0.0618	0.4541	0.3696	0.023
10	0.0988	0.0608	0.4455	0.3665	0.0284

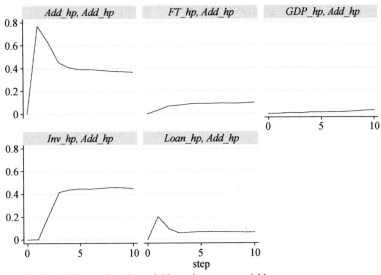

Graphs by irfname, impulse variable, and response variable

图 6 - 14 变量 *Add_ hp* 方差分解趋势

5. 对变量 *FT_ hp* 预测方差分解

表 6 -12   各变量对 *FT_ hp* 波动方差贡献率

滞后期	*FT_ hp*	*Credit_ hp*	*Inv_ hp*	*Add_ hp*	*GDP_ hp*
1	1	0	0	0	0
2	0. 5927	0. 0689	0. 2592	0. 022	0. 0572
3	0. 5157	0. 0907	0. 2382	0. 1039	0. 0515
4	0. 4651	0. 0812	0. 2619	0. 0941	0. 0978
5	0. 4591	0. 0804	0. 2634	0. 0969	0. 1001
6	0. 4422	0. 0802	0. 2784	0. 0929	0. 1064
7	0. 4209	0. 0777	0. 3135	0. 0844	0. 1035
8	0. 4034	0. 0734	0. 3417	0. 0838	0. 0977
9	0. 3972	0. 0741	0. 3384	0. 0896	0. 1008
10	0. 3970	0. 0730	0. 3354	0. 0915	0. 1030

反过来，各内生变量冲击对商业银行税收变化的方差贡献情况也需要进行进一步分析，从表 6 -12 中我们可以看出，期初对商业银行

税收波动影响贡献最大的还是自身因素，为 59.27%，但是自身贡献率随着滞后期的增加逐渐递减；期初对商业银行波动贡献排在第二位的是全社会固定资产投资总额，为 25.92%，随着滞后期的增加，该贡献率逐步增加；而商业银行信贷总额与 GDP 对商业银行税收波动的贡献率在期初较低，为 5%—6%。在期末时（第 10 期），商业银行税收波动中受自身因素影响程度下降至 39.70%，受全社会固定资产投资影响程度为 33.54%，而受 GDP 影响程度仅为 10.30%，受信贷及金融产业增加值的影响程度分别为 7.30% 和 9.15%。上述商业银行税收波动贡献程度对比表明，经济发展与商业银行自身发展对商业银行税收增长的贡献不高，这与我国税收收入长期超 GDP 增长有关。

由图 6－15 我们可以清晰地看出，金融产业增加值、GDP、全社会固定资产投资以及信贷对商业银行税收波动贡献率在 5 期之后保持稳定，而商业银行税收对自身波动的贡献率先上升后有所下降，最终稳定在 40% 左右。

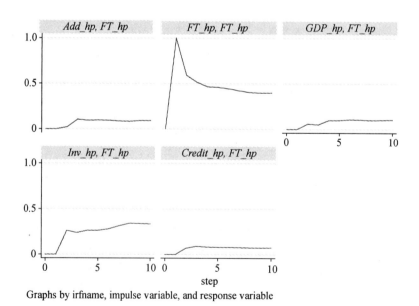

Graphs by irfname, impulse variable, and response variable

图 6－15　变量 FT_ hp 方差分解趋势

三　小结

在第六章第二节所构建的包含商业银行部门动态凯恩斯一般均衡模型，得出了商业银行税收通过信贷渠道影响企业产出，最终会对宏观经济产生影响的结论。遵循上述分析框架，我们发现，在短期内，商业银行税收通过宏观经济变量的层层传导也会对宏观经济波动产生影响，但传导路径有所差别。为此，我们首先构建通过 HP 滤波将各宏观变量的波动成分与长期趋势分离；其次通过格兰杰因果关系检验，考察波动传导的宏观变量之间先后次序，明确传导路径和方向；最后将变量波动成分引入所构建向量自回归（VAR）模型中，通过脉冲响应与预测方差分解考察商业银行冲击对各变量波动的影响以及通过各变量层层传导最终对宏观经济波动产生影响的过程。具体结论如下：

第一，商业银行税收通过间接途径与直接途径对经济波动产生影响。一是间接途径（信贷渠道）为商业银行税收影响信贷规模波动，进而引起社会总投资的波动，最终影响整个宏观经济稳定，这与商业银行税收影响经济增长的途径较为类似。二是直接途径，由于金融产业增加值是构成 GDP 波动的组成部分，商业银行税收冲击影响金融产业（主要是银行业）增加值的波动，最终导致宏观经济波动。

第二，商业银行税收对经济波动的影响具有一定的滞后性。通过脉冲响应分析我们可以发现，信贷间接传导方式表现出一定的滞后性，需要时间的积累才会对宏观经济产生一定影响，而金融产业增加值对经济波动的影响更为直接、迅速。因而，鉴于上述商业银行税收与金融产业增加值对经济波动影响方式以及影响程度的不同，制定具有针对性的商业银行税收政策。

第三，初始状态变量变化引发后期变化是导致变量波动的主要原因。一方面，我们考察各因素对 GDP 的波动贡献情况，在期初，金融产业增加值、自身变动与社会固定资产投资因素对 GDP 波动贡献的影响较大，表明投资与金融产业产值是影响经济波动的直接因素，而银行信贷与金融税收对 GDP 的波动影响较小，尚不足 10%，表明这两类因素是通过其他变量间接影响经济波动。这与我们上文格兰杰因果关系传导机制与脉冲响应的实证结论相一致。另一方面，反过来我们也考察了各因素对商业银行税收波动贡献情况，期初对商业银行税收波动影响贡献最大的还是自身因素，为 59. 27%，但是自身贡献率随着滞后期的增加逐渐递减；期初对商业银行税收波动贡献排在第二位的是全社会固定资产投资总额，而受 GDP、信贷及金融产业增加值的影响程度较小。

第四节　本章小结

本章扩展了第二章商业银行税收机理模型，首先构建一个包含银行部门和价格黏性的动态一般均衡模型，用以刻画家庭、企业、商业银行以及政府部门之间的经济行为，通过将商业银行税收因素引入所构建的模型经济中，详细考察商业银行税收、信贷与宏观经济之间的关系。在数理模型所得出的理论预期基础上，我们进而考察商业银行税收对经济增长与经济波动的影响，得出了丰富的结论。

一　商业银行税收与经济增长

根据数理模型所得出的结论，我们发现商业银行信贷规模、技术进步以及资本报酬率之间相互影响，同时企业产出不仅会受传统生产要素、资本、技术与劳动的影响，而且还受到银行信贷规模的制约，商业银行税收总量也会受到经济发展水平、信贷规模以及政府支出因素的影响。因而我们在传统的经济增长方程中加入银行信贷规模因素，体现银行信贷、金融发展对经济增长的作用。基于上述考虑本书利用我国 1978—2012 年 GDP、信贷、商业银行税收等时间序列数据首先测算了全要素生产率，进而构建联立方程组系统，刻画商业银行税收、银行信贷扩张与经济增长之间相互影响的联动机制，最后对三者的影响效应进行估测分析。

（一）产出、信贷规模以及商业银行税收存在双向因果关系

一方面，金融机构的扩张为实体经济提供大量信贷资金，满足企业资本积累和技术进步对信贷资金的大量需求，进而促进经济增长；另一方面，商业银行利润的主要来源为存贷利差，利率管制政策为商业银行部门提供了高额的垄断租金，不仅促进商业银行的发展，而且

带来银行业税收总额的增长。反过来，商业银行税收也会在一定程度上抑制银行信贷规模的扩张。

（二）商业银行税收与信贷规模两者之间作用敏感程度不同

两者敏感性不同也反映了金融体制与财政体制不断调整的过程中，政府力量与市场力量此消彼长的关系，以及商业银行市场化改革路径形成。

（三）在封闭的均衡经济系统中商业银行税收与信贷和经济增长相互影响

由联立方程模型可知商业银行税收通过银行系统对经济增长的调节反馈机制。即商业银行税收负担的降低有助于银行信贷规模的扩大，加速企业资本积累和技术进步，推动经济第一轮发展，而经济发展又会促进商业银行税收总量的增长，存在促进机制。然后，经济发展的同时，拉动企业对资本等生产要素需求，进而增加对银行信贷的需求，最终银行信贷扩张。

二　商业银行税收与经济波动

在考察商业银行税收与经济波动的联动效应时，继续沿用商业银行税收一般均衡分析框架，结合改革开放以来我国经济发展实际情况，首先构建向量自回归（VAR）模型，通过格兰杰因果关系检验，分析商业银行税收对经济波动影响的传导机制；其次，在此基础之上，通过脉冲响应和方差分解阐明商业银行税收通过各变量如何对经济波动产生影响，以及考察波动的持续性、收敛特征等。

（一）商业银行税收、信贷、全社会固定资产投资、金融产业增加值与 GDP 之间存在长期稳定关系

通过时间序列的平稳性检验，本书发现上述变量虽然为非平稳时间序列，但经过 HP 滤波将波动性与长期趋势进行分离，我们得出变量之间存在长期稳定关系，这种动态均衡关系对于制定相关宏观调控政策具有参考价值。

（二）全社会固定资产投资是影响社会总产出波动的格兰杰原因

这表明改革开放以来投资是我国经济发展的重要驱动因素；同时商业银行信贷规模与全社会固定资产投资规模之间存在双向格兰杰因果关系，表明商业银行信贷在我国经济发展中的重要作用，而商业银

行税收与信贷规模互为格兰杰因果关系。因此，我们就明确了商业银行税收对经济波动的间接传导路径为商业银行税收→信贷→社会总投资→经济波动。后面脉冲响应与方差分解进一步表明，商业银行税收对经济短期效应十分显著，面对商业银行税收一个标准差的冲击，通过上述传导，其经济波动效应在冲击过后的 5—6 期内持续显现，最终收敛。

（三）金融产业增加值也是影响社会总产出波动的格兰杰原因

金融产业增加值反映出金融行业（主要是商业银行）对经济的直接贡献，但显著性水平较低。这一实证结论表明自改革开放以来，我国经济发展一直依赖于第二产业的增长，我国金融产业受政府政策管制的影响较大，自身发挥金融中介功能的效率较低，导致金融产业增加值对经济增长的贡献较低，因而两者之间呈现出较弱的相关性。同时我们也明确了商业银行税收对经济波动的直接传导路径为商业银行税收→金融产业增加值→经济波动。进一步从脉冲响应与方差分解我们也可以看出，面对商业银行税收一个标准差的冲击，通过上述传导，其经济波动效应在冲击过后的 3—5 期内显现并最终收敛。

（四）商业银行税收对经济波动的影响主要通过直接与间接两种方式

一是直接方式。通过银行业自身发展而引起经济波动。二是间接方式。通过商业银行承载的金融中介功能，商业银行税收通过信贷，进而对投资产生影响，最终对经济稳定产生影响。无论是作为间接影响还是直接影响而言，都具有一定的滞后效应，需要时间积累才能逐步显现，但直接通过制定相关引导商业银行发展的税收政策能对经济波动产生更为迅速直接的影响。因此，针对这种税收政策时效差异性，适时制定具有针对性的商业银行税收政策，才能应对宏观经济不同状况。

第七章 商业银行税收宏观经济效应：基于经济结构的实证分析

在第六章中我们从宏观经济均衡、经济增长与经济波动的视角分析商业银行税收效应，并未涉及有关经济结构方面的论题。众所周知，我国区域经济发展失衡，金融资源在各地区之间的分布并不平衡，我们有必要进一步考察商业银行税收对区域经济发展差异性的影响，为进一步制定有差别的区域商业银行税收政策提供理论依据和数据支持。此外，正在全国范围内推行营业税改征增值税的税制改革是我国当前重要的结构性减税措施，随着改革的深入，作为营业税九大税目之一，金融业（含银行业）的"营改增"也在加速推进中，有必要评估"营改增"对金融行业整体以及相关产业的影响。① 基于上述考虑，本章着重从产业结构与区域经济结构视角考察商业银行税收对经济结构变化的影响。一方面基于我国目前推行的交通运输业和部分现代服务业营业税改征增值税试点的税收政策，测算了金融业"营改增"的税负平衡点，进一步评估了"营改增"后金融业及其上下游产业减税规模与税收收入的变化趋势。另一方面考察商业银行税收对区域经济发展差异的影响。

---

① 由于相应银行业数据缺失，我们发现截止到 2012 年年底，我国银行业税收收入占整个金融业税收收入总额的 73%，且我国以间接融资为主，金融业数据变化能够反映银行业。因而本部分通过金融业数据近似替代银行业数据进行测算。

第一节　文献回顾

一　文献回顾

（一）国外文献回顾

西方发达国家区域间差异较小，弥合地区发展差异并不是税收政策目标之一，因而国外较少学者探讨金融税收（商业银行税收）对区域经济发展的影响，更多地集中于对有关金融服务征收增值税的理论探讨上。学者们提出各种针对金融服务课征增值税的方案。部分学者认为，可以通过设计现金流量法来规避对金融业增值税税基难以确定的问题（Poddar 和 English，1997[1]）。Zee（2005）[2] 也提出一个与现行发票抵扣较为兼容的金融中介服务征收增值税的方案，实证结果表明，该方案的征管成本较小，也符合增值税相关理论。Lockwood（2010）[3] 考察了银行储蓄与支付中介最优税率设定问题，在规模报酬不变情况下，银行支付中介服务应该是免税。

还有部分学者探讨了金融业增值税征税范围。Huizinga（2002）[4] 探讨了欧盟国家对金融服务增值税免税政策以及增值税与金融服务价格之间的关系，认为欧盟是出于技术原因而对金融服务免税。Auerbach 和 Gordon（2002）[5] 研究了对金融服务征税采用增值税的形式，增值税的普遍征收原则使得生产产品的主要投入都应当课税，对于金融服务也不例外，作者在家庭终生预算约束中引入增值税，模型显

① Poddar S., English M., "Taxation of Financial Services Under a Value – Added Tax: Applying the Cash – Flow Approach", *National Tax Journal*, Vol. 50. 1997, pp. 89 – 111.

② Zee H. H., "A New Approach to Taxing Financial Intermediation Services Under a Value—Added Tax", *National Tax Journal*, Vol. 58, No. 1, 2005, pp. 77 – 92.

③ Lockwood B., "How should Financial Intermediation Services Be Taxed", *CESifo Working Paper: Public Finance*, 2010.

④ Huizinga H. A, "European VAT on Financial Services?" *Economic Policy*, Vol. 17, No. 35, 2002, pp. 497 – 534.

⑤ Auerbach A. J, Gordon R. H., "Taxation of Financial Services under a VAT" *American Economic Review*, Vol. 95, No. 2, 2002, pp. 411 – 416.

示，只有用于金融服务生产的实际资源才能成为增值税税基的一部分。

（二）国内文献回顾

经济结构失衡是改革开放以来我国经济发展的一个显著特点，制定任何税收政策都必须考虑地区间经济发展不平衡以及产业结构失衡等问题，商业银行税收政策的制定也不例外。国内较少文献研究商业银行税收对区域经济结构影响，更多的是从一般性出发考察税收政策对区域经济的影响。大多数学者研究税收与区域经济发展差异的关系，认为目前税制设计方面存在诸多不合理因素导致区域经济发展差异扩大化（熊东洋，2012[①]）。薛颖（2010）[②] 提出了促进我国区域经济协调发展的税收政策，政策选择方面应降低中西部企业税收负担，调整西部地区税收优惠政策，加大转移支付以及对现行税制进行改革。

直接探讨商业银行税收对区域经济发展影响的文献较少，闫肃（2012）并没有直接考察金融税收政策与区域经济结构的关系，仅仅间接考察金融发展与地方财政收入的相关性。从地方税收收入构成角度，闫肃（2012）认为金融发展对地方财政收入的影响很大，尤其是银行信贷，能够同步带来地方财政收入的增长。然而我们也已经证实，税收对信贷影响很大，必然也会影响地方财政收入水平。闫肃（2012）也未从商业银行税收角度对地方经济发展差异进行分析。

部分文献关注于财税体制改革所带来的"金融抑制"对区域经济发展的影响。学者们认为分税制改革导致地方政府财政负担存在差异，受到"政绩观"的影响，地方政府干预本地区金融机构信贷决策，使得银行等金融机构信贷目标逐渐转向政府融资行政偏好，不仅降低了资金配置效率，而且扩大了区域间经济发展差异（陈刚等，

---

① 熊东洋：《缩小我国区域经济发展差异的税收政策研究》，《税务与经济》2012 年第 1 期。

② 薛颖：《促进我国区域经济发展的税收政策研究》，《财会研究》2010 年第 15 期。

2006①；张璟、沈坤荣，2008②）。张璟、沈坤荣（2010）③ 考察了财税体制改革与地方政府行为转变，以及区域金融发展与经济增长的关系。作者发现，无论是 20 世纪 80 年代初到 90 年代的财税体制改革，还是 90 年代至今的分税制改革，地方政府之间的关系最终都表现为 GDP 锦标赛式的竞争；考虑到财政分权的影响，地方政府对区域金融发展产生了重要影响，主要表现在：一方面，地方政府盲目的投资冲动干预银行等金融机构信贷决策；另一方面，地方政府对区域之间资本和资金的流动设置障碍。通过这两方面的作用加强了对银行等金融机构的控制，导致金融财政化的趋势愈演愈烈，降低信贷资金的配置效率，使得金融对经济增长的促进作用很难有效发挥。

我国当前实施营业税改征增值税的税制改革，2012 年 1 月 1 日起，率先在上海市交通运输业和部分现代服务业开展深化增值税改革（"营改增"）的试点，2013 年 8 月 1 日，"营改增"试点已经扩展到全国范围内，随着"营改增"试点的分步推进，金融业也有望进入增值税的纳税范围内。金融业"营改增"是当前税制改革热点问题，受到学者们广泛关注。学者的研究主要围绕征税方法的选择以及对产业的影响这两个方面。

1. 征税方法选择

从世界各国对金融业征收增值税的政策实践来看，几乎没有一个国家对金融服务全面课征增值税，而主要依据金融活动的不同性质进行分类课征，主要有部分免税、固定进项税额抵扣以及零税率三种模式。部分免税主要是指对核心金融服务，如银行信贷等实行免税，同时出口的金融服务实行零税率；而对附属金融服务，如金融理财咨询、银行保险箱业务等辅助金融业务按照增值税进项税抵扣征收，欧盟是这一模式的典型代表。但部分免税法却带来相应的效率损失：第

---

① 陈刚、尹希果、陈华智：《我国金融发展与地方经济增长关系的区域差异分析——兼论分税制改革对金融与经济增长关系的影响》，《金融论坛》2006 年第 7 期。

② 张璟、沈坤荣：《地方政府干预、区域金融发展与中国经济增长方式转型——基于财政分权背景的实证研究》，《南开经济研究》2008 年第 6 期。

③ 张璟、沈坤荣：《转型期中国经济增长方式转变的金融支持——基于经济学文献的探讨》，《经济理论与经济管理》2010 年第 11 期。

一，由于免税的金融服务对应的进项税不能抵扣，从而中断了增值税抵扣链条，当免税的金融产品被增值税一般纳税人购入用于生产过程时，导致重复征税，加重纳税人税收负担；第二，当银行将免税的金融服务与应税服务混合销售时，往往导致增值税税基缩小；第三，免税金融服务对应的进项税不能抵扣，而应税金融服务对应的进项税可以抵扣，这就要求银行已归集的进项税在免税服务与应税服务之间分摊，由于金融衍生品越来越丰富，分摊的算法也变得越来越复杂，大大增加征管成本。[①] 因此，为了避免部分免税模式下免税重复征税问题，澳大利亚、新加坡等国对金融业实施进项税额抵扣政策。新加坡采用的方法主要有"特别法"与"部分进项税额抵扣法"，在"特别法"下金融机构将免税服务提供给增值税一般纳税人时，免税服务视为应税服务，相应的进项税可以抵扣；而在"部分进项税额抵扣法"下，允许金融机构以一个固定比例抵扣部分进项税额，这一比例因金融机构的类型不同而不同。固定进项税额抵扣方法在一定程度上缓解了重复征税问题，避免了进项税额在免税与应税项目分摊的复杂性，但是仍存在重复征税问题，要像"特别法"一样完全消除重复征税，那么必然导致政府更多的税收损失。[②] 零税率模式是另一种缓解因重复征税而造成金融行业税收负担过重的征收方式，加拿大和新西兰主要采取这种征收模式，对于金融显性服务，如金融租赁、咨询与保管业等业务征收增值税，而对于金融隐性服务，如存贷业务、外汇转贷以及金融产品转让等业务免征增值税。

按照《营业税暂行条例》的相关规定，我国目前对金融业征收营业税，法定税率为5%。根据财政部、国家税务总局《关于印发〈营业税改征增值税试点方案〉的通知》（财税〔2011〕110号）规定，金融保险业与生活性服务业原则上适用增值税简易征收法。

杜莉、张苏予（2011）[③] 基于金融业上市公司数据，比较不同金融业增值税征税模式下金融企业的税收负担，实证结果显示：基本免

[①] 薛薇：《银行税收理论与制度研究》，经济管理出版社2011年版。
[②] 薛薇：《银行税收理论与制度研究》，经济管理出版社2011年版。
[③] 杜莉、张苏予：《增值税扩围对金融业货物劳务税收负担的影响》，《税务研究》2011年第10期。

税模式造成各类金融企业税收负担较大幅度变动，其中金融保险业的税收负担显著下降而证券业的税收负担上升。周志波等（2013）[①] 比较了国际上对金融业征收增值税三种通行方法（免税模式、进项税额固定比例抵扣模式以及零税率模式）对金融业的影响，测算了上市银行加权平均增值税税率为 6.61%，最后探讨了适合我国国情的增值税课征模式。王莹（2013）[②] 同样也回顾了国际上对金融业征收增值税的三种类型，作者进而考察了"营改增"对金融业、金融产品价格以及地方税收收入的影响，认为如果采取免税模式虽然金融业税收负担显著降低，但将会大幅降低地方政府财政收入水平，金融产品税收负担也会转嫁给其他消费者承担。

2. "营改增"对产业的影响

杨默如（2010）[③] 回顾了对金融业课征增值税的现实意义，采用投入产出分析法比较了纳入增值税征税范围的金融业上下游产业产值，以及金融业与其他行业重复课税程度。刘毅（2014）[④] 采用案例研究方法，测算了"营改增"后招商银行税收负担变化情况，实证结果表明征收增值税后，商业银行税收负担有上升趋势，净利润下降。肖皓等（2014）[⑤] 测算了金融业增值税临界税负为 6.94%，CGE 模型模拟结果显示，"营改增"对金融业的发展产生正面效应，加速资本积累以及推动长期经济增长。

二 文献述评

国内外学者在金融业增值税征收模式、银行业税收对区域经济结构影响以及金融业"营改增"政策效应这三个方面的研究为我们进一步研究提供了基础，但也存在以下不足：

第一，"营改增"对金融业影响的实证研究较少。鉴于当前金融

① 周志波、刘建徽、田婷：《我国金融业增值税改革模式研究》，《财经问题研究》2013 年第 12 期。

② 王莹：《金融业增值税现实考察和路径选择》，《税收经济研究》2013 年第 4 期。

③ 杨默如：《我国金融业改征增值税的现实意义、国际经验借鉴与政策建议》，《财贸经济》2010 年第 8 期。

④ 刘毅：《"营改增"对商业银行的影响预测》，《财会月刊》2014 年增刊。

⑤ 肖皓、赵玉龙、祝树金：《金融业"营改增"福利效应的动态一般均衡分析》，《系统工程理论与实践》2014 年增刊。

业尚未纳入增值税纳税范围，学者的研究主要从理论上探讨金融业增值税征税模式以及优化措施方面，除杨默如（2010）外，较少学者从一般均衡视角出发，利用投入产出模拟测算、评估"营改增"后对金融业以及上下游产业的影响。

　　第二，直接分析商业银行税收政策影响区域经济发展的研究成果相对较少。国内相关文献主要探讨分税制改革导致地方政府加强对金融的干预，进而对区域经济发展的影响，以及金融发展与地方财政收入相关性方面的论题，较少文献直接探讨商业银行税收与区域经济发展的关系。

　　因此，本章在借鉴现有学者研究成果的基础上，将应用投入产出模型测算和评估营业税改征增值税对金融业以及关联产业的影响。并对商业银行税收对区域经济发展的影响进行实证研究。

第二节　商业银行税收对产业结构
影响的实证研究[①]

　　本节重点关注营业税改征增值税的政策对金融行业整体以及关联行业的影响。营业税改征增值税（以下简称"营改增"）是继 2009 年我国实施增值税转型改革以来为我国结构性减税政策的主要内容之一，此次改革将对企业，尤其是第三产业税收负担降低、我国财政体制改革、经济结构优化等多个方面产生积极作用。2013 年 8 月 1 日起，对交通运输业和现代服务业七大行业的"营改增"扩大至全国范围，目前，"营改增"已进入攻坚阶段，金融业难以适用增值税的一般征收方法，文献回顾中我们已经介绍，各国普遍都对难点行业制定了一些特殊的增值税征收规定。为了避免实际推行金融业营业税改征增值税出现重大的执行问题，在试点实施之前首先要对金融业"营改增"税收负担

---

　　① 由于《中国投入产出表》编制周期为 4 年，遗憾的是，直到本书该部分成文后（2015 年 12 月），最新的相关投入产出数据仍未见公开发布，因此本书只能依据《2007 年中国投入产出表》相关数据进行实证分析。

以及税收收入变化、对关联企业的影响进行测算与评估。

基于此，本节主要结合产业关联理论，首先，构建数理模型，考察金融企业"营改增"的税收效应，测算"营改增"的税负平衡点；其次，在税负平衡点的基础上，测算我国金融业在"营改增"前后税收负担的变动以及减税规模；最后，基于产业关联视角，我们进一步测算与评估"营改增"所波及的金融业上下游产业的税收效应。[1]

一 "营改增"对金融业税收负担影响的数理分析

本部分主要借鉴郝其荣（2013）[2] 以及潘文轩（2013）[3] 的文献，首先构建反映金融行业"营改增"后税收负担变化的数理模型，考察影响金融行业增值税税收负担变化的因素，然后测算金融行业税负平衡点，为后文测算、评估金融行业"营改增"税负变化、税收收入变动提供理论支持。

（一）数理模型假设

假设经济系统中共有 n 个行业，金融行业在"营改增"之前的营业收入为 R，营业税税率为 τ_B，按照相关税法规定，金融行业以营业收入全额缴纳营业税，为 $\tau_B R$；在税制改革之后，金融行业改征收增值税，所适用的增值税税率为 τ_V，同时金融行业的营业收入保持不变，那么金融行业增值税销项税为 $\tau_V R$。另外，假设金融行业允许抵扣的第 i 种外购商品和服务的价值额为 G_i，与之对应的进项税税率为 τ_i，那么第 i 种外购商品和服务的进项税额为 $\tau_i G_i$，其中有 m 个行业（$m \leq n$）的进项税在金融业增值税的抵扣范围内，则金融业的进项税总额为 $\sum_{i=1}^{m} \tau_i G_i$，金融行业所缴纳的增值税总额为 $\tau_V R - \sum_{i=1}^{m} \tau_i G_i$。综合上述分析，金融业在税制改革前后税收负担的变化为：

$$\frac{\Delta T}{R} = \frac{\tau_V R - \sum_{i=1}^{n} \tau_i G_i - \tau_B R}{R} \tag{7-1}$$

① 在测算金融业"营改增"对上下游产业影响时，我们假设金融业按照标准的"进项税抵扣法"征收增值税。

② 郝其荣：《"营改增"对服务业税收负担的影响——基于江苏省投入产出表的分析》，《金融纵横》2013 年第 12 期。

③ 潘文轩：《"营改增"试点中部分企业税负"不减反增"现象释疑》，《广东商学院学报》2013 年第 1 期。

（二）模型推导及经济学解释

我们将式（7-1）写成税收负担率变化的形式，整理可得：

$$\frac{\Delta T}{R} = \tau_V - \tau_B - \frac{\sum_{i=1}^{m} \tau_i G_i}{R} \qquad (7-2)$$

从式（7-2）中我们可以看出，税收负担率变化 $\frac{\Delta T}{R}$ 取决于两部分：一部分是 $\tau_V - \tau_B$，即"营改增"前后，金融业增值税与营业税法定税率之差，代表增值税改革所带来的税率变化效应，根据现行的《中华人民共和国增值税暂行条例》与《中华人民共和国营业税暂行条例》中税目税率的规定，除部分娱乐业外，增值税的税率都普遍高于营业税①，因此本部分的符号一般为正。另一部分是 $\frac{\sum_{i=1}^{m} \tau_i G_i}{R}$，即"营改增"后金融业能够抵扣的外购商品与服务的进项税额与营业收入之比，表示"营改增"所带来的进项税抵扣效应，该部分的符号为负。

进一步，为了分析金融业"营改增"的减税效应，引入增值税进项税平均税率 $\bar{\tau}_V$，那么金融业允许抵扣的外购商品与服务的进项税总额为 $\sum_{i=1}^{m} \tau_i G_i = \bar{\tau}_V \sum_{i=1}^{m} G_i$，式（7-2）可以写成：

$$\frac{\Delta T}{R} = \tau_V - \tau_B - \bar{\tau}_V \frac{\sum_{i=1}^{m} G_i}{G} \times \frac{G}{R} \qquad (7-3)$$

其中 $G = \sum_{i=1}^{n} G_i$ 表示金融业全部外购的商品与服务的价值总额，既包含增值税抵扣范围内的商品与服务，也包含增值税不可以抵扣的商品与服务价值总额，从式（7-3）中我们可以看出影响"营改增"后金融业税负变化的三个因素。

① 增值税一般纳税人适用的税率分为6%、11%、13%以及17%四档，而营业税所适用的税率除3%和5%两档外，娱乐业适用5%—20%的税率，具体的适用税率由省、自治区、直辖市人民政府在规定的幅度内决定。

一是金融企业适用的增值税税率。我们发现"营改增"后金融行业增值税税率τ_V越高，金融行业的增值税税收负担也会相应增加。

二是能够进行增值税进项税抵扣的外购商品和服务的价值占整个金融行业购买商品和服务价值总额的比重。$\dfrac{\sum\limits_{i=1}^{m} G_i}{G}$ 比率越高,意味着纳入增值税抵扣链条的行业越多,金融行业进项税抵扣也就越充分,金融行业的增值税税收负担降低。尤其是当$\dfrac{\sum\limits_{i=1}^{m} G_i}{G} = 1$ 时，意味着全部行业都纳入增值税的征税范围，金融行业外购商品与服务均能进行进项税抵扣。

三是金融业中间投入占整个营业收入的比重。金融业外购的商品与服务总额 G 可以看作金融行业中间产品投入，那么$\dfrac{G}{R}$为中间投入比率，在销项税与营业收入既定的情况下，当中间投入比率越高时，"营改增"后金融业所获得的进项税抵扣的金额就会越大，减税效果也就越明显。需要指出的是，金融行业能够进行增值税进项税抵扣的外购商品与服务占整个外购商品与服务的比重体现增值税征税范围的大小，而中间投入比率则体现了能够获得抵扣的金融业增值税进项税抵扣额度。

综合上述分析，如果"营改增"后，政府的目的在于维持整个金融行业税收负担不变，那么可以采取增加增值税税率，以及同时适当扩大金融业增值税抵扣范围来实现。因此，一般地对于中间投入比率相差比较大的服务行业而言，如果维持税改前后行业流转税税收负担不变。"营改增"的策略在于：中间投入比较高的行业，可以制定相应较高的增值税税率，而对于中间投入比较低的行业，可以适当降低增值税税率。

（三）金融业"营改增"税负平衡点测算[①]

考察"营改增"对金融业税收负担变化的影响，或者说征收增值

---

① 按照标准的增值税进项税抵扣法测算金融业"营改增"税负平衡点。

税后是否降低金融行业的税收负担，一个首要的问题是明确征收增值税前后的税负平衡点（临界税率），以此为基准，通过模拟不同增值税税率来测算评估"营改增"对金融业自身以及对上下游产业的影响。

潘文轩（2013）构建数理模型仅仅考察"营改增"后影响服务业增值税税收负担变化的因素，并没有测算"营改增"后税负平衡点，因而很难从数量上说明"营改增"后服务业中各行业税负水平变化情况。而郝其荣（2013）虽然测算了税负平衡点，但是带有主观性地将增值税进项税平均税率设置为17%，而没有采用真实的平均税率，以致各行业进项税抵扣较高，而目前"营改增"后服务业除有形动产租赁服务外，最高的税率水平仅为11%。我们认为该种测算方法有待商榷，所测算的税制改革所导致的税收负担变动幅度过高。

本部分改进两位学者的计算方法，避开人为主观设定增值税进项税平均税率水平，采用将进项税分解为非金融行业与金融行业进项税的方法，从而得出可计算的金融业增值税临界税率。当"营改增"前后税收负担变化为零时，即 $\dfrac{\Delta T}{R}=0$，式（7-2）可进一步写成：

$$\tau_V - \tau_B - \frac{\sum_{i=1}^{m} \tau_i G_i}{R} = 0 \tag{7-4}$$

金融业购买金融业自身生产的金融产品，也要缴纳增值税，所购进的金融产品按照增值税适用税率进行进项税抵扣，那么我们将金融业可抵扣的增值税进项税额分为两部分，一部分是按照所购进的非金融行业产品与服务价值计算的进项税 $\sum_{i\neq k}^{m} \tau_i G_i$，另一部分是购买自身金融产品计算的进项税 $\tau_V G_K$，即 $\sum_{i=1}^{m} \tau_i G_i = \tau_V G_K + \sum_{i\neq k}^{m} \tau_i G_i$ 成立，其中将左式代入式（7-4）中整理可得：

$$\tau_V = \left(1 - \frac{G_K}{R}\right)^{-1}\left(\tau_B + \frac{\sum_{i\neq k}^{m} \tau_i G_i}{R}\right) \tag{7-5}$$

式（7-5）中 G_i（$i=1, \cdots, m$）、R 数据可以从2007年中国投

入产出表中42个部门金融业所需各行业的中间投入、金融业总产出数据获得。需要特别指出的是，由于工业行业的数据中包含增值税，要按照各个部门所属的增值税法定税率扣除增值税进而计算出金融行业的进项税额。从投入产出表中，我们发现金融业并不需要农业等行业的中间投入，且有些服务业并没有纳入增值税征税范围，因而在计算金融业增值税进项税额时不包含这些行业。[①]

将投入产出表中相关数据代入式（7-1）中，我们可以得到"营改增"金融业税负平衡点。

表7-1 金融行业税负平衡点 单位：万元

金融业总产出	可抵扣非金融行业进项税	金融行业自身中间投入	增值税临界税率
194810240	3785264.439	12505567	7.4%

由表7-1可知，比照目前对交通运输业和部分现代服务业所征收的增值税税率，我们所测算的金融业增值税税率介于6%—11%，在此临界税率下，"营改增"前后金融行业的税收负担不会发生变化。需要指出的是本部分所测算的金融业增值税税率是基于中国投入产出表的相关数据，并假设经济系统中除税制本身外，不存在其他影响因素扭曲经济体行为，如税收征管方面的因素。因而所测算的是在理想情况下的增值税税率。

二 "营改增"对金融业影响的测算

在上文测算增值税临界税率的基础上，本部分主要以中国2007年42个部门投入产出表，测算"营改增"后金融行业增值税的收入规模以及评估减税效果。

投入产出理论又被称为产业关联理论，最早可以追溯到重农学派的魁奈（Francois Quesnay）的《经济表》，理论基础包含瓦尔拉斯（Walras）与帕累托（Pareto）的一般均衡理论以及马克思的再生产理论。采用投入产出模型测算营业税改征增值税对金融行业的影响的优

---

① 这些目前尚未纳入试点范围的行业有建筑业、邮政业、住宿餐饮业、房地产业以及部分社会公共服务部门等。

势在于以下两个方面：

一方面，金融业与国民经济各部门之间的关系密切。金融行业所提供的产品与服务遍布整个经济系统中，反过来金融行业的高负债、低资产特性决定了经营活动需要其他经济部门更多的投入，因此金融业与国民经济各部门之间存在直接或间接的联系，形成了相互制约与相互促进的整体，而营业税改征增值税不仅会影响金融行业自身发展，也会使得金融业中间投入部门以及使用金融产品部门的经济行为产生变化，采用局部均衡分析不能清晰考察"营改增"所导致的产业间关联关系。

另一方面，投入产出表所包含的产业大部分能与增值税与营业税的征税对象所对应。通过分析中国 42 个部门投入产出表可知，除农业免税外，其余行业的产出都属于增值税与营业税的征税范围，这样一来方便我们进行测算。同时，根据投入产出表完全依存度的测算，我们可以清晰地区分哪些产业对金融业产生需求拉动效应与供给推动效应，从而得到与金融业关系密切的产业，为进一步测算与评估金融业"营改增"对其他产业影响效应打下基础。

（一）模拟测算公式

测算"营改增"后金融业增值税规模的难点在于增值税税基的确定。Jenkins 等（2000）[①] 将增值税税基的测算方法分为三种：国民账户核算法、产业部门法以及投入产出法。其中国民账户核算法是以国内生产总值为基础，通过对进出口、资本形成、存货变化以及免税部门商品与服务购买的调整，进而得到增值税税基；产业部门法主要以各个产业的投入产出为基础，通过与第一种方法较为类似的调整，获得产业的增值税税基；投入产出法是利用投入产出表中居民、政府以及企业对最终产品和服务的消费为基础估算增值税税基。以下主要通过上述第二种方法来测算增值税税基，根据产业部门法，一般形式的增值税税基公式为：

---

① Jenkins, Glenn P, Chun – Yan Kuo, Gangadhar P. Shukla, *Tax Analysis and Revenue Forecast – Issues and Techniques*, Cambridge, Massachusetts：Harvard Institute for International Development. Harvard University, 2000.

$$Taxbase = GV - IO + IM - EX - CF \qquad (7-6)$$

式（7-6）中，GV 表示金融业总产出，IO 表示金融业中间产品投入，IM 与 EX 分别表示金融业购买的进口商品以及出口的商品，CF 表示资本形成总额。由于现行增值税对于出口商品普遍适用零税率原则，因而本书假定金融业出口商品零税率。我们从两个方面对该公式进行细化，一方面，中间投入 IO 分为两类，一类是征收增值税的中间投入，包括原来属于增值税征税范围的工业中间产品投入，以及增值税"扩围"后改征增值税的交通运输业和部分现代服务业的中间产品投入；另一类是征收营业税的中间产品投入，包括建筑业、邮电通信业以及其他未纳入"营改增"试点范围的其他服务业，而根据我国税法规定，只有征收增值税的中间投入才可以作为进项税抵扣。另一方面，资本形成总额 CF 包含有固定资本形成总额与存货增加，由于我国目前税法允许购进的固定资产进行抵扣，该指标没有任何统计数据与之对应，这里使用金融业固定资产投资总额作为近似指标。基于上述两个方面的考虑式（7-6）可以进一步写成：

$$Taxbase = GV - IO_{VAT} + IM - EX - INV - FIX \qquad (7-7)$$

式（7-7）中 IO_{VAT} 表示征收增值税的中间投入，INV 表示存货增加，FIX 表示金融业固定资产形成总额。金融业的总产出、中间投入、进口、出口、固定资产投资总额等相关数据均可从《2008年中国统计年鉴》以及《2007年中国投入产出表》中获取，此外，上述数据中均为含增值税数据，需换算成不含税数据。

（二）测算结果分析

表7-2　　　　　中间产品投入适用增值税税率一览

代码	行业	适用税率（%）
06	食品制造及烟草加工	17
07	纺织业	17
08	纺织服装鞋帽皮革羽绒及其制品业	17
09	木材加工及家具制造业	17
10	造纸印刷及文教体育用品制造业	17
11	石油加工、炼焦及核燃料加工业	17

代码	行业	适用税率（%）
12	化学工业	17
13	非金属矿物制品业	17
14	金属冶炼及压延加工业	17
15	金属制品业	17
16	通用、专用设备制造业	17
17	交通运输设备制造业	17
18	电气机械及器材制造业	17
19	通信设备、计算机及其他电子设备制造业	17
20	仪器仪表及文化办公用机械制造业	17
21	工艺品及其他制造业	17
22	废品废料	17
23	电力、热力的生产和供应业	13
24	燃气生产和供应业	13
25	水的生产和供应业	13
27	交通运输及仓储业	11
29	信息传输、计算机服务和软件业	6
30	批发零售业	17
34	租赁和商务服务业	17
35	研究与试验开发业	6
36	综合技术服务业	6

表 7 - 2 中代码一栏与《2007 年中国投入产出表》中 42 个部门相对应，根据表 7 - 2 以及式（7 - 7），我们可以测算出金融业"营改增"后金融业增值税税基为 141433635.8 万元，金融业增值税税收收入为 10466089.05 万元。而"营改增"前，相应的金融业营业税税收收入总额为 10606203 万元①，减税幅度为 140114 万元，占当年金融业营业税收入的比重为 1.32%，表明实施营业税改征增值税后，将显著降低金融业税收负担，将金融业效率损失降到最小，同时增值税征税对象扩展到金融领域最终扩展到整个生产经营行为，征税范围延伸至生产、流通的各个领域，这种普遍的征税方式，同样也使得增值税

---

① 由《中国税务年鉴》2007 年全国税收收入分税种分产业收入情况相关数据整理而得。

税收收入稳定。此外，我们还比较了金融业增值税税收负担，2007 年金融业增加值为 123375000 万元①，可得"营改增"后金融业增值税税收负担率为 8.48%，略高于 7.4% 的增值税临界税率水平，税收负担率接近临界税率也表明对金融业征收增值税对经济体的扭曲程度较小。

进一步我们也测算了税收弹性，何俊（2010）② 测算了上海市增值税改革所导致的服务业税收弹性变化。本书也采用这一分析思路，考察对金融业征收增值税后的税收弹性，以此估测增值税改革对经济的影响。

一般而言，税收弹性又称为税收国民生产总值弹性，是指税收收入的变动与国民收入变动的比率，反映一国税收体系对社会资源的获取能力。通常而言，税收弹性上升表明税收增长速度超越经济增长速度，经济系统创造的新价值向政府分配得更多，而税收弹性下降表明税收增长速度小于经济增长速度，经济系统创造的新价值会更多地留在系统内部。除非面临重大税制改革，一般情况下税收弹性为正，政府可以源源不断从经济增长中汲取资源。按照税收弹性的定义，税收弹性的计算公式为：

$$税收弹性 = \frac{税收收入增长率}{国内生产总值增长率} \times 100\% \qquad (7-8)$$

由于本书所测算的是营业税改征增值税所导致的金融行业税收收入弹性变化，反映一项税制变革与行业发展的关系。设 E_T 表示金融产业税收弹性，ΔT 表示"营改增"所导致的金融业税收收入变化，ΔY 表示金融行业增加值，式（7-8）可以进一步写成：

$$E_T = \frac{\frac{\Delta T}{T}}{\frac{\Delta Y}{Y}} \times 100\% \qquad (7-9)$$

假设营业税改征增值税前金融业营业税收入为 T_B，税制改革之

---

① 由 2011 年《中国统计年鉴》相关数据整理而得。

② 何骏：《上海增值税改革对现代服务业的影响测算及效应评估》，《经济与管理研究》2012 年第 10 期。

后，金融业增值税收入为 T_V，那么 $\dfrac{\Delta T}{T} = \dfrac{T_V - T_B}{T_B}$，$\dfrac{\Delta Y}{Y}$ 为金融业增加值增长率，相关数据可以从《中国统计年鉴》、《中国金融统计年鉴》获得，根据式(7-9)，我们测算的金融业税收弹性为 -9.45%。金融业"营改增"降低了金融行业整体税收负担，因而导致税收弹性为负。测算结果表明，税收弹性下降，也意味着金融业增值税波动幅度小于国内生产总值波动幅度，即国内生产总值的冲击对金融业增值税的冲击影响小，这正体现了增值税的优势，即能够保持税收收入的稳定，符合市场对资源配置保持中性的理念。

三 金融业"营改增"产业波及效应测算与评估

本部分主要考察营业税改征增值税后对金融行业上下游产业的影响，将金融行业纳入增值税的抵扣链条后，金融行业的下游产业购买金融产品就能获得相应的进项税抵扣，进一步降低了下游行业的税负水平，促进金融行业下游产业的发展，而对金融业无论征收增值税还是营业税几乎对上游产业的税负变化无影响。① 从税收负担变化以及避免重复征税的角度分析，"营改增"对金融业下游企业的影响程度及范围要高于对上游企业，鉴于此，以下主要关注"营改增"对金融业下游企业的减税程度以及税负变化。

我们要找出与金融行业密切相关的下游产业。换句话说，该部门需要金融业为其生产而提供产出。采用的方法是通过计算投入产出表中42个部门的感应系数，感应系数越高表明金融业对该产业的需求感应程度越强，越容易受到该产业的影响，该产业的发展对金融业的拉动作用也越大。感应系数计算公式如下所示：

$$A \text{ 产业对 } B \text{ 产业的感应系数} = \frac{A \text{ 产业在里昂惕夫逆矩阵中行系数均值}}{B \text{ 产业在里昂惕夫逆矩阵中行系数均值}}$$

$$(7-10)$$

由于进入增值税抵扣范围的包含工业全部以及服务业的一部分，

---

① 严格地说，从完善增值税抵扣链条和税收征管的角度出发，将金融业纳入增值税征税范围后，金融业在上游企业获得的增值税专用发票可以抵扣，有利于减少金融业上游企业偷漏税的可能性，现实中金融业上游企业税收负担可能加重，但这不是本书所重点关注的内容。

因而根据式（7-10）我们测算了金融业对上述部门的感应系数，由于感应系数小于1表明金融行业对经济的需求拉动作用不明显，因而我们剔除感应系数小于1的部门，剩余18个部门对金融业产出需求效应较大，按照感应系数由大到小排序，如表7-3所示。

表7-3 金融业与其他各行业感应系数

代码	行业名称	感应系数
24	燃气生产和供应业	2.808713
25	水的生产和供应业	2.791508
35	研究与试验开发业	2.742461
21	工艺品及其他制造业	2.350402
36	综合技术服务业	2.189095
05	非金属矿及其他矿采选业	2.17979
29	信息传输、计算机服务和软件业	1.93042
08	纺织服装鞋帽皮革羽绒及其制品业	1.767951
20	仪器仪表及文化办公用机械制造业	1.727972
22	废品废料	1.642237
09	木材加工及家具制造业	1.554086
34	租赁和商务服务业	1.419913
13	非金属矿物制品业	1.313905
04	金属矿采选业	1.26954
02	煤炭开采和洗选业	1.123549
15	金属制品业	1.119939
30	批发零售业	1.074627
10	造纸印刷及文教体育用品制造业	1.007342

资料来源：根据2007年《中国投入产出表》完全消耗系数矩表相关数据整理而得。

从表7-3中我们可以看出，作为对金融业影响比较大的18个下游产业中，属于第三产业部门①的有4个行业，为研究与试验开发业、综合技术服务业、信息传输、计算机服务和软件业以及租赁和商务服务业，这也是2012年开始的"营改增"试点的行业范围，剩余14个行业属于第二产业部门。通过对比我们可以发现，金融业对于第二产

---

① 金融业对交通运输业的感应系数小于1，表格中没有列示。

业向前的关联度较高，意味着第二产业比第三产业对金融业需求拉动的效应要大。

在假设上述行业中间产品投入不发生变化的情况下，我们测算金融业营业税改征增值税后对下游产业的影响（见表7-4）。

表7-4　　　　　金融业下游产业增值税收入变化情况　　　　单位：万元

行业名称	改革后增值税收入	改革前增值税收入	税收变动额	税负变动幅度（%）
燃气生产和供应业	1000540.93	1000965.80	424.87	0.04
水的生产和供应业	576509.16	586443.76	9934.60	1.69
研究与试验开发业	438388.44	451897.91	13509.47	2.99
工艺品及其他制造业	1770169.53	1780818.86	10649.33	0.60
综合技术服务业	1444471.16	1451294.82	6823.66	0.47
非金属矿及其他矿采选业	3218279.74	3306900.06	88620.32	2.68
信息传输、计算机服务和软件业	2390090.18	2755939.13	365848.95	13.27
纺织服装鞋帽皮革羽绒及其制品业	0.00	31773.39	31773.39	100.00
仪器仪表及文化办公用机械制造业	2884049.17	2941568.44	57519.27	1.96
废品废料	8353119.79	8364417.00	11297.21	0.14
木材加工及家具制造业	2966653.61	2978241.26	11587.66	0.39
租赁和商务服务业	5951519.86	6593266.73	641746.87	9.73
非金属矿物制品业	12870383.15	12872538.79	2155.64	0.02
金属矿采选业	11389076.98	11442052.76	52975.79	0.46
煤炭开采和洗选业	8913713.56	9063040.38	149326.82	1.65
金属制品业	1332815.87	1342330.91	9515.04	0.71
批发零售业	24069265.83	24126167.58	56901.75	0.24
造纸印刷及文教体育用品制造业	4022758.02	4393582.67	370824.65	8.44

根据现行《增值税暂行条例》的规定，增值税一般纳税人当期进项税高于当期销项税时，可以将未抵扣完的进项税留待下期继续抵

扣，直到抵扣完全为止，因此，一般情况下，在某个纳税期间内出现应纳增值税为负的情况，表明该企业（行业）存在期末留底进项税额，因为我们将该企业（行业）的当期应纳增值税调整为零，如表7-4中纺织服装鞋帽皮革羽绒及其制品业，我们发现在金融业"营改增"后，该行业允许抵扣的进项税要高于当期销项税额，表明该行业所受到的税制改革影响最大，我们也将其增值税变动幅度调整为100%。

除纺织服装鞋帽皮革羽绒及其制品业税收变化比较异常外，从表7-4中我们可以看出，整体上与金融业供求关系密切的17个下游产业中，税收负担都有不同程度的减轻，税负变动幅度从0.02%到13.27%不等，据测算，金融业"营改增"对金融业下游产业的减税规模在1891435.28万元以上。其中信息传输、计算机服务和软件业的减税效应最大，税负变动为13.27%，可能的原因是该行业属于高新技术行业，更需要金融行业的扶持，与金融业的关系较为密切。排在第二位的行业是租赁和商务服务业，税负变动幅度为9.73%，主要是由于该行业的金融中间产品投入较多，导致进项税抵扣较多，因而税收负担下降较大，同时该行业也属于目前对现代服务业"营改增"的范围，可见增值税征税范围的扩展可以进一步降低行业税负水平。排在第三位的是造纸印刷及文教体育用品制造业，税收负担变化幅度为8.44%。研究与试验开发业、非金属矿及其他矿采选业的税收负担降低幅度在2%—3%，剩余行业，如燃气、水的生产与供应业、工艺品及其他制造业、综合技术服务业、仪器仪表及文化办公用机械制造业、废品废料、木材加工及家具制造业、非金属矿物制品业、金属采选业、煤炭开采及洗选业、金属制品业及批发零售业的税收负担降低幅度均低于2%。

综合上述分析，通过对金融业营业税改征增值税的减税效应进行测算，我们发现"营改增"不但降低了金融业本身的税收负担，而且也不同程度降低了金融业下游产业的税收负担。如果对金融业实施"营改增"，会给大多数行业企业带来减税的实惠，也会对我国经济结构产生深远影响。

从短期效应来看，将金融业纳入增值税抵扣链条后，避免了重复征税，金融行业及其他下游行业税负得以降低，有力促进了金融业等相关第三产业的发展。金融业增值税改革后降低了税收弹性，这意味着今后金融业受外界不利因素影响，引起国民生产总值波动，并不会导致金融业增值税税收收入有着较大变动，能够在一定程度上保持政府增值税收入的稳定。

从长期效应来看，金融业"营改增"具有经济调控效应、产业分工效应、产业升级效应以及促进中小服务企业的发展。

第一，金融业"营改增"具有经济调控效应。增值税改革有力推动了服务业的发展，而将金融业纳入增值税征税范围后，更加促进了相关服务业，特别是信息传输、计算机服务和软件业、研究与试验开发业、租赁和商务服务业的发展。同时减税会促进服务业的发展，增加就业，提升劳动者的劳动收入占国民收入的比重，优化国民收入分配格局，进一步促进国民经济协调发展。

第二，金融业"营改增"具有产业分工效应。对金融业实施营业税改征增值税，使得第二产业与第三产业的联系更为紧密，从上文测算中我们已经发现金融行业下游产业大部分属于制造业，而部分大型制造业企业内部本身就包含有研究与试验开发、商务服务、软件与设计的企业或者机构。增值税改革有利于将这部分企业与主体制造企业剥离，进行专业分工与服务外包，同时金融业"营改增"后抵扣链条的延伸也会更加有利于这类企业的发展壮大。

第三，金融业"营改增"具有产业升级效应。"营改增"后金融业与相关行业税收负担下降，有利于企业扩大投资、进一步促进企业发展，同时，由于进项税额可以抵扣，其他企业也愿意购买这些行业的服务，来替代自给服务，促进了服务分工进一步深化和细化，从而加快产业结构转型和经济发展方式转变。此外，中小企业大多数从事如研发、设计、咨询等服务类型，在金融行业"营改增"后，可以降低这类企业税收负担，促进中小服务企业发展。

第三节　商业银行税收对区域经济
发展差异的实证研究

地区发展的不平衡性是改革开放以来我国经济发展过程中的一个显著特点，为了协调地区间经济发展，制定任何宏观经济政策都必须考虑地区间差异问题，商业银行税收政策也不例外。同时，为了全面而系统地探讨商业银行税收宏观经济效应，我们有必要将实证分析引入地区层面，更好地解读税收政策对我国金融发展与经济增长关系的影响，此外，我们也从财政政策视角实证检验了周立（2002[①]，2005[②]）、陈刚等（2006）所提出的分税制改革后，我国地方政府收支压力过大，通过加强对银行等金融机构的干预以弥补地方政府不断下降的财政能力，最终降低商业银行资金配置效率的机理。鉴于此，本节构建包含全国 31 个省、自治区以及直辖市的省际面板数据模型，将地区虚拟变量引入，分析商业银行税收对我国区域经济发展差异性的影响，同时检验分税制改革后，地方政府财政能力下降是否降低银行资金配置效率。

一　面板数据模型的构建

在第六章中考察商业银行税收对经济增长与经济波动的影响时，我们详细分析了税收、商业银行与宏观经济发展之间的关系式［参见第六章第一节中式（6－41）与式（6－42）］，阐明了商业银行税收的宏观经济效应传导机制，这里我们继续沿用这一分析框架与分析结论，构建如下面板数据（panel data）基本模型：

$$develop_{it} = \beta_0 + \beta_1 tax\_loan_{it} + \beta_2 tax_{it} + \beta_4 pressure\_loan_{it}$$
$$+ \beta_5 gov_{it} + \beta_6 findevp_{it} + \mu_{it} \qquad (7-11)$$

式（7－11）中，i 代表样本中 31 个省、自治区与直辖市个体，t

---

① 周立、王子明：《中国各地区金融发展与经济增长实证分析：1978—2000》，《金融研究》2002 年第 10 期。

② 周立：《渐进转轨、国家能力与金融功能财政化》，《财经研究》2005 年第 2 期。

代表时间趋势。被解释变量 $develop_{it}$ 为第 i 个省（或自治区、直辖市）在第 t 年间的经济发展指标；解释变量中 tax_loan_{it}、tax_{it} 代表商业银行税收对区域经济发展影响的一系列指标，其中，tax_loan_{it} 为商业银行税收与银行信贷的交叉项，tax_{it} 为银行税收总额；$pressure\_loan_{it}$ 为体现分税制改革后，地方政府加强对银行等金融机构干预的指标，该变量为财政收支压力变量与银行信贷规模的乘积项。

由于我国区域经济发展的差异性，以及金融资源在各地区之间的分布不平衡，我们有必要进一步考察商业银行税收对区域经济发展差异性的影响，为进一步制定有差别的区域商业银行税收政策提供数据支持，我们由此建立如下扩展模型：

$$develop_{it} = \beta_0 + \beta_1 tax\_loane_{it} + \beta_2 tax\_loanw_{it} + \beta_3 tax\_loan_{it} + \beta_4 tax$$
$$+ \beta_5 pressure\_loane_{it} + \beta_6 pressure\_loanw_{it} + \Gamma X_{it} + \mu_{it}$$

$$(7-12)$$

我们从如下两个方面对基本模型式（7－11）进行扩展：一方面，在解释变量中引入地区差异因素，以考察商业银行税收政策对地区经济发展差异的影响。具体变量设定为：首先通过虚拟变量（$dummy$）体现地区间的差异，当 $dummy\_w = 1$ 时，表明该省、自治区、直辖市属于西部地区，当 $dummy\_w = 0$ 时，表明该省、自治区、直辖市属于东部或中部地区；同理当 $dummy\_e = 1$ 时，表明该省、自治区、直辖市属于东部地区，当 $dummy\_e = 0$ 时，表明该省、自治区、直辖市属于中部或西部地区。因此，解释变量 tax_loane_{it} 为 tax_loan_{it} 变量与 $dummy\_e$ 的交叉项，体现商业银行税收通过银行信贷而对东部地区经济发展的影响，同理解释变量 tax_loanw_{it} 为 tax_loan_{it} 变量与 $dummy\_w$ 的交叉项，体现商业银行税收通过银行信贷而对西部地区经济发展的影响；而解释变量 $pressure\_loane_{it}$ 为 $pressure\_loan_{it}$ 变量与 $dummy\_e$ 的交叉项，体现为分税制改革后，东部地区地方政府加强对银行等金融机构的干预程度，同理 $pressure\_loanw_{it}$ 为 $pressure\_loan_{it}$ 变量与 $dummy\_w$ 的交叉项，体现为分税制改革后，西部地区地方政府加强对银行等金融机构的干预程度。

另一方面，控制变量中，也包含地区差异虚拟变量 $dummy\_e =$

{0，1} 以体现东中西部地区经济发展差异。式（7-2）中 X_{it} 表示影响区域经济发展的一系列控制变量，其中包含 gov_{it} 与 $findevp_{it}$，分别体现地区政府干预与经济发展；μ_{it} 为模型的随机扰动项。

二　实证检验与经济学解释

本部分重点考察商业银行税收对区域经济发展的影响，我们所选取的样本为全国 31 个省、直辖市、自治区全体，鉴于国家统计局直到 2006 年才详尽统计不同地区商业银行税收收入数据，因此，本书研究的时间跨度为 2006 年至 2012 年，数据来源于《中国统计年鉴》、《中国税务年鉴》以及中经网统计数据库。根据数据结构特点，即 31 个个体样本 7 年数据，个体维度 N 远远大于时间维度 T，属于短面板模型。

此外，我们参考国家统计局和中经网统计数据的统计分类口径，将全国 31 个省、自治区、直辖市按照所属区位的不同划分为东部、中部以及西部地区，具体而言：东部地区包含北京、上海、浙江、河北、山东、广西、天津、辽宁、江苏、福建、广东、海南 12 个省、自治区、直辖市；中部地区包含山西、吉林、安徽、河南、湖南、湖北、内蒙古、黑龙江、江西 9 个省、自治区；西部地区包含重庆、贵州、西藏、甘肃、宁夏、四川、云南、陕西、青海、新疆 10 个省、直辖市、自治区。

（一）变量设定与统计性质描述

1. 变量的设定

本书在借鉴已有文献的基础上，选取各省、直辖市、自治区国民生产总值作为因变量，体现区域经济发展水平；对于自变量而言，选取商业银行税收收入总额作为体现商业银行税收政策的变量；选取金融机构人民币各项贷款余额作为体现商业银行信贷资金流动的变量；选取财政收入与财政支出之差作为体现地方政府财政压力的变量，该项变量为正表示政府财政压力越大，为负表示政府财政盈余；选取信贷资金占国内生产总值的比重作为体现区域金融发展水平的变量。各变量的统计范围为各省、自治区、直辖市，为了降低各变量的波动程度，以消除可能存在的异方差情况，我们均对上述指标取自然对数值，各变量的选取与基本设定如表 7-5 所示。

表 7 - 5　　　　　　　　　　　　变量说明

	变量名称	变量符号	变量设定
因变量	区域经济发展水平	*develop*	各地区人均国民生产总值的对数值
自变量	商业银行税收总量	*tax*	各地区商业银行税收收入总额的对数值
	地方政府财政压力	*pressure*	各地区财政收入与支出对数值之差
	商业银行信贷规模	*loan*	各地区金融机构人民币各项贷款余额的对数值
	区域金融发展水平	*findevp*	各地信贷资金占本地区国内生产总值的比重
	政府干预	*gov*	各地区政府财政支出总额的对数值

注：本节所估计的模型的解释变量均为基本变量与虚拟变量的乘积变量，受表格篇幅所限，表7 - 5仅对基本变量情况进行说明。

由表7 - 5以及式（7 - 12）可知，体现商业银行税收对区域经济发展影响的指标向量由 *tax_ loan* 以及虚拟变量 *dummy_ e* 和 *dummy_ w* 的乘积项、*tax_ loan*、*tax* 四个组成。根据第六章中考察商业银行税收对经济发展影响的传导机制，我们认为：商业银行税收会对本区域内的银行经营行为产生扭曲，进而降低商业银行资金配置效率，因而商业银行税收通过信贷渠道影响本地区经济发展，因而我们可以预计在式（7 - 12）中，β_1 至 β_4 的系数为负。

同时，我们认为分税制改革只涉及财政体制的收入方面，割裂了财政收入与财政支出之间的联系，地方政府财政收支压力增加，从而导致地方政府加强对金融部门信贷决策与信贷行为的干预（尹希果等，2006）[1]，而地方保护主义以及地方政府"政绩观"也强化了上述行为，进而银行等金融部门将资金配置给能够给地方政府带来更多税收甚至私人利益的企业或者是与地方政府更为密切的国有企业（Bai et al.，2004）[2]，最终银行信贷资金配置效率低下。为了验证上述假说，我们构造了体现分税制改革后，地方政府加强对银行等金融

[1]　尹希果、陈刚、潘杨：《分税制改革、地方政府干预与金融发展效率》，《财经研究》2006 年第 10 期。

[2]　Bai C. E.，Du Y.，Tao Z.，Tong S. Y.，"Local Protectionism and Regional Specialization：Evidence from China's Industries"，*Journal of International Economics*，Vol. 63，No. 2，2004，pp. 397 - 417.

机构干预的一系列指标 [如式 (7-11)]：变量 *pressure* 为体现地方政府财政自给能力的指标，该值越高表明地方政府收支压力越大，地方政府财政自给能力越低；解释变量 *pressure_ loan* 为变量 *pressure* 与变量 *loan* 的乘积项，表示政府财政与银行信贷的相互关系，在加入虚拟变量后，我们认为东中西部普遍存在政府对金融机构的干预，因而我们预计式 (7-12) 中 β_5 和 β_6 为负。

对于控制变量而言，变量 *gov* 衡量的是地方政府对地方经济的干预程度，大多数文献通过财政支出相关数据来衡量，该数值（或比例）越高，往往意味着地方政府具有更高的财政收入才满足更高的财政支出，即财政收支压力小，我们预计在式 (7-12) 中该变量为正。变量 *findevp* 为体现区域金融发展水平的控制变量，金融发展水平是一个地区资金配置效率高低的标志，金融发展水平越高，表现为一个地区经济发展水平越好，我们预计该变量 *findevp* 的系数为正。

2. 变量统计性质描述

相关原始变量（不含交叉项）的统计性质描述如表 7-6 所示。

表 7-6　　　　　　　　变量统计性质描述

变量名		均值	标准差	最小值	最大值
区域经济发展水平	*overall*	10.159	0.561	8.688	11.442
	between		0.475	9.308	11.183
	within		0.308	9.528	10.740
商业银行税收总量	*overall*	12.859	1.456	8.618	17.233
	between		1.344	9.175	16.643
	within		0.603	11.232	14.027
商业银行信贷总量	*overall*	18.163	1.094	14.529	20.160
	between		1.035	14.904	19.756
	within		0.378	17.509	18.967
财政支出总额	*overall*	16.543	0.739	14.372	18.022
	between		0.611	15.125	17.531
	within		0.425	15.679	17.683

续表

变量名		均值	标准差	最小值	最大值
财政收入总额	*overall*	16.207	1.039	12.641	18.816
	between		0.930	14.035	18.260
	within		0.489	14.647	18.018
信贷占 GDP 比重	*overall*	101.600	34.668	53.721	255.516
	between		34.616	64.381	215.450
	within		10.170	71.547	141.666

由表 7-6 样本的统计性质描述可知，各个地区的信贷投放量均有所不同，就整个样本而言，信贷投放占 GDP 的比重平均为 101.6%，但是最低信贷投放量占 GDP 的 53.721%，最高信贷投放量占 GDP 的 255.516%，表明该变量波动幅度比较大。除信贷占 GDP 的比重外，其余变量的波动幅度较小，样本数据比较集中，适合做面板数据模型分析。

（二）式（7-12）实证结果分析及经济学解释

本部分采用面板数据模型估计式（7-12），面板数据模型分析与截面模型以及时间序列模型相比的优势参见第三章第三节的论述，此外由于我们样本涵盖了全国 31 个省、直辖市、自治区，因而可以直接使用固定效应模型回归，回归结果如表 7-7 所示。

表 7-7　　　　　　　　　扩展模型回归结果分析

	式（7-12）回归结果				
变量		估计参数	稳健标准差	T 统计量	P 值
解释变量	*tax_ loane*	-0.0002 **	0.0001	-2.05	0.040
	tax_ loanw	-0.0028 ***	0.0009	-3.02	0.003
	tax_ loan	-0.0276 ***	0.0041	-6.67	0.000
	tax	-0.4011 ***	0.0921	-4.36	0.000
	pressure_ loane	-0.0002	0.0004	-0.62	0.538
	pressure_ loanw	-0.0010	0.0020	-0.52	0.604

式（7-12）回归结果				
变量		估计参数	稳健标准差	T统计量	P值

变量		估计参数	稳健标准差	T统计量	P值
控制变量	gov_{it}	0.3491***	0.06945	5.03	0.000
	$findevp_{it}$	-0.0043***	0.0010	-4.40	0.000
	$dummy\_e$	0.5551***	0.1964	2.83	0.005
个体虚拟变量	Id_2	0.3464***	0.1248	2.77	0.006
	Id_3	-1.1232***	0.1860	-6.04	0.000
	Id_4	-0.7686***	0.1800	-4.27	0.000
	Id_5	-0.0661	0.1015	-0.65	0.515
	Id_6	-1.0650***	0.1872	-5.69	0.000
	Id_7	-0.6902***	0.1344	-5.13	0.000
	Id_8	-0.5478***	0.1405	-3.90	0.000
	Id_9	-1.1638***	0.1924	-6.05	0.000
	Id_10	0.0297	0.1702	0.17	0.861
	Id_11	-0.8777***	0.1662	-5.28	0.000
	Id_12	-0.4647**	0.1891	-2.46	0.014
	Id_13	-0.6555***	0.1734	-3.78	0.000
	Id_14	-0.9690***	0.1991	-4.87	0.000
	Id_15	-1.2621***	0.1653	-7.63	0.000
	Id_16	0.2240	0.2487	0.90	0.368
	Id_17	-0.9211***	0.1717	-5.36	0.000
	Id_18	-0.8809***	0.1827	-4.82	0.000
	Id_19	0.2276	0.1723	1.32	0.186
	Id_20	0.3008**	0.1339	2.25	0.025
	Id_21	-0.5877***	0.1854	-3.17	0.002
常数项	β_0	4.2927***	0.7226	5.94	0.000
$R-statistic: overall=0.9948$					

注：*、**、***分别表示变量在10%、5%、1%的水平下显著。

表7-7为扩展模型回归结果分析，与之前估测基本模型所采用的分析方法一致，我们采用面板数据最小二乘虚拟变量模型来估计。其中Id_2至Id_21为代表每个自治区以及直辖市的个体异质性的虚

拟变量截距项，本书数据结构中共有 31 个样本个体，总共生成 30 个虚拟变量，考虑到表格篇幅限制，表 7 - 7 中仅仅列示了其中 21 个省、自治区以及直辖市的个体虚拟变量估计结果。从表中对虚拟变量截距项的回归结果来看，绝大部分变量都在 1% 的显著性水平下显著，从而表明各个地区存在经济发展的异质性。同时，我们也通过 Hausman 检验考察所估计的模型是否为随机效应模型，输出的统计量为：χ^2（9）= 56.12，对应的 P 值为 0.000，表明在 1% 的显著性水平下，强烈拒绝模型为随机效应模型的原假设，由此可知使用固定效应模型回归是恰当而稳健的。

整体上看，回归结果的可决系数高达 99.48%，表明所构建的面板数据模型对样本数据拟合能力较好，模型具有较强的解释能力。

对于商业银行税收这一类解释变量而言，当加入代表地区差异的虚拟变量后，整体上看，商业银行税收对于整体区域经济发展产生了显著的扭曲效应。其中，与中部、西部省份相比，商业银行税收在 5% 的显著性水平下扭曲了东部经济发展，为 0.02%；反过来，与东部、中部省份相比，西部地区商业银行税收在 1% 的显著性水平下扭曲了西部地区经济发展，为 0.28%。比较而言，西部地区的税收扭曲效应要比东部地区更大，也更为显著，可能的原因在于，西部地区商业银行信贷对税负的敏感性要比东部地区高，最终导致对经济的影响也有所不同。同时，从信贷角度来看，商业银行税收与信贷交叉项对区域经济的影响在 1% 的水平下显著，即交叉项增加一个百分点，区域经济将下降 0.0276%，表明商业银行税收对区域经济发展的影响效应大部分是通过商业银行信贷渠道而实现的。

此外，我们也发现，引入地区差异的虚拟变量后，地方政府对银行等金融中介机构的干预对地方经济发展的影响虽然不显著，但作用方向与预期相符，均呈现反向相关关系。其中，东部地区政府对银行等金融机构的干预导致的经济扭曲效应小于西部地区。经济学解释为：分税制改革后地方政府的财政能力不断下降，然而由于东西部地区经济发展的巨大差异，导致地方政府的财政能力有所不同，相比较而言，东部地区政府的财政收支压力要显著小于西部地区，因而对于"地方政府采取加强对银行等金融机构控制而弥补其下降的财政能力"

而言，西部地区政府对银行等金融机构的干预力度要高于东部地区，因而导致西部地区银行信贷资金的配置效率低于东部地区，从金融抑制的角度，最终表现为两地经济发展的差异，实证研究的结论也证实了这一点。

对于控制变量而言，实证结果显示：控制代表地区差异的虚拟变量后，体现金融发展的变量对区域经济发展的影响在1%的显著性水平下呈现负向影响，但负向影响程度比较微弱，仅为 - 0.0043%，表明，无论是东部地区还是西部地区，金融发展与实体经济发展不协调，存在着一定程度的扭曲效应。这与我们之前所得到的预计正好相反，即金融发展水平越高，那么地区经济发展水平也越高，因而，从区域经济发展的角度来看，无论是东部还是西部都要完善银行等金融机构发展的外部税收环境，以促进两者的协调发展。

另一个控制变量，在引入代表地区差异的因素后，地方政府支出对区域经济发展的影响在1%的显著性水平下呈现出正向影响，即地方政府财政支出增加一个百分点导致地区人均国民生产总值增加0.35%。经济学解释为：地方政府支出水平较高的地区，往往政府财政收入也比较高，政府对银行等金融机构的干预程度也较小，导致信贷资金的配置效率较高，最终促进地区经济发展。最后，体现地区差异的虚拟变量在1%的显著性水平下与地区经济发展正相关，也表明地区间经济发展存在一定程度的差异性。

第四节　本章小结

本章主要探讨了两个问题，一是从产业结构即产业关联视角，模拟测算实施营业税改征增值税后，金融业税收收入以及税收负担的变化，同时也评估增值税改革对金融业上下游企业的影响。二是从区域经济结构的视角运用省际面板数据考察商业银行税收对区域经济发展的影响。

一　"营改增"对金融业及关联产业的影响

我们首先构建数理模型，考察金融企业"营改增"的税收效应，同时测算了"营改增"的税负平衡点；其次在模型基础之上，测算了我国金融业"营改增"前后税收负担的变动，以及减税规模；最后基于产业关联视角，我们进一步评估"营改增"所波及的金融业上下游产业的税收效应。主要结论如下：

第一，金融业增值税税收负担的变动取决于增值税税率、进项税抵扣范围以及金融业中间产品比率三个因素。数理模型显示："营改增"后金融行业增值税税率越高，金融行业的增值税税收负担也会相应增加；能够进行增值税进项税抵扣的外购商品和服务的价值占整个金融行业购买商品和服务价值总额的比重越高，意味着纳入增值税抵扣链条的行业越多，金融行业进项税抵扣也就越充分；在销项税与营业收入既定的情况下，金融业中间投入比率越高时，"营改增"后金融业所获得的进项税抵扣的金额就会越大，减税效果也就越明显。

第二，数理模型测算金融业增值税税负平衡点为 7.4%。比照目前对交通运输业和部分现代服务业所征收的增值税税率，我们所测算的金融业增值税税率介于 6%—11%。

第三，"营改增"导致金融业税收负担下降。金融业"营改增"金融业增值税税收收入为 10466089.05 万元，同时我们测算的金融业税收弹性为 -9.45%。通过投入产出表分析，我们测算金融业"营改增"后金融业增值税税基为 141433635.8 万元，而"营改增"前，相应的金融业营业税收入总额为 10606203 万元，减税幅度为 140114 万元，占当年金融业营业税收入的比重为 1.32%。此外，由于金融业"营改增"降低了金融行业整体税收负担，导致税收弹性为负。税收弹性下降，也意味着金融业增值税波动幅度小于国内生产总值波动幅度，即国内生产总值的冲击对金融业增值税的冲击影响小，这正体现了增值税的优势，即能够保持税收收入的稳定，符合增值税对资源配置保持中性的理念。

第四，"营改增"也不同程度降低了金融业下游产业的税收负担。通过对金融业与其他产业感应系数比较，我们确定了与金融业较为密切的 18 个下游产业。测算结果显示：整体上与金融业供求关系密切的 17 个下游产业中，税收负担都有不同程度的减轻，税负变动幅度从 0.02% 到 13.27% 不等，金融业"营改增"对金融业下游产业的减税规模在1891435.28万元以上。除纺织服装鞋帽皮革羽绒及其制品业税收变化比较异常外，减税幅度最大的产业为服务业中的信息传输、计算机服务和软件业；排在第二位的行业是租赁和商务服务业，排在第三位的是造纸印刷及文教体育用品制造业。研究与试验开发业、非金属矿及其他矿采选业的税收负担降低幅度在2%—3%以内，剩余行业，如燃气、水的生产与供应业、工艺品及其他制造业、综合技术服务业、仪器仪表及文化办公用机械制造业、废品废料、木材加工及家具制造业、非金属矿物制品业、金属采选业、煤炭开采及洗选业、金属制品业及批发零售业的税收负担降低幅度均低于2%。

二 商业银行税收对区域经济发展差异的影响

本章还考察了商业银行税收对东、中、西部地区经济发展差异的影响程度，实证检验了分税制改革后地方政府通过加强对银行等金融机构的干预以弥补不断下降的财政能力，进而导致信贷资金配置效率降低的理论。从税收角度力图对弥合区域经济发展差距的政策建议提供理论与数据支撑。

第一，商业银行税收对区域经济发展产生了显著的扭曲效应。与中部、西部省份相比，商业银行税收显著地扭曲了东部经济发展，为0.02%；反过来，与东部、中部省份相比，西部地区商业银行税收显著地扭曲了西部地区经济发展，为0.28%。比较而言，西部地区的税收扭曲效应要比东部地区更大，也更为显著。

第二，地方政府干预确实降低信贷资金配置效率，最终影响区域经济发展。引入地区差异的虚拟变量后，地方政府对银行等金融中介机构的干预对地方经济发展的影响虽然不显著，但作用方向与预期相符，均呈现反向相关关系。其中，东部地区政府对银行等金融机构的干预导致的经济扭曲效应小于西部地区。

第三，金融发展与实体经济发展不协调，且地方政府对区域经济发展有着正向影响。实证结果显示，金融发展的变量对区域经济发展产生负向影响，表明金融发展的资金配置效率有一定程度下降。可能的原因是，我国金融部门面临着地方政府干预的影响，表现为引导银行部分信贷资金流向特定的产业与生产领域，制约了我国商业银行发挥资金配置的功能，因而实体经济的增长速度要低于金融信贷增长速度，表现在实证研究结果上，两者就会呈现出负相关关系。

　　此外，地方政府财政支出增加一个百分点导致地区人均国民生产总值增加 0.35%。因为地方政府支出水平越高，往往意味着支出的背后有着较高的财政收入来支撑，而财政收入水平较高的地区，政府对银行等金融部门的信贷干预程度也较小，经济发展程度也较高，因而两者表现为显著的正向关系，实证结果与理论预期较为一致。

　　综合上述分析，针对金融业"营改增"以及商业银行税收对区域经济发展差异的影响，政府须制定具有针对性的商业银行税收产业政策以及区域政策，才能适应宏观经济的发展变化。

第八章　商业银行税收经济效应评价与优化路径选择

　　信息不完全的金融市场，商业银行利用规模经济、对信息有效甄别以及委托监管方面的优势，能够有效降低交易过程中的交易成本、信息成本以及金融市场中的信息不对称程度，尤其是对于处于转型期的中国而言，商业银行仍是金融体系主体。此外与其他微观经济体相比，银行业具有特殊的行业特征，属于虚拟经济的范畴。银行成本与收益往往不能很好地与一般税收制度规定相匹配，银行金融产品规模与发展速度也给税制建设带来诸多挑战。银行高负债与低资产特性、易于发生金融风险性、与其他产业具有广泛的关联性等一系列行业特有、有别于实体经济的经营特征，而且银行的一些金融产品与金融服务还具有类似于公共品的特征，即商业银行产生的金融风险不仅危害银行本身，而且会外溢到经济系统中其他经济部门，甚至威胁到整个宏观经济稳定。因此，政府在制定有关商业银行税收政策时，应充分考虑商业银行的经营特点，建立与银行经营方式相适应的商业银行税收制度，既要促进商业银行发展又要控制金融风险。

第一节　商业银行税收经济效应综合评价

一　商业银行税收政策实施的成效

　　金融是现代经济的核心，银行业是金融领域的重要支柱之一，改革开放以来，银行业在促进国民经济发展与改善社会民生方面发挥了重要作用。伴随着经济体制的变革，我国商业银行发展经历了"大一统格局"阶段、"央行为核心专业银行为主体"阶段、"银行股份制改造"阶段、"利率市场化"阶段。经过 60 多年的发展和 30 多年的改革开放，我国银行业已经发展成为以商业银行为主体，政策性金融与商业性金融适度分离，多种金融机构分工协作，多种融资渠道并存，功能互补，协调发展的服务体系。国有银行绝对主导地位已经被打破，市场份额有所下降，国有商业银行资产份额由 1993 年的80.4% 下降到 2008 年的 47.11%。股份制商业银行资产规模、市场份额、盈利水平大幅提高，资本充足率已经全部达标。城市商业银行成为我国数量最多、分布最为广泛的商业银行类别。农村中小金融机构多元化产权格局初步形成，整体实力迅速成长，支农主力军作用日益明显。扩大民间资本进入金融业，鼓励民间资本入股金融机构和参与金融机构重组改造。

作为金融业税制重要组成部分的商业银行税收制度，在推动银行业健康发展方面具有重要影响，我国商业银行税收制度的发展与我国金融发展紧密相连，促进我国经济的发展。

（一）商业银行税收负担的降低促进银行业发展

本书第三章和第四章的实证研究表明，商业银行存在负债融资税收激励，增加商业银行经营风险；流转税还会扭曲银行信贷行为，导致银行存差扩大。然而我国金融保险业营业税税率由 2001 年的 8% 下降至 5% 水平，大大降低了商业银行流转税的扭曲程度，一定程度上抑制银行存差进一步扩大；同时 2008 年"两税合并"银行业适用的企业所得税法定税率由 33% 降低到 25%，商业银行实际税率的下降也抑制银行债务融资规模的进一步扩大，降低金融风险。本书的实证研究也证实，面临所得税实际税率下降的情况银行确实会做出调整资本结构、降低负债水平的策略。

（二）银行税收优惠政策有助于促进产业发展和减少地区经济发展差异

在前文中我们也提到商业银行税收，特别是营业税对银行信贷的扭曲作用，然而银行业减免税政策不仅会降低扭曲效应，而且能指引信贷资金流向特定的部门与特定的领域。如对中国农业银行纳入"三农金融事业部"改革试点的地区，提供农户贷款、农村企业和农村各类组织贷款取得的利息收入减按 3% 的税率征收营业税①，进一步促进"三农"事业的发展。

金融发展的区域不平衡与我国"阶梯式"的区域经济密切相关，理论分析表明税收政策正是通过本地区商业银行而对区域经济发展产生影响的。本书第七章的实证研究也表明，商业银行税收规模对西部地区经济发展的扭曲程度要高于东都地区，一些有关促进中西部金融机构发展的税收政策，如对试点的中西部地区农村信用社暂免征收企业所得税；试点地区农村信用社取得的金融保险收入减按 3% 征收营业税，在一定程度上缩小东西部地区经济发展差异。②

（三）商业银行税收促进经济增长和抑制宏观经济波动

"两税合并"以及银行业营业税法定税率的降低，使得银行整体税收负担有了一定程度的下降，进一步促进了商业银行的发展，从而提高了信贷资金配置效率，促进宏观经济发展。本书信贷与经济增长的联动机制的实证结果也表明，商业银行整体税收规模降低一个百分点，同时带来整个社会资本积累与技术进步提高约 0.066%，共同促进整个经济发展。

而税收政策所具有的自动稳定器功能与相机抉择机制也会在一定程度上抑制宏观经济波动，促进经济平稳发展。从第七章商业银行税收政策冲击对宏观经济稳定影响的实证研究中我们可以发现，商业银行税收一个标准差的冲击导致银行信贷同期显著降低，并呈现出较小幅度的驼峰状波动。因而在经济过度繁荣时，商业银行税收抑制银行信贷过度膨胀，起到平滑经济波动的作用。

二 商业银行税收政策存在的问题

我国目前的商业银行税制以营业税和所得税为主，银行营业税收

---

① 摘自《财政部国家税务总局关于中国农业银行三农事业部涉农贷款营业税优惠政策的通知》（财税〔2014〕5 号）。

② 摘自《财政部国家税务总局关于延长农村金融机构营业税政策执行期限的通知》（财税〔2011〕101 号）。

入与企业所得税收入要占到整个银行业税收收入的 85% 以上。① 本书的第三章至第七章对商业银行税收经济效应进行实证分析。虽然银行业适用的营业税税率由 8% 下降到 5%，所得税税率由 33% 下降至 25%，银行业税收负担已经大幅降低，然而实证研究发现商业银行税收仍存在扭曲了银行融资行为、信贷行为，降低银行绩效水平的情况，而且在一定程度上降低社会总产出水平，扭曲信贷资金配置，最终对经济增长和经济结构产生不利影响。

杨飞（2010）② 的研究证实尽管 2001 年后金融企业税收负担呈现不断下降的趋势，但整体税收负担仍偏高，税收优惠程度较低。与同为第三产业的服务业相比，上市金融企业总体税收负担明显高于上市服务企业。薛薇（2011）的研究也表明我国商业银行营业税整体税负过重，基本上都在 40% 以上，而同时期国外商业银行，如美国、欧盟等都在 30% 左右。过重的税收负担严重侵蚀了银行利润水平，以资本回报率为例，中国建设银行、中国银行、中国工商银行以及中国农业银行分别仅有 7.6%、3.8%、3.7%、2.2%，同期国外商业银行如花旗银行、汇丰控股分别高达 38.8%、24.8%，我国商业银行盈利能力与国外银行还有着明显差距（李文宏，2004）。同时过重的税收负担也会扭曲银行经济行为，综合本书对商业银行税收经济效应的实证研究结论，我们从营业税与所得税两个角度考察，具体而言：

（一）商业银行营业税主要存在的问题

1. 商业银行营业税税收负担过重，抑制我国商业银行发展

（1）贷款利息收入全额征收营业税，导致商业银行税收负担过重。我国目前对银行贷款利息收入全额征收营业税而不是按照差额征收，这使得相应的营业税税基要远远大于增值税税基，税收扭曲程度较大。在本书第七章测算金融业"营改增"的税收负担时发现，在税负平衡点上，作为基准的增值税税收总额也要远远小于现实中银行业营业税收入总额，表明营业税确实对经济体行为的扭曲程度大。

---

① 根据《中国税务年鉴》相关统计数据整理而得，2006 年银行业营业税收入与企业所得税收入之和占当年银行业税收收入总额的比重为 89.85%，2007 年为 85.18%，2008 年为 87.95%，2009 年为 89.12%，2010 年为 87.65%，2011 年为 88.06%。

② 杨飞：《中国金融企业税收负担研究》，硕士学位论文，西南财经大学，2010 年。

（2）计入营业税的滞纳利息期限较短，加重银行经营负担。按照我国营业税暂行条例相关规定，贷款逾期后发生的应收利息，仍按照会计上确认为利息收入的日期确认收入。这样一来，在我国部分银行不良资产数额巨大的情况下，滞纳利息比较高，即便已经确认的利息收入在逾期 90 天后仍未收回，可以准予抵扣当期营业税额，这也会使得银行运用营运资金来支付大量应收未收利息所支付的营业税款，加重银行经营负担。

（3）营业税制导致银行进项税不能抵扣，增值税抵扣链条中断。现行的营业税制下，银行业所购进的增值税项目不能进行进项税抵扣，而与银行业关系密切的行业所购买的金融服务也不能抵扣，这样一来导致增值税抵扣链条中断，重复征税严重，此外，银行业出口的金融服务也得不到零税率的优惠，不利于我国银行参与国际间竞争。

（4）营业税降低银行经营绩效水平。在本书第五章商业银行税收与银行绩效水平的实证研究中我们验证了营业税确实会显著降低银行绩效水平，其中营业税税收负担对非国有银行绩效水平的影响程度更大，不利于我国中小银行的发展。

2. 营业税扭曲银行存贷款行为，进一步扩大银行存差规模

本书的实证分析表明对贷款利息全额征收营业税会导致银行存差规模进一步扩大。然而银行贷款利率有着弥补银行信贷风险和运营成本的功能，在利率市场化尚未放开的今天，贷款利率的变动幅度较小，很难将营业税税收负担转嫁出去，这也部分导致银行"惜贷"行为产生，降低信贷资金配置效率。

3. 营业税增加贷款企业融资成本，尤其不利于中小企业融资

我国目前企业资信情况差异较大，国有企业由于其背后的国家信用，与国有银行有着天然的联系，在间接融资市场中较为容易获得贷款；而中小企业的信息披露无论是质量上还是数量上都不充分，因而中小企业往往很难承担克服信息不对称而增加的融资成本，特别是经济不景气时，银行紧缩信贷，贷款大部分配给到大型企业以及国有企业，造成中小企业融资难的困境。

根据本书第二章、第四章的相关论述，商业银行可以通过提高贷款利率将营业税税负转嫁给信贷资金需求者。然而在我国中小企业信

贷需求弹性小的情况下，这种转嫁方式较为容易实现，从而导致部分中小企业放弃银行贷款，严重的时候导致信贷市场机制失效。因此较高的营业税税收负担提高了银行贷款利率，增加企业融资成本，降低企业获取信贷资金的可能性，这显然不利于我国中小企业发展。

（二）商业银行企业所得税主要存在的问题

1. 企业所得税扭曲银行经营行为

在第三章的实证分析中我们已经证实，企业所得税在一定程度上降低银行债权融资成本，银行存在负债融资激励，银行经营风险也会进一步加大。同时，所得税也会在一定程度上扩大银行存差规模，从而导致银行一定程度上的"信贷保守"，不利于提升银行信贷资金配置效率。

2. 银行呆账、坏账税务处理增加银行经营风险

银行贷款损失也是银行主要经营成本，因此，银行贷款损失呆账准备金税前扣除事关银行收支平衡，准备金的提取以及呆账核销税收政策也会影响到银行计提准备金的积极性，这也是商业银行所得税政策的重点问题之一。贷款损失核销滞后，企业所得税对于银行资产损失的确认有着明确规定，而在实际工作中，银行常常无法及时取得相关证据而导致银行贷款损失核销滞后。秦凯（2013）通过对比6家主要商业银行[①]贷款损失准备金计提、核销情况发现，核销数远远小于计提数，这6家银行贷款损失准备全部不能在当年及时核销，必然导致商业银行提前缴纳，甚至多缴纳企业所得税。[②]

3. 银行监管要求与税收政策目标冲突降低银行防范风险效果

上述银行呆账、坏账损失税务处理风险表面上是由于银行财务制度规定与税收政策规定的差异导致的，其实更深层次的原因在于不同政府部门的职能与政策目标的不同。银行监管部门的目标在于通过审慎有效的监管，保护广大存款者与消费者利益，保持银行经营的稳健性，风险可控性，增强市场信心；而税务部门首要目的在于保证所征

---

① 这6家商业银行包括：中国工商银行、中国银行、中国建设银行、中国招商银行、中信银行、浦东发展银行。

② 秦凯：《经济全球化背景下中国商业银行税收制度研究》，西南财经大学出版社2013年版。

收的税款足额、及时入库，为各项财政支出提供资金支持。因此，在银行呆账、坏账损失的处理上，银行监管部门希望银行按照规定提取的准备金能够在税前及时足额扣除，以鼓励银行提取充足的准备金以应对呆账损失，同时银行业愿意在不影响盈利性的情况下，防范经营风险而提取足额准备，《商业银行贷款损失管理办法》要求贷款拨备率达到2.5%的标准；而税务部门关注的是银行准备金大量扣除是否会造成征税不足，影响税收收入，导致银行经营风险成本转嫁给政府，《金融企业呆账损失税前扣除管理办法》中规定呆账损失准备金按呆账准备资产期末余额1%计提。两者对比计税所得远高于会计所得，在银行呆账、坏账风险管理方面两者存在冲突，导致银行防范风险的动力有所不足。

本书在第二章的理论分析中也表明，在贷款损失方面银行会计制度与税法制度的差异也会影响银行融资成本，特别是税法不允许扣除更多的贷款损失，那么商业银行整体融资成本就会上升；本书第四章的实证分析也表明，在考虑银行信贷成本（风险成本）的条件下，企业所得税同样会扭曲银行信贷行为，所得税并不具有"税收中性"的特点。

4. 企业所得税不利于鼓励中小银行发展

银行业准入门槛比较高，鼓励民间资本参股银行，促进中小银行的发展有利于信贷市场的资金配置效率提高，也有利于解决中小企业融资难问题。当前我国信贷市场结构是国有大型商业银行占据主导地位的寡头垄断市场结构。股份制商业银行与城市商业银行资产规模与经营网点都远远小于国有银行，且银行之间的业务同质化较为严重，这种高度垄断及同质化竞争导致银行体系的效率低下。从信贷供给方面表现为银行"信贷保守"现象，我们在第四章实证分析中也验证企业所得税是银行存差扩大的一个因素，特别是企业所得税导致非国有商业银行要比国有商业银行存差规模显著增加，换句话说，非国有银行惜贷情况更为严重；从信贷需求角度表现为经济系统内部大量的中小企业融资需求得不到满足。这样一来，国有银行信贷对象大多为国有企业和大型企业，核心客户并不是中小企业，而非国有银行的"惜贷"比国有银行还要严重，因而中小企业相关的银行业务是各个银行都不愿意介入的领域，企业所得税不利于中小银行发展，降低整个信贷资金的配置效率。

第二节　商业银行税收政策的优化路径

一　优化商业银行税收政策的原则

鉴于商业银行的经营特性以及在国民经济中的核心地位。我们在制定相关商业银行税收政策的过程中，参照一些符合银行产业特征的基本原则，使得相关政策既满足银行业发展客观规律又符合市场经济发展要求。商业银行税收政策制定应当遵循以下原则：

（一）效率与公平权衡原则

在税收基本理论中，效率原则与公平原则是制定和评判税制优劣的标准，从一般的课税原则出发，税收效率标准主要包括税收经济效率与税收制度效率（薛薇，2011）。税收的经济效率通常与我们讲的"税收中性"原则相联系，经济效率越高的税收制度意味着对经济体原有的资源配置状况影响越小；反之，政府课税就会改变市场活动中经济体的经济行为。因此，经济效率是指政府通过税收制度参与社会财富分配时，尽量使得不同税种对市场经济产生偏离帕累托最优的福利损失最小化。此外，当某些税收政策矫正市场经济中的负外部性时，税收制度实际上减少社会福利损失，改善了资源配置。而税收制度效率是指政府涉及的税收制度能够在充分筹集收入的基础上使得征税成本最小化。换句话说，就是通过最小的成本以获取既定的税收收入。

税收公平原则简而言之包含横向公平与纵向公平，横向公平是指具有相同纳税能力的纳税人的税收待遇相同，而纵向公平是指具有不同纳税能力的纳税人税收待遇不同。显然，税收效率原则与税收公平原则在现实情况下相悖，两者往往不能兼顾，因此，商业银行税制设计时必须考虑在效率与公平之间寻求一个平衡点，判断这个平衡点往往以一国经济发展状况与历史沿革为标准。通过本书第三章至第七章对商业银行税收经济效应的实证研究，评判商业银行税制的效率与公

平, 我们发现:

从税制效率角度考察, 所得税对商业银行融资行为产生扭曲作用, 激励银行债务融资, 有可能增加银行债务风险; 流转税会扭曲银行信贷行为, 在考虑银行贷款损失扣除的情况下, 所得税同样会扭曲银行信贷行为, 提高银行信贷成本, 降低银行最优信贷水平; 金融业"营改增"将会降低金融业以及下游产业的税收负担, 促进金融行业和关联产业的发展, 以上三个方面都会影响商业银行税收经济效率。从税收制度效率来说, 对金融业征收增值税涉及增值额的确定, 而对于中国商业银行主要业务之一的存贷业务, 采用传统的发票抵扣方法又很难实现, 很多不确定性造成课税成本上升, 带来更大的制度效率损失。从税制公平角度考察, 将金融业纳入增值税课税范围, 意味着消费者所购买的金融商品与服务与其他应税商品、劳务一样, 都应当课征增值税; 如果保证银行呆账准备金足额提取以及贷款损失及时税前扣除, 那么所得税就不会扭曲银行信贷行为, 最终达到如公平税负那样的理想状态。

综合上述分析, 从影响商业银行运行的两大税种——营业税与企业所得税来看, 效率与公平的冲突并不是非常尖锐。从银行业在中国经济中的作用来看, 商业银行作为社会融资功能的主要载体与市场经济核心产业, 具有支付结算、动员储蓄、促进投资、信用创造、风险管理以及资源配置等一系列功能。因此, 对于经济转型期的中国而言, 公平是基础, 在此基础上更倾向于效率。

(二) 税收中性与调控并重原则

所谓的税收中性原则是指国家征税时并不会引起商品相对价格发生变化, 不会改变纳税人的行为选择, 也不会干扰市场经济运行的原则。目的在于税收超额负担最小化, 理论基础是市场机制能够最有效率地配置资源。然而从亚当·斯密"看不见的手"这一前提出发, 税收作为政府参与社会财富分配的一种方式, 很难避免对市场经济主体造成损害, 但政府征税应当减少对经济体经济行为的不当干扰, 从而体现政府的公平意图。因此, 理想的税收制度应该是超额负担最小的制度，即政府征税应当对市场资源配置保持中性。① 本书的实证研究已经表明商业银行在促进经济发展中的重要作用，考虑到商业银行在构建社会信用体系以及承载社会金融服务方面具有重要作用，因此，在促进银行业的发展时尤其需要税收中性原则，以确保商业银行正常经营活动不受税收无谓干扰。基于此，政府在制定相关商业银行税收政策时，应当遵循税收中性原则，为银行业发展创造良好的外部税收环境。

税收调控原则是政府通过税种的选择、税率的设计和税收优惠政策的制定等形式调节国民经济总量，促进产业结构优化和资源合理配置，以实现政府特定的经济调控目标。② 税收调控原则的一个理论基础就是"市场失灵"，在市场机制有效运行的领域，政府应该坚持税收中性原则，而在市场机制无法有效运行的领域，政府应运用税收调控原则，以弥补市场失灵所造成的效率损失。而经济主体活动所导致的"外部性"是市场失灵的表现之一，2008年金融危机清楚地表明，"大而不倒"的金融机构从事的金融活动具有显著的外部性，高杠杆金融工具的滥用以及信贷泡沫造成的金融负外部性对实体经济，以至于对整个经济系统造成了严重的损害。这种负外部性充分说明对银行业实施税收中性原则是远远不够的，政府有必要遵循税收调控原则，通过制定有效的税收政策对银行机构从事金融活动所产生的金融负外部性加以抑制和矫正。从理论上讲，政府应通过直接税政策与间接税政策，有效控制经济系统中金融产品数量过度膨胀，从而减小金融外部性尤其是金融负外部性所带来的金融不确定因素与系统性金融风险。

综合上述分析，政府在制定相关商业银行税收政策时，应充分把握银行业经营特征与行业特点，从促进金融业发展与维护金融稳定的角度出发，遵循税收中性与税收调控并重的原则，在促进银行发展与提高宏观经济效率的同时注重控制金融风险。

---

① 税收作为打入经济系统中的"楔子"，其对经济的正向与负向影响总是存在的，从经济角度来看，任何税收都会造成税收负担，而且这种税收负担也是必要的宏观成本。

② 闫肃：《中国金融业税收政策研究》，博士学位论文，财政部财政科学研究所，2012年。

（三）结构平衡与服务实体经济原则

"结构平衡与服务实体经济"原则是指政府从宏观经济可持续发展的大局出发，通过制定有效的商业银行税收政策控制金融产品与服务的规模，引导金融资源流入实体经济领域，最终使得金融产业与其他产业的产业规模、金融产品数量与实体经济产品数量始终保持一个合理的比例，从而限制金融过度发展、信贷过度膨胀所造成的整个宏观经济结构失衡，促进实体经济与虚拟经济之间、银行业与其他行业之间的协调发展（闫肃，2012）。2008 年全球金融危机清楚地表明，银行信贷的过度膨胀，高杠杆化，经济资源向金融行业倾斜，不仅会造成制造业转移、实体经济萎缩以及整个社会经济结构失衡，而且会造成系统性金融风险，严重危及经济社会健康发展，因此政府在制定相关商业银行税收政策时应当遵循"结构平衡与服务实体经济"的原则，通过税收工具调控金融产业与金融产品的规模，保持经济社会协调发展。

在市场经济条件下，整个宏观经济在各产业间的资源配置是由各产业的资本回报率决定的。银行业在本质上属于虚拟经济范畴，因而也具有能够脱离实体经济的自我循环和膨胀的运行特征，尤其是银行业凭借有别于其他产业的高负债与低资产的经营特性，往往能够获得高于其他行业平均水平的收益率。在市场经济条件下，资本在各行业之间的流动主要是由各行业资本收益率以及行业准入门槛决定的，在行业准入机制既定的条件下，资本收益率的高低是资本流动的决定性因素，资本必然从收益率低的行业流向收益率高的行业，使得该行业规模不断扩大，欧美等发达国家以及我国东南沿海地区经济与金融发展的路径已经清楚表明，如果政府不采取有效手段加以规范与抑制，银行业凭借自身高资本回报率，将吸引其他产业的资金与人才流入金融业，银行业过度膨胀造成其他产业的逐步萎缩或被迫向其他地区转移，从而形成银行业脱离实体经济空转以及整个经济体系"产业空心化"局面，最终给一国的实体经济发展和经济持续健康发展造成危害。

综上所述，鉴于银行业过度膨胀所造成的巨大经济危害，政府在制定相关商业银行税收政策时，应从宏观经济可持续健康发展的大局出发，遵循"结构平衡与服务经济实体"原则，制定有针对性的税收政策，限制银行资本收益水平，并引导金融资源流向实体经济，以促进实体经济发展，从而在经济总体上保持产业结构平衡，防止"产业空心化"现象与系统性金融风险的产生。

二　优化商业银行税收政策的取向

以下以优化商业银行税收政策的原则为依据，从完善商业银行税制与构建银行金融风险承担税收机制两方面，提出完善我国商业银行税收政策的建议。

（一）完善商业银行税制

1. 推进银行业的"营改增"

本书的实证分析结论表明营业税扭曲银行经济行为，降低经营绩效水平，而且通过银行系统也会对整个宏观经济产生不利影响。对银行业征收营业税的弊端较多，而将银行业的金融服务纳入增值税的征税范围既是世界各国普遍通行的做法，又符合我国"营改增"改革试点的原则。

国际上对银行业征收增值税的实践表明，如果只对银行显性金融服务征收增值税，而对于核心金融服务免税的政策将会扭曲金融消费，降低经济效率，同时也违背银行业增值税设计初衷。[1] 因此，对银行业征收增值税时就应考虑将银行业全部业务纳入增值税征税范围。安永会计师事务所在 2009 年向欧盟提交的报告（*Value - added Taxes: A Study of Methods of Taxing Financial and Insurance Services*）中提出一个尚在理论探讨并逐步试点推行的征税方法：现金流量法（Cash - flow method），以应对银行核心金融服务征税和避免重复征税问题（周刚，2013）。[2]

鉴于此，本部分以代表性商业银行——中国工商银行 2013 年年报数据为例，通过对现行银行金融服务征收营业税（简称全额征收法）、"营改增"试点方案提到的简易征收法、银行金融服务增值税

---

[1]　参见第一章第二节相关内容。
[2]　周刚：《营业税改增值税对银行业的影响研究——基于宁波银行的相关数据分析》，《金融会计》2013 年第 10 期。

标准抵扣法（以下简称抵扣法）以及现金流量法这四种征收方法进行对比分析，提出适于银行业的"营改增"税收政策。周刚（2013）仅仅测算了宁波银行在全额征收法、现金流量法与简易征收法三种方法下的银行流转税的实际税率，而本书在其基础上加入抵扣法，各种银行业流转税征收方法比较如表8-1所示。

表8-1　　　　　　　　　银行业流转税征收方法比较

征收办法	营业税	增值税		
	全额征收法	简易征收法	现金流量法	抵扣法
税基	银行手续费及佣金收入	银行手续费及佣金收入	银行手续费及佣金收入	营业收入总额减去营业支出总额扣除资产减值损失和营业税金及附加后的余额
	贷款利息收入	贷款利息收入	存款利息收入减去贷款利息差收入后的余额	
	金融商品买卖价差收入	金融商品买卖价差收入		
税率（征收率）	5%	3%	7.40%	7.40%
计税公式	营业额×税率	［营业额÷（1+税率）+手续费及佣金额］×征收率	（现金净流入+手续费及佣金收入）×税率	增值额×税率

注：简易征收法计税公式中的营业额特指不含银行手续费和佣金收入的营业额。

需要特别指出的是表8-1中银行金融商品转让业务而获得的收益以及银行投资所获得的投资收益也不纳入抵扣法的应税范围；在现行营业税中银行往来业务不属于营业税征收范围。从税基中我们也可以看出，在银行业"营改增"改革中采用简易征收法相当于变相保留营业税（周刚，2013），未能将银行业纳入增值税抵扣链条。

综合2013年中国工商银行年报数据，我们可以估算出各种征收方法的税基与实际税率，如表8-2所示。

表 8 - 2　　　　　　　　银行业流转税实际税率比较　　　　　单位：万元

征收办法	营业税	增值税		
	全额征收法	简易征收法	现金流量法	抵扣法
税基	748820	707013	409393	409370
税收收入	37441	21210.4	30295	30293
实际税率（%）	6.35	3.5	5.14	5.14

注：实际税率的计算口径为：实际税率 =（税收收入/营业收入）×100%。

从表 8 - 2 我们可知，综合上述 4 种征收方法，我们发现全额征收法，即现行对银行业征收营业税的方法税基最大，税收负担也最高，而简易征收法下银行业"营改增"税收负担最小[①]，现金流量法与抵扣法的税收负担差别不大。综合上述结论，我们认为银行业"营改增"应从以下两个方面着手改革：

（1）银行业"营改增"征收方法的选择。综观国际金融业增值税的征税方法，大体可以分为免税法、零税率法、进项税额固定比例抵扣法等几种模式。然而，我国《营业税改征增值税试点方案》（财税〔2011〕110 号）规定，金融保险业和生活性服务业原则上适用增值税简易计税方法，不得抵扣进项税额，征收率为 3%。简易计税法在本质上类似于以营业收入全额计征的营业税，也无法解决重复征税与行业间增值税链条断裂的问题。对此我们认为，我国应该依据金融机构服务对象的性质，实行组合征税方法。第一，生产性服务：进项税额抵扣法与零税率法。当金融机构服务提供给非出口的增值税纳税人时，按一般纳税人征税方式处理，实行进项税额抵扣法；当金融机构服务提供给出口的增值税纳税人时，实行零税率法，同时允许抵扣购进产品和劳务的进项税额。第二，生活性服务：简易计税法。当金融机构服务提供给非增值税的纳税人（消费者）时，按简易计税法计征，不允许抵扣进项税额。通过采用组合征税方法，消除重复征税，

---

① 与周刚（2013）简易征收法下测算结果不一致的原因在于，本书采用增值税征收率 3% 而周刚采用"营改增"现代服务业增值税率 6% 来测算银行业增值税税收收入，因而周刚测算结果偏高，甚至高于银行业营业税税收收入总额。

保证全社会各行业间的增值税链条有序运行，简化征管，提高我国金融部门与相关产业部门的竞争力。

（2）银行业增值税税率确定。本书在第七章中通过投入产出分析测算了银行业整体增值税的税负平衡点为7.4%。介于目前正在全国推行的交通运输业与现代服务业增值税税率6%—11%之间。基于现金流量法，将其应用于银行业"营改增"征收方面，发现实际税率水平仅为5.14%，与全额征收法所测算的实际税率水平相差不大，也与抵扣法测算的税率水平保持一致。按照标准抵扣法测算的银行业增值税税负平衡点为7.4%，在此临界税率上，银行业"营改增"前后流转税税收负担不会发生变化。在现实经济中，由于银行业营业税税收负担过重，该税负平衡点同时也是实行银行业增值税税率表的上限，如果政策倾向于降低商业银行税收负担，那么银行业实际实行的增值税税率要低于7.4%水平。同时由于与银行业直接相关的其他行业所购买的金融服务增值税进项税可以抵扣，有力地促进下游行业的发展，据本书测算，下游行业中信息传输、计算机服务与软件业的减税幅度高达13.27%。

2. 商业银行企业所得税调整

（1）完善银行税前收入确认和费用扣除标准。金融产品与服务属于虚拟经济的范畴，随着金融衍生工具的丰富，银行业的收入对金融资产价格的变动越来越敏感。为了保证银行经营的稳健，在直接税政策方面，有必要制定针对银行业专门的税前收入确认和费用扣除标准，包括银行资产性收入确认条件、时间期限等。

（2）建立超额累进的企业所得税制，扶持中小银行发展。我国目前为寡头垄断信贷市场环境，并不利于银行业的充分竞争，促进中小银行发展，也不利于信贷资金的有效配置和中小企业融资。英美与德日等国家直接融资市场的建立和发展均表明，银行竞争程度决定了后期金融体系的发展模式。英美两国银行体系竞争程度较高，在后期都产生了发达的证券市场，而德日两国情况正好相反，银行系统较高的集中造就了后期欠发达的证券市场，因此，银行竞争对市场机制的产生起到了深远影响。而目前我国间接融资市场占据主导地位，以银行体系为主的金融结构成为必然的选择，国有大型商业银行在直接融资市场上占据主导地位，中小银行金融产品同质性严重等现实状况也说明缺乏竞争的银行体系也导致我国金融体系僵化的重要原因。参考日本等国企业所得税制，应根据银行资产规模设定累进所得税制，税率的级次以及边际税率的设定要充分考虑效率与公平的原则。

（二）建立银行金融风险承担的税收机制

根据本书第二章的论述，银行是典型的高杠杆企业，随着银行的发展与金融工具的不断增加，银行收入对资产价格的变动也变得较为敏感，也在客观上增加了银行收入的不确定性与风险性。特别是金融危机对商业银行造成巨大冲击，金融风险增大，威胁宏观经济稳定，为了协助银行更有效地防范金融风险，我国应构建银行金融风险承担的税收机制。

1. 关于开征银行税的选择

金融危机以后，西方学者们提出针对银行业征收银行税以矫正金融负外部性。我国学者也提出了自己的见解，郭田勇、赵世宇（2010）[1] 认为，开征银行税的象征意义大于实际意义。从构建银行金融风险承担税收机制角度来看，中国并不适合开征银行税。由于我国银行系统与西方国家有很大区别，四大国有商业银行为国有独资，而英美国家银行股权高度分散，国有独资的性质表明我国银行承载了国家信用，因而征收银行税意义不大。此外，从本书分析可知，我国银行业税收负担要高于世界同类银行水平，再征收银行税无疑加重银行税收负担，从而降低银行经营能力。

因此，当前不适宜对银行业开征银行税，构建银行税收风险承担机制更多地应从完善现有的所得税税收政策出发，重点放在银行呆账税务处理和准备金税前扣除方面。

2. 放宽呆账税务处理程序，改革贷款损失认定方法

为了保证银行体系的偿付能力，银行为不良贷款所提取的准备金是十分必要的。虽然目前国际上还没有对银行贷款损失准备金的计提进行统一规定，但世界各国银行监管当局普遍在建立银行贷款分类制

---

[1]　郭田勇、赵世宇：《开征银行税象征意义大于实际意义》，《资本市场》2010 年第 8 期。

度的基础上，规定了相应的准备金提取标准，以保证银行的偿付能力，维护一国金融稳定。同样，我国也构建了贷款分类制度与贷款损失准备金计提标准，相应的银行呆账税务处理采用的是专项准备金和一般准备金法。由此，结合我国银行发展，对呆账准备与核销的税务处理做出如下改革：

（1）银行计提的贷款损失专项准备金应全部在税前扣除。目前只有银行涉农贷款和中小企业贷款，并且按照规定比例提取的专项准备金才可以在企业所得税前扣除①，我们认为银行按照风险五级分类标准所提取的专项准备金都应该足额在企业所得税前扣除，这样税法规定与银行会计制度保持一致，税后银行融资成本以及信贷成本都不会上升，以鼓励银行足额提取专项准备，并能以专项准备核销坏账。

（2）改革银行贷款损失认定方法，加强税务部门与银行监管部门的配合。借鉴发达国家经验，对于贷款损失超过银行专项准备金的部分，其扣除比例可以采取"一事一议"的方式，由银行监管部门认定贷款损失是否属实，税务部门根据银行监管部门的认定予以相应的税收减免。这样税务部门与银行监管部门相互配合，既能使银行呆账核销行为得到有效监管，又能使银行信贷损失得到及时税前扣除，有利于消除由于银行坏账损失而导致银行提前纳税的情况，降低银行运行风险。同时，关于尚未识别的贷款损失所建立的一般准备金，目前的做法是根据《财政部国家税务总局关于金融企业贷款损失准备金企业所得税税前扣除政策的通知》（财税〔2012〕5号）的规定：本年末准予提取贷款损失准备金的贷款资产余额的1%以内可以在应纳税所得额扣除。显然该比例过低容易引发对银行过度征税的问题，可以根据国家宏观经济与金融形势，对一般准备的比例进行指数化的调整，

---

① 根据《贷款风险分类指导原则》（银发〔2001〕416号）以及《财政部国家税务总局关于金融企业涉农贷款和中小企业贷款损失准备金税前扣除政策的通知》（财税〔2009〕99号）的规定，只有涉农贷款以及中小企业贷款进行风险分类后，按照关注类贷款，计提比例2%，次级类贷款，计提比例25%，可疑类贷款，计提比例50%，损失类贷款，计提比例100%的专项准备金才可以在税前扣除。非涉农贷款和中小企业贷款按照《财政部国家税务总局关于金融企业贷款损失准备金企业所得税税前扣除政策的通知》（财税〔2012〕5号）提取的贷款损失准备金予以税前扣除。

以避免扣除比例一成不变造成部分银行纳税负担过重。①

第三节　促进商业银行税收政策有效实施的配套政策措施

在以上基于商业银行经营特点而提出优化商业银行税收政策措施的同时，我们也从多种政策配合、共同促进银行业发展的角度提出商业银行税收政策配套改革措施。

一　加强银行经营管理，提升银行竞争力

本书的实证分析表明，银行经营绩效水平由盈利能力、发展能力、资产安全能力以及流动性水平组成。而加强银行在盈利性、安全性与流动性方面管理水平，可以提升银行经营绩效水平，最终提升银行竞争力。

（一）引进外资，增强银行资本实力和改善公司治理环境

一方面，引进外资扩充了银行，尤其是中小银行的资本金，有利于缓解当前中小银行业务规模扩张与资本金不足的矛盾，增强银行抵御金融风险的能力，支持银行业务快速发展。另一方面，引进外资直接优化银行股权结构，改善公司治理，这为中小银行逐步按照国际惯例对公司治理进行改革提供参考，同时引入外资股东先进的管理经验与管理技术可以使银行经营管理水平获得一定程度的提升。

（二）强化银行内部管理，降低银行经营风险

分业经营使得当前我国商业银行最主要的风险为信贷风险，银行应构建完善的信贷管理信息系统，覆盖银行信贷业务的全过程，成为信贷风险控制的有效工具。

二　降低实体经济融资成本，稳步推进利率市场化等金融改革

市场经济在微观方面表现为竞争性的市场价格，即企业拥有自主定价权，反映在银行等金融中介机构上就是金融产品价格的自主决

---

① 秦凯：《经济全球化背景下中国商业银行税收制度研究》，西南财经大学出版社2013年版。

定。因为利率是资金的价格，利率市场化其实就是一个逐步发挥市场机制在利率决定中的基础性作用，进而实现资金流向与资源配置不断优化的过程，当前利率市场化虽然取得了一些进展，贷款利率已经放开，但关键的存款利率尚未放开，存款保险制度还未建立，总体上利率还处于严格的管制状态。从经济学的基本理论分析，严格的利率管制虽然在短期内给金融机构带来表面上的稳定性，然而长此以往，带来的是金融效率损失与金融系统风险的积累。严格的利率管制使得利率无法反映资金的供求关系，造成金融产品的供给数量长期无法达到市场最优状态时的数量，由此造成"地下钱庄"盛行以及中小企业融资难的困境，金融负外部性尤为明显。从本书的第三章与第四章的实证研究也证实：一方面存款利率过低使得长期以来我国处于负利率状态，债务成本过低，银行更倾向于扩大储蓄，使得银行享受巨大的制度红利与高额利润，不利于金融效率的提升，也造成银行同质化竞争严重，过度依赖于存贷差收益；另一方面高贷款利率也造成各商业银行存差逐年扩大，而企业却面临着流动性资金趋紧的状况。更为严重的是，当宏观经济出现较大的波动时，利率水平往往不能得到及时调整，扭曲了资金供求关系，进一步加剧了经济波动，从 2007 年至 2008 年上半年经济过热，直到 2008 年年底全球金融危机对宏观经济的冲击，我国经济经历了从大热到大冷的反复，金融系统无法调节，政府不得不实施积极财政政策甚至行政干预等措施以熨平经济周期性波动。

因此，本书建议我国尽快推进利率市场化改革等金融措施，新设并发挥信贷政策支持再贷款与再贴现政策的作用，鼓励和引导金融机构将更多的信贷资源配置到"三农"与"小微企业"等薄弱环节与重点领域。此外，在上文也提到地方政府对金融机构的干预，而且地方政府投资项目和央企部分项目通常对利率变化并不敏感，常常无视利率变化，趋向于任意借贷，利率的杠杆化作用得不到体现。所以要在政府投资领域强调"硬约束"与"去杠杆化"，逐步改变当前金融体制改革滞后于市场经济体制改革的局面。

三　理顺我国财政分权体制，减少地方政府对银行等金融机构的干预

在当前财政分权背景下，地方政府财力与事权不相匹配，导致地方政府财政负担过重，地方政府往往通过加强对本地区银行等金融机构的干预[①]，使得部分信贷资金流向特定的产业、部门和企业，从而降低信贷资金的配置效率，最终影响区域经济发展，该结论在本书考察商业银行税收对区域经济发展的影响时已被证实。因此，应该进一步理顺我国财政分权体制，提高地方政府支出责任与收入权限的匹配程度。完善中央与地方政府的转移支付体制，特别是在地方间经济发展水平不平衡的情况下，调整一般性转移支付资金分配公式，具体可以从两个方面考虑：一是地区标准收入核定问题，考虑地区税收优惠性质，按照不同地区的平均税负水平测算标准收入；二是转移支付系数确定问题，依据各地区经济发展状况，适时调整财政人员供养系数。提高一般性转移支付的规模和比例，逐步取消税收返还以及降低专项转移支付规模，从而降低地方政府的财政压力，改变地方政府干预地方银行等金融中介机构的动机。

此外，地方政府之间的"GDP 锦标赛"、投资冲动也导致了对银行等金融中介机构的干预，造成信贷资金往往配置到低效率甚至亏损的项目上，损害地方经济长远发展能力。鉴于此，根本性的措施就是要改革地方政府绩效评价机制，降低地方投资水平、GDP 增速与财政收入在政府绩效评价发展指标中的权重，提升经济长远发展水平的指标权重，如单位 GDP 能耗降低程度、高新技术产业产值占工业产值比例的指标等。

---

① 中国银行体系虽然已经消除了要求银行直接向国有企业贷款的情况，但是有利于地方财政收入增加的项目仍然会被优先考虑（张璟、沈坤荣，2010）。

附 录

附录 1

根据商业银行的经营特性，融资活动筹集的资金可以看成商业银行"生产投入"，而信贷投放可以看成商业银行"产出"，假设商业银行发放贷款所需要的总资本金 K 来源于以下两个方面：一是债务融资 D，债务融资包含银行吸收的储蓄 D_1 以及银行自有资本中的债权资本 D_2[①]；二是股权融资 S，满足 $K = D_1 + D_2 + S$。同时假设银行总资本金中负债 D_i 的融资比例为 λ_i，$i = 1$，2，那么 $D = \sum\limits_{i=1}^{2} \lambda_i K$，$D_i = \lambda_i K$；股权融资比例为 λ_3 且 $S = \lambda_3 K$。此外，储蓄收益率（银行存款支付利率）为 r_1，银行债权资本收益率 r_2，股权融资成本（股息率）为 r_3。

在信贷市场不完善条件下，一方面，商业银行贷款会产生一定的贷款损失，从而影响银行利润水平，用 δ 表示银行贷款实际损失率。另一方面，为了降低商业银行的风险，商业银行必须提取法定存款准备金，假设法定存款准备金率为 α，则商业银行必须在央行存有 αD_1 的存款准备金，那么银行的资产负债平衡等式为：

$$L = (1 - \alpha) D_1 + D_2 + S \qquad\qquad (1-1)$$

其中，L 表示商业银行每期可贷资金总额，式（1-1）表明，商业银行信贷供给资金的来源有：扣除法定存款准备金后的储蓄余额（1-

---

① 这里的债权资本主要指银行发行的各种金融债券。

$\alpha)D_1$，证券市场融资获得的债务资金和股权资金 $D_2 + S$。进一步整理可得：

$$L = (1 - \alpha\lambda_1)K \tag{1-2}$$

我们在模型中引入税收因素，假设商业银行所面临的营业税税率为 τ[①]，企业所得税税率仍为 θ，税法允许税前抵扣的贷款损失率为 ζ，则企业能够抵扣的最高贷款损失为 ζL。银行债务利息税前抵免，债务利息扣除总额为：

$$R = r_1 D_1 + r_2 D_2 = r_1\lambda_1 K + r_2\lambda_2 K \tag{1-3}$$

进一步，我们得到商业银行的应税利润：

$$\pi = (1 - \tau)\varphi L - R - \zeta L \tag{1-4}$$

其中 φ 为商业银行贷款利息率，式（1-4）表明，应税利润为商业银行税后的贷款利息收益扣除利息支出成本以及税法允许扣除的贷款损失后的余额。

那么扣除企业所得税后商业银行的净资本收入为：贷款利息收入 φL 扣除真实贷款损失 δL 和商业银行缴纳的企业所得税 $\theta\pi$ 后的余额，即：

$$X_n = (\varphi - \delta)L - \theta\pi \tag{1-5}$$

进一步整理可得：

$$X_n = [1 - \theta(1 - \tau)]\varphi(1 - \alpha\lambda_1)K + \theta(r_1\lambda_1 + r_2\lambda_2)K$$
$$- (1 - \alpha\lambda_1)(\delta - \theta\zeta)K \tag{1-6}$$

在均衡条件下，税后商业银行的净资本收入用来支付债权资本利息与股息，进而我们得到包含企业所得税和营业税以及法定存款准备金的银行融资成本：

$$\varphi = \frac{r_3}{[1 - \theta(1 - \tau)](1 - \alpha\lambda_1)}\lambda_3 + \frac{(1 - \theta)r_2}{[1 - \theta(1 - \tau)](1 - \alpha\lambda_1)}\lambda_2$$
$$- \frac{\theta r_1}{1 - \theta(1 - \tau)}\lambda_1 + \frac{\delta - \theta\zeta}{1 - \theta(1 - \tau)} \tag{1-7}$$

---

① Kuprianov（1997）一文并没有考虑营业税对银行融资成本的影响。由于营业税会影响税后净资本收入总量，而净资本收入用来支付股权与债权融资的成本，因此营业税虽然针对贷款利息收入征税，必然会对银行融资成本产生影响，本书通过引入营业税考察这种影响程度。

附录 2

在考虑企业财务风险的情况下，我们首先构建一个一般化企业资本结构调整策略数理模型，再将其应用于商业银行领域。根据权衡理论，当企业债务总量上升时，企业破产成本也相应增加，且为边际递增。这意味着，在面临所得税税率上升情况下，负债水平较低（低杠杆）的企业，随着负债的增加，破产成本增加得较为缓慢，此时，企业提高负债水平带来的边际税收收益高于边际破产成本，企业存在进一步调整资本结构的意愿；而负债水平较高（高杠杆）的企业，随着负债的进一步增加，破产成本增加的幅度更高，此时，企业提高负债水平带来的边际税收收益小于边际破产成本，企业不会进一步调整资本结构，甚至会降低负债水平。反之，企业面临所得税税率下降的情况下，也会做出相反的调整。

通过上述分析我们可知：不同负债水平的企业对税率变化的敏感性不同，即负债率较高的企业对所得税税率下降较为敏感，负债率较低的企业对所得税税率提高较为敏感，企业的资本结构呈现出非对称性调整。基于权衡理论，我们借鉴张志强（2008）、张志强和肖淑芳（2009）以及李增幅和顾研等（2012）的研究，采用 Black – Scholes 模型通过构建卖方欧式期权模型考察企业破产成本，阐明上述税收对企业资本结构非对称调整的机理。

杠杆企业与非杠杆企业价值可以写成：

$$Value_{withdebt} = Value_{nodebt} + R(t, L) - C(L) \tag{2-1}$$

式（2-1）表明，负债融资企业价值可以通过非负债融资及企业价值、债务融资税收收益 $R(t, L)$ 以及破产成本 $C(L)$[①] 来衡量，其中 t 表示企业所得税税率，L 表示资本结构指标，即债务比率。根据权衡理论，企业会权衡负债融资的税收收益和破产成本，以便获得

---

① $C(L)$ 满足二阶可导，即 $C'(L) > 0$ 表示债务比率越高，企业破产风险越大，且 $C''(L) > 0$ 成立。

最大的权衡价值。因此权衡价值可以写成：

$$Value_{withdebt} - Value_{nodebt} = R(t, L) - C(L) \qquad (2-2)$$

企业通过对资本结构进行选择实现其权衡价值最大化，此时最优资本结构为 L^*。式（2-2）的一阶条件为：

$$\frac{dR(t, L^*)}{dL} = C'(L) \qquad (2-3)$$

式（2-3）表明，当边际税收收益与边际破产成本相同时，企业负债融资所获得的权衡价值最大。

接下来，我们分别衡量债务融资税收收益与企业破产成本。

1. 企业债务融资税收收益决定条件

已有的研究包括 MM（1963）都暗含假设企业是无限期生存，这样将获得 $tV_{debt}L$ 的债务融资收益[①]，然而考虑到企业破产的可能性，显然上述研究高估负债融资税收收益，使得所估计的最优资本结构偏离真实最优资本结构。我们假设企业总债务存在一定的期限，在债务期限内，企业不会受到破产威胁，然而一旦在总债务到期时企业资不抵债就会破产。根据企业债务总量账面价值 X、无风险收益率 r 以及债务期限 T，我们可以得出企业债务融资税收收益价值：

$$R(t, L) = Xt \times (1 - e^{-rT}) \qquad (2-4)$$

2. 企业破产成本决定条件

企业破产风险、破产成本是本部分数理模型重点考察的对象，按照上文定义，企业只有在债务到期那一刻才能判断企业是否资不抵债，发生破产，因而该破产成本为一个标准的到期时间为 T 的欧式卖方期权（张志强、肖淑芳，2009；李增福、顾研、连玉君，2012）。采用 Black – Scholes 期权定价模型，破产成本为：

$$C(L) = XN(-d_2) - SN(-d_1) \qquad (2-5)$$

其中，$N(\cdot)$ 表示标准正态分布累积概率函数，S 为企业市场价

值；且满足 $d_1 = \dfrac{\ln\left(\dfrac{S}{X}\right)}{\sigma\sqrt{T}} + \dfrac{\sigma\sqrt{T}}{2}$，$d_1 = \dfrac{\ln\left(\dfrac{S}{X}\right)}{\sigma\sqrt{T}} - \dfrac{\sigma\sqrt{T}}{2}$ 成立。

---

① 这一问题解释参见本书第三章第一节以及 MM（1963）。

将上述债务融资税收收益以及破产成本导入权衡价值最大化中，即通过将式（2-4）与式（2-5）代入式（2-3）中我们可以获得：

$$t \times (1 - e^{-rT}) = N\left[\frac{\ln(L^*)}{\sigma\sqrt{T}} + \frac{\sigma\sqrt{T}}{2}\right] \qquad (2-6)$$

定义最优资本结构为 $L^* = \frac{X}{S}$，即企业债务总量账面价值与企业市场价值的比值，根据式（3-6）我们可以得到最优资本结构：

$$L^* = \exp\left\{probit[t \times (1 - e^{-rT})]\sigma\sqrt{T} - \frac{1}{2}\sigma^2 T\right\} \qquad (2-7)$$

其中，$probit(\cdot)$ 为标准正态分布累积概率函数 $N(\cdot)$ 的反函数，即 $probit(\cdot) = N^{-1}(\cdot)$，考虑到 $t \times (1 - e^{-rT}) \in (0, 0.5)$，那么 $probit[t \times (1 - e^{-rT})]$ 必然小于零。式(3-6)经济学含义为企业最优资本结构与企业所得税税率 t、债务到期时间 T、无风险利率 r 以及企业价值年波动率 σ 有关。

定义 $u(L^*; t) = N\left[\frac{\ln(L^*)}{\sigma\sqrt{T}} + \frac{\sigma\sqrt{T}}{2}\right]$，通过微分中值定理我们可以得到：

$$u'(L_1^*; t)\Delta L_+^* = u'(L_2^*; t)\Delta L_-^* = \Delta t \times (1 - e^{-rT}) \qquad (2-8)$$

其中，$L_1^* \in (L^*, L^* + \Delta L_+^*)$，$L_2^* \in (L^* - \Delta L_-^*, L^*)$。式(2-8)经济学含义为：企业所得税税率变化使得企业资本结构做出相应调整，税率上升 Δt 时企业最优资本结构上升幅度为 ΔL_+^*，同理，税率下降 Δt 时企业最优资本结构下降幅度为 ΔL_-^*，且企业资本结构变化幅度与 $u'(\cdot)$ 相关。

求 $u(L^*; t)$ 的二阶导函数，我们发现：

$$u(L^*; t)'' = \frac{\left[\frac{\ln(L^*)}{\sigma\sqrt{T}} + \frac{3\sigma\sqrt{T}}{2}\right]\exp\left\{-\frac{\left[\frac{\ln(L^*)}{\sigma\sqrt{T}} + \frac{3\sigma\sqrt{T}}{2}\right]^2}{2}\right\}}{\sqrt{2\pi}T\sigma^2 L^{*2}} \qquad (2-9)$$

当 $L^* > \exp(-\frac{3}{2}\sigma^2 T)$ 时，$u(L^*; t)'' < 0$ 成立 $\qquad (2-10)$

当 $L^* = \exp(-\frac{3}{2}\sigma^2 T)$ 时，$u(L^*; t)'' = 0$ 成立 $\qquad (2-11)$

当 $L^* > \exp(-\dfrac{3}{2}\sigma^2 T)$ 时，$u(L^*；t)'' > 0$ 成立 （2 – 12）

将式（2 – 10）、式（2 – 11）以及式（2 – 12）代入式（2 – 7）中，我们可以进一步得到：

当 $\sigma^* > -\dfrac{probit(t - te^{-rT})}{\sqrt{T}}$ 时，$u(L^*；t)'' < 0$ （2 – 13）

当 $\sigma^* = -\dfrac{probit(t - te^{-rT})}{\sqrt{T}}$ 时，$u(L^*；t)'' = 0$ （2 – 14）

当 $\sigma^* < -\dfrac{probit(t - te^{-rT})}{\sqrt{T}}$ 时，$u(L^*；t)'' > 0$ （2 – 15）

需要特别指出的是，将式（2 – 14）代入式（2 – 7）中进一步可以得到：

$$L^{**} = \exp\left\{-\frac{3}{2}probit^2 \ (t - te^{-rT})\right\}^{①} 且 \ \sigma^{**} = \frac{probit(t - te^{-rT})}{\sqrt{T}}$$

（2 – 16）

将式（2 – 13）、式（2 – 14）代入式（2 – 7），并与式（2 – 16）比较，我们可以得到以下三种情形：

当 $L^* < \exp\left\{-\dfrac{3}{2}probit^2(t - te^{-rT})\right\} = L^{**}$ 时，$u(L^*；t)'' < 0$ 成立

（2 – 17）

当 $L^* = \exp\left\{-\dfrac{3}{2}probit^2(t - te^{-rT})\right\} = L^{**}$ 时，$u(L^*；t)'' = 0$ 成立

（2 – 18）

当 $L^* > \exp\left\{-\dfrac{3}{2}probit^2(t - te^{-rT})\right\} = L^{**}$ 时，$u(L^*；t)'' > 0$ 成立

（2 – 19）

我们最终得到如下推论：

（1）当企业最优资本结构低于目标资本结构时，即存在 $L^* < L^{**}$，$u(L^*；t)'' < 0$，由于 $L_2^* < L^* < L_1^*$，可以得到 $u'(L_1^*；t) < u'$

---

① 因为现实经济中，企业价值波动越大的公司，破产的可能性也越高。（3 – 5）式为企业价值波动最小时的最优资本结构，也可称为目标资本结构。

$(L_2^*；t)$，根据式$(3-17)$，$\Delta L_+^* > \Delta L_-^*$成立。经济学含义为：当面临企业所得税税率上升的情形时，企业最优资本结构向上调整的幅度要大于企业所得税税率同样下降时的企业资本结构调整的幅度。

（2）当企业最优资本结构高于目标资本结构时，存在$L^* > L^{**}$，$u(L^*；t)'' > 0$，由于$L_2^* < L^* < L_1^*$，可以得到$u'(L_1^*；t) > u'(L_2^*；t)$，根据式$(3-17)$，$\Delta L_+^* < \Delta L_-^*$成立。经济学含义为：当面临企业所得税税率下降的情形时，企业最优资本结构向下调整的幅度要大于企业所得税税率同样上升时的企业资本结构调整的幅度。

考虑到本书所研究的对象是商业银行，而商业银行是典型的高杠杆企业，上述推论2的结论可适用于商业银行资本结构调整方面。所得税税率变动有关商业银行资本结构调整策略详见第三章第二节有关论述。

参考文献

[1] Acemoglu D. , Aghion P. , Zilibotti F. , "Distance to Frontier, Se-
lection, and Economic Growth", *Journal of the European Economic
association*, Vol. 4, No. 1, 2006.

[2] Akerlof, George A. , "The Market for 'Lemons': Quality Uncer-
tainty and the Market Mechanism", *The Quarterly Journal of Econom-
ics*, Vol. 84, No. 3, 1970.

[3] Anatoli Kuprianov, "Tax Disincentives to Commercial Banking Lending",
Federal Reserve Bank of Richmond Economic, Vol. 83, No. 2, 1997.

[4] Anton Braun R. , "Tax Disturbances and Real Economic Activity In
the Postwar United States", *Journal of Monetary Economics*, Vol. 33,
No. 3, 1994.

[5] Athanassopoulos A. D. , Giokas D. , "The Use of Data Envelopment
Analysis in Banking Institutions: Evidence from The Commercial Bank
of Greece", *Interfaces*, Vol. 30, No. 2, 2000.

[6] Atta – Mensah, Joseph, and Ali Dib, "Bank Lending, Credit
Shocks, and The Transmission of Canadian Monetary Policy", *Inter-
national Review of Economics & Finance*, Vol. 17, No. 1, 2008.

[7] Auerbach A. J. , "Taxes, Firm Financial Policy and The Cost of
Capital: An Empirical Analysis", *Journal of Public Economics*,
Vol. 23, No. 1, 1984.

[8] Auerbach A. J. , Gordon R. H. , "Taxation of Financial Services
Under a VAT", *American Economic Review*, Vol. 95, No. 2, 2002.

[9] Aziz J. , Duenwald C. , "Growth – financial Intermediation Nexus In
China", *International Monetary Fund*, 2002.

[10] Bai C. E. , Du Y. , Tao Z. , Tong S. Y. , "Local Protectionism and Regional Specialization: Evidence From China' s Industries", *Journal of International Economics*, Vol. 63 , No. 2 , 2004.

[11] Barclay, M. J. , and C. W. Smith Jr. , "The Priority Structure of Corporate Liabilities", *Journal of Finance*, Vol. 50 , 1995.

[12] Basu, Sudipta, "The Conservatism Principle and The Asymmetric Timeliness of Earnings", *Journal of Accounting and Economics*, Vol. 24 , No. 1 , 1997.

[13] Baxter M. , King R. G. , "Fiscal Policy in General Equilibrium", *The American Economic Review*, Vol. 83 , 1993.

[14] Bencivenga V. R. , Smith B. D. , "Financial Intermediation and Endogenous Growth", *The Review of Economic Studies*, Vol. 58 , No. 2 , 1991.

[15] Benhabib J. , Spiegel M. M. , "The Role of Financial Development In Growth and Investment" , *Journal of Economic Growth*, Vol. 5 , No. 4 , 2000.

[16] Bernanke, Ben, and Mark Gertler, "Agency Costs, Net Worth, and Business Fluctuations", *The American Economic Review*, Vol. 78 , No. 1 , 1989.

[17] Bernanke, Ben S. , Mark Gertler, and Simon Gilchrist, "The Financial Accelerator in a Quantitative Business Cycle Framework", *Handbook of Macroeconomics* , 1999.

[18] Blanchard, Olivier Jean, and Nobuhiro Kiyotaki, "Monopolistic Competition and the Effects of Aggregate Demand", *American Economic Review*, Vol. 77 , No. 4 , 1987.

[19] Bonin J. P. , Hasan I. , Wachtel P. , "Bank Performance, Efficiency and Ownership In Transition Countries", *Journal of Banking & Finance*, Vol. 29 , No. 1 , 2005.

[20] Brealey, Richard, Hayne E. Leland, and David H. Pyle, "Informational Asymmetries, Financial Structure, and Financial Intermediation", *The Journal of Finance*, Vol. 32 , No. 2 , 1977.

[21] Buera F. J. , Shin Y. , "Financial Frictions and The Persistence of History: A Quantitative Exploration", *National Bureau of Economic Research*, 2010.

[22] Burnside C. , Eichenbaum M. , Fisher J. D. M. , "Fiscal Shocks and Their Consequences", *Journal of Economic Theory*, Vol. 115, No. 1, 2004.

[23] Calvo, Guillermo A. , "Staggered Prices in A Utility – maximizing Framework", *Journal of monetary Economics*, Vol. 12, No. 3, 1983.

[24] C. A. Sims, "Macroeconomics and Reality", *Econometrica*, Vol. 48, No. 1, 1980.

[25] Canbas S. , Cabuk A. , Kilic S. B. , "Prediction of Commercial Bank Failure Via Multivariate Statistical Analysis of Financial Structures: The Turkish Case", *European Journal of Operational Research*, Vol. 166, No. 2, 2005.

[26] Chang, Wen Ya, "Government Spending, Endogenous Labor, and Capital Accumulation", *Journal of Economic Dynamics and Control*, Vol. 23, No. 8, 1999.

[27] Chen X. , Skully M. , Brown K. , "Banking Efficiency In China: Application of DEA to Pre and Post Deregulation Eras: 1993 – 2000", *China Economic Review*, Vol. 16, No. 2, 2005.

[28] Dammon, Robert M. , and Lemma W. Senbet, "The Effect of Taxes and Depreciation on Corporate Investment and Financial Leverage", *The Journal of Finance*, Vol. 43, No. 2, 1988.

[29] DeAngelo, H. , and R. W. Masulis, "Optimal Structure under Corporate and Personal Taxation", *Journal of Financial Economics*, No. 8, 1980.

[30] De la Fuente A. , Marin J M. , "Innovation, Bank Monitoring, and Endogenous Financial Development", *Journal of Monetary Economics*, Vol. 38, No. 2, 1996.

[31] De Mooij, R. A. , "Taxes Elasticity of Corporate Debt: A Synthesis of Size and Variations", *IMF Working Paper*, Vol. 95, No. 11, 2011.

[32] De Mooij, Ruud, and Michael Keen, "Fiscal Devaluation and Fiscal Consolidation: The VAT in Troubled Times", *National Bureau of Economic Research*, No. 17913, 2012.

[33] Dong Y., Hamilton R., Tippett M., "Cost Efficiency of the Chinese Banking Sector: A Comparison of Stochastic Frontier Analysis and Data Envelopment Analysis", *Economic Modelling*, Vol. 36, 2014.

[34] Dreher A., "The Influence of Globalization on Taxes and Social Policy: An Empirical Analysis for OECD Countries", *European Journal of Political Economy*, Vol. 22, No. 1, 2006.

[35] Fatás A, Mihov I., "The Effects of Fiscal Policy on Consumption and Employment: Theory and Evidence", *Centre for Economic Policy Research*, 2001.

[36] Feld, L. P., J. Heckemeyer, and M. Overesch, "Capital Structure Choice and Company Taxation: A Meta – study", *CESifo Working Papers*, No. 3400, 2011.

[37] Feld, Lars P., and Jost H. Heckemeyer, "FDI And Taxation: A Meta – Study", *Journal of Economic Surveys*, Vol. 25, No. 2, 2011.

[38] Fogelberg L., Griffith J. M., "Control and Bank Performance", *Journal of Financial and Strategic Decisions*, Vol. 13, No. 3, 2000.

[39] Gali J., "Government Size and Macroeconomic Stability", *European Economic Review*, Vol. 38, No. 1, 1994.

[40] Gallo J. G., Apilado V. P., Kolari J. W., "Commercial Bank Mutual Fund Activities: Implications for Bank Risk and Profitability", *Journal of Banking & Finance*, Vol. 20, No. 10, 1996.

[41] Giavazzi F., Jappelli T., Pagano M., "Searching for Non – linear Effects of Fiscal Policy: Evidence from Industrial and Developing Countries", *European Economic Review*, Vol. 44, No. 7, 2000.

[42] Givoly, D., et al., "Tax and Capital Structure: Evidence from

Firm's Response to the Tax Reform Act of 1986", *Review of Financial Study*, No. 5, 1992.

[43] Goh P. C., "Intellectual Capital Performance of Commercial Banks in Malaysia", *Journal of Intellectual Capital*, Vol. 6. No. 2, 2005.

[44] Goldsmith, R. W. A., *Perpetual Inventory of National Wealth*, *Studies in Income and Wealth*, New York: NBER, 1951.

[45] Goldsmith R. W., *Financial Structure and Development*, New Haven: Yale University Press, 1969.

[46] Graham, J. R., "Debt and The Marginal Tax Rate", *Journal of Financial Economics*, Vol. 41, No. 1, 1996.

[47] Graham, J. R., "Proxies for the Marginal Tax Rate", *Journal of Financial Economics*, Vol. 42, 1996.

[48] Graham, J. R., M. Lemmon, and J. Schallheim, "Debt, Leases, Taxes, and the Endogeneity of Corporate Tax Status", *Journal of Finance*, Vol. 53, 1998.

[49] Greenwood J., Jovanovic B., "Financial Development, Growth, and the Distribution of Income", *National Bureau of Economic Research*, 1989.

[50] Hancock, Diana, "Bank Profitability, Deregulation, and the Production of Financial Services", *Federal Reserve Bank of Kansas City Research Working Paper*, 1989.

[51] Hemmelgarn, T., and Nicod_ Me, G, "The 2008 Financial Crisis and Tax Policy", *European Commission Directorate – General for Tax and Customs Union Working Paper*, 2010.

[52] Hotelling, Harold, "Analysis of a Complex of Statistical Variables into Principal Components", *Journal of Educational Psychology*, Vol. 24, No. 6, 1933.

[53] Hovakimian, H., T. Opler, and S. Titman, "The Debt – Equity Choice", *Journal of Financial and Quantitative Analysis*, Vol. 36, 2001.

[54] Huang H. C., Lin S. C., "Non - linear Finance – Growth Nex-

us", *Economics of Transition*, Vol. 17, No. 3, 2009.

[55] Huang, Kevin X. D., Zheng Liu, and Louis Phaneuf, "Why Does the Cyclical Behavior of Real Wages Change Over Time", *American Economic Review*, Vol. 54, No. 4, 2004.

[56] Huizinga H. A., "European VAT on financial services", *Economic Policy*, Vol. 17, No. 35, 2002.

[57] Jenkins, Glenn P., Chun – Yan Kuo, Gangadhar P. Shukla, *Tax Analysis and Revenue Forecast – Issues and Techniques*, Cambridge, Massachusetts: Harvard Institute for International Development. Harvard University, 2000.

[58] Jensen, M. C. and Meckling, W. H., "Theory of the Firm: Managerial Behavior, Agency Costs, and Ownership Structure", *Journal of Financial Economics*, Vol. 3, 1976.

[59] Jonsson G., Klein P., "Stochastic Fiscal Policy and The Swedish Business Cycle", *Journal of Monetary Economics*, Vol. 38, No. 2, 1996.

[60] Kareken, John H., and Neil Wallace, "Deposit Insurance and Bank Regulation: A Partial – Equilibrium Exposition", *Journal of Business*, 1978.

[61] Keen, M., and Ruun, D. M., "Debt, Taxes, and Banks", *IMF Working Paper*, 2012.

[62] Kim, Jinill, "Constructing and Estimating a Realistic Optimizing Model of Monetary Policy", *Journal of Monetary Economics*, Vol. 45, No. 2, 2000.

[63] King R. G., Levine R., "Finance, Entrepreneurship and Growth", *Journal of Monetary Economics*, Vol. 32, No. 3, 1993.

[64] King R. G., Levine R., "Capital Fundamentalism, Economic Development, and Economic Growth", *Carnegie – Rochester Conference Series on Public Policy. North – Holland*, Vol. 40, 1994.

[65] Klein, Michael A., "A Theory of the Banking Firm", *Journal of Money, Credit and Banking*, Vol. 3, No. 2, 1971.

[66] Kohers T. , Huang M. H. , Kohers N. , "Market Perception of Efficiency In Bank Holding Company Mergrs: The Roles of The DEA and SFA Models in Capturing Merger Potential", *Review of Financial Economics*, Vol. 9, No. 2, 2000.

[67] Kuprianov, Anatoli, "Tax Disincentives to Commercial Bank Lending", *Economic Quarterly – Federal Reserve Bank of Richmond*, Vol. 83, 1997.

[68] Levine R. , "Stock Markets, Growth, and Tax Policy", *The Journal of Finance*, Vol. 46, No. 4, 1991.

[69] Levine R. , Zervos S. , "Stock Markets, Banks, and Economic Growth", *American Economic Review*, Vol. 88, 1998.

[70] Linnemann L. , Schabert A. , "Fiscal Policy in the New Neoclassical Synthesis", *Journal of Money, Credit and Banking*, Vol. 35, No. 6, 2003.

[71] Lockwood, Benjamin, "How Should Financial Intermediation Services Be Taxed", *CESifo Working Paper: Public Finance*, No. 3226, 2010.

[72] Maekie, M. J. , "Do Taxes Affect Corporate Financing Decisions", *The Journal of Finance*, Vol. 45, No. 5, 1990.

[73] Maisel, Sherman J. , "Risk and Capital Adequacy In Commercial Banks", *NBER Books*, 1981.

[74] Marcus, Alan J. , "Deregulation and Bank Financial Policy", *Journal of Banking & Finance*, Vol. 8, No. 4, 1984.

[75] McGrattan E. R. , "The Macroeconomic Effects of Distortionary Taxation", *Journal of Monetary Economics*, Vol. 33, No. 3, 1994.

[76] McKinnon R. I. , *Money and Capital in Economic Development*, Brookings Institution Press, 1973.

[77] Mendoza E. G. , Razin A. , Tesar L. L. , "Effective Tax Rates in Macroeconomics: Cross – country Estimates of Tax Rates on Factor Incomes and Consumption", *Journal of Monetary Economics*, Vol. 34, No. 3, 1994.

[78] Michalopoulos S. , Laeven L. , Levine R. , "Financial Innovation and Endogenous Growth", *National Bureau of Economic Research*, 2009.

[79] Miller, Merton H. , and Franco Modigliani, "Dividend Policy, Growth, and The Valuation of Shares", *The Journal of Business*, Vol. 34, No. 4, 1961.

[80] Miller, M. H. , "Debt and Taxes", *Journal of Finance*, Vol. 32, 1977.

[81] Modigliani, Franco, and Merton H. Miller, "The Cost of Capital, Corporation Finance and the Theory of Investment", *The American Economic Review*, Vol. 48, No. 3, 1958.

[82] Modigliani, Franco, and Merton H. Miller, "Corporate Income Taxes and the Cost of Capital: a Correction", *The American Economic Review*, Vol. 48, No. 3, 1963.

[83] Morales M. F. , "Financial Intermediation in a Model of Growth Through Creative Destruction", *Macroeconomic Dynamics*, Vol. 7, No. 3, 2003.

[84] Mountford A. , Uhlig H. , "What are the Effects of Fiscal Policy Shocks", *Journal of Applied Econometrics*, Vol. 24, No. 6, 2009.

[85] Obstfeld M. , "Risk – taking, Global Diversification, and Growth", *National Bureau of Economic Research*, 1995.

[86] Orgler, Yair E. , "Implications of Corporate Capital Structure Theory for banking institutions", *Journal of Money, Credit, and Banking*, Vol. 15, 1983.

[87] Pagano M. , "Financial Markets and Growth: an Overview", *European Economic Review*, Vol. 37, No. 2, 1993.

[88] Panicker S. , Seshadri V. , "Devising a Balanced Scorecard to determine Standard Chartered Bank's Performance: A Case Study", *International Journal of Business Research and Development (IJBRD)*, 2013.

[89] Paradi J. C. , Schaffnit C. , "Commercial Branch Performance Evaluation and Results Communication in a Canadian Bank – – a DEA Application", *European Journal of Operational Research*, Vol. 156,

No. 3, 2004.

[90] Pi, L., and Timme S. G., "Corporate Control and Bank Efficiency", *Journal of Banking and Finance*, Vol. 20, 1993.

[91] Poddar S., English M., "Taxation of Financial Services Under a Value – Added Tax: Applying the Cash – Flow Approach", *National Tax Journal*, Vol. 50, No. 1, 1997.

[92] Rioja, Felix, and Neven Valev, "Does One Size Fit All: A Reexamination of The Finance and Growth Relationship", *Journal of Development Economics*, Vol. 74, No. 2, 2004.

[93] R. Hodrick and E. C. Prescott, *Post – war U. S. Business Cycles: An Empirical Investigation*, Mimeo, Pittsbursh: Carnegie – Mellon University, 1980.

[94] Robert Lensink, Aljar Meester, Ilko Naaborg, "Bank Efficiency and Foreign Ownership: Do good institutions matters", *Journal of bank & finance*, Vol. 32, No. 5, 2008.

[95] Robert Solow, "Technical Change and the Aggregate Production Function ", *Review of Economics and Statistics*, Vol. 39, No. 3, 1957.

[96] Roubini N, Sala – i – Martin X., "A Growth Model of Inflation, Tax Evasion, and Financial Repression", *Journal of Monetary Economics*, Vol. 35, No. 2, 1995.

[97] Romer C. D., Romer D. H., "The Macroeconomic Effects of Tax Changes: Estimates Based On a New Measure of Fiscal Shocks", *National Bureau of Economic Research*, 2007.

[98] Romer, Paul M., "Endogenous Technological Change", *Journal of Political Economy*, Vol. 95, No. 5, 1990.

[99] Rotemberg, Julio J., "Monopolistic Price Adjustment and Aggregate Output", *The Review of Economic Studies*, Vol. 49, No. 4, 1982.

[100] Sidrauski, Miguel, "Inflation and Economic Growth", *The Journal of Political Economy*, 1967.

[101] Shackelford D. A., Shaviro D. N., Slemrod J. B., "Taxation and

the Financial Sector", *Working Paper* , Vol. 63 , No. 4 , 2010.

[102] Shaw E. S. , *Financial Deepening in Economic Development* , Oxford University Press, 1973.

[103] Shevlin, T. , "Taxes and Off – Balance Sheet Financing: Research and Development Limited Partnerships" , *Accounting Review* , Vol. 62 , 1987.

[104] Shevlin, T. , "Estimating Corporate Marginal Taces with Asymmetric Tax Treatment of Gains and Losses" , *Journal of the American Taxation Association* , Vol. 12 , 1990.

[105] Slemrod, Joel, and John D. Wilson, "Tax competition with parasitic tax havens" , *Journal of Public Economics* , Vol. 93 , No. 11 , 2009.

[106] Slemrod, Joel, "Lessons for tax policy in the Great Recession" , *National Tax Journal* , Vol. 65 , No. 3 , 2009.

[107] Solow, R. M. , "Technical Change and Aggregate Production Function" , *Review of Economic and Statistic* , Vol. 39 , No. 3 , 1957.

[108] Stiglitz, Joseph E. , and Andrew Weiss, "Credit Rationing in Markets with Imperfect Information" , *The American Economic Review* , Vol. 71 , No. 3 , 1981.

[109] Susan Yang S. C. , "Quantifying Tax Effects under Policy Foresight" , *Journal of Monetary Economics* , Vol. 52 , No. 8 , 2005.

[110] Tadesse S. , "Financial Development and Technology" , *William Davison Institute Working Paper* , 2007.

[111] Wei, Shang – Jin, and Tao Wang, "The Siamese Twins: Do State – Owned Banks Favor State – Owned Enterprises in China?" *China Economic Review* , Vol. 8 , No. 1 , 1997.

[112] Wenjie D. , "Research on Performance Evaluation of Chinese Joint – stock Commercial Banks Based on Factor Analysis" , *Product Innovation Management* (*ICPIM*) , 2011.

[113] West R. C. , "A Factor – analytic Approach to Bank Condition" , *Journal of Banking & Finance* , Vol. 9 , No. 2 , 1985.

［114］Wonglimpiyarat J.，"Management and Governance of Venture Capital：A Challenge for Commercial Bank"，*Technovation*，Vol. 27，No. 12，2007.

［115］Wu D. D.，Yang Z.，Liang L.，"Using DEA – neural Network Approach to Evaluate Branch Efficiency of a Large Canadian Bank"，*Expert Systems with Applications*，Vol. 31，No. 1，2006.

［116］Yue P.，"Data Envelopment Analysis and Commercial Bank Performance：a Primer with Applications to Missouri Banks"，*Federal Reserve Bank of St. Louis Review*，Vol. 74，1992.

［117］Zee H. H.，"A New Approach to Taxing Financial Intermediation Services Under a Value—Added Tax"，*National Tax Journal*，Vol. 58，No. 1，2005.

［118］Zhang Y.，Li L.，"Study on Balanced Scorecard of Commercial Bank In Performance Management System"，*the* 2009 *International Symposium on Web Information Systems and Applications*（*WISA*'09），2009.

［119］［德］阿尔弗雷德·格雷纳（AlfredGreiner）：《财政政策与经济增长》，郭庆旺、杨铁山译，经济科学出版社 2000 年版。

［120］巴曙松、刘清涛、尚航飞、刘芷冰：《银行税的理论探讨与适应性分析》，《金融理论与实践》2010 年第 11 期。

［121］陈宝熙、舒敏：《税收与中小商业银行"三性"关系的实证分析》，《扬州大学税务学院学报》2010 年第 5 期。

［122］陈刚、尹希果、陈华智：《我国金融发展与地方经济增长关系的区域差异分析——兼论分税制改革对金融与经济增长关系的影响》，《金融论坛》2006 年第 7 期。

［123］陈雪芩：《巴塞尔协议Ⅲ框架下探寻银行最优资本结构》，《财会月刊》2011 年第 30 期。

［124］［美］达摩达尔·N. 古扎拉蒂（Damodar N. Gujarati）：《计量经济学》，林少宫译，中国人民大学出版社 2000 年版。

［125］戴维·罗默（David Romer）：《高级宏观经济学》，王根蓓译，上海财经大学出版社 2003 年版。

［126］杜莉、张苏予：《增值税扩围对金融业货物劳务税收负担的影响》，《税务研究》2011 年第 10 期。

［127］高培勇、杨之刚、夏杰长主编：《中国财政经济理论前沿》，社会科学文献出版社 2005 年版。

［128］高铁梅：《计量经济分析方法与建模》，清华大学出版社 2006 年版。

［129］龚刚、陈琳：《供给推动——论经济增长方式转型中的财政政策》，《南开经济研究》2007 年第 2 期。

［130］龚光明、邵曙阳：《影响我国商业银行资本结构因素的实证分析》，《武汉金融》2005 年第 7 期。

［131］郭庆旺、贾俊雪、刘晓路：《财政政策与宏观经济稳定：情势转变视角》，《管理世界》2007 年第 5 期。

［132］哈维尔·弗雷克斯、让·夏尔·罗歇：《微观银行学》，西南财经大学出版社 2000 年版。

［133］郝其荣：《"营改增"对服务业税收负担的影响——基于江苏省投入产出表的分析》，《金融纵横》2013 年第 12 期。

［134］何骏：《上海增值税改革对现代服务业的影响测算及效应评估》，《经济与管理研究》2012 年第 10 期。

［135］何贤杰、朱红军、陈信元：《政府多重利益驱动与银行信贷行为》，《金融研究》2008 年第 6 期。

［136］胡援成、程建伟：《董事会与公司治理：债务资本视角的实证研究》，《商业经济与管理》2008 年第 12 期。

［137］黄颖倩、饶海琴：《基于经营绩效视角的我国商业银行营业税改革》，《金融经济》2012 年第 22 期。

［138］康继军、张宗益、傅蕴英：《中国经济转型与增长》，《管理世界》2007 年第 1 期。

［139］冷毅、冷报德：《企业所得税对银行负债率与风险的影响研究评析》，《税务研究》2014 年第 1 期。

［140］李珂：《优化支持新型农村金融机构可持续发展的财政政策研究——以中西部地区为例》，《财会研究》2010 年第 14 期。

［141］李伟、铁卫：《税收负担影响中国银行业经营绩效的实证分

析》，《统计与信息论坛》2009 年第 7 期。

[142] 李文宏：《中国银行税制结构选择》，《国际金融研究》2005
年第 2 期。

[143] 李喜梅：《"三性"原则下中国上市商业银行资本结构与绩效
关系研究》，《管理世界》2011 年第 2 期。

[144] 李庚寅、张宗勇：《我国银行业的市场结构、税收负担与绩
效》，《审计与经济研究》2005 年第 4 期。

[145] 李宇乐：《我国上市商业银行资本结构影响因素分析》，《现代
商贸工业》2010 年第 9 期。

[146] 李增福、顾研、玉君：《税率变动、破产成本与资本结构非对
称调整》，《金融研究》2012 年第 5 期。

[147] 刘伟、李绍荣：《转轨中的经济增长与经济结构》，中国发展
出版社 2005 年版。

[148] 刘毅：《"营改增"对商业银行的影响预测》，《财会月刊》
2014 年增刊。

[149] 刘渊、于建朝、马小凤：《中国上市商业银行资本结构的影响
因素实证分析》，《东北农业大学学报》（社会科学版）2011
年第 4 期。

[150] 娄权：《上市公司税负及其影响因素分析——来自沪深股市的
经验数据》，《财会通讯》2007 年第 3 期。

[151] 卢立军：《浅议农村金融税收政策对农村信用社发放贷款的影
响——以吉林省临江市为例》，《吉林金融研究》2012 年第
3 期。

[152] 路君平、汪慧姣：《银行业税负比较分析及其对银行经营绩效
的影响》，《财政研究》2008 年第 2 期。

[153] ［美］穆斯格雷夫（Musgrave，R. A.）：《美国财政理论与实
践》，邓子基、邓力平编译，中国财政经济出版社 1987 年版。

[154] 潘文轩：《"营改增"试点中部分企业税负"不减反增"现象
释疑》，《广东商学院学报》2013 年第 1 期。

[155] 秦凯：《经济全球化背景下中国商业银行税收制度研究》，西
南财经大学出版社 2013 年版。

[156] 善婧：《中国银行业税收负担比较分析》，《现代商贸工业》2010 年第 22 期。

[157] 沈坤荣、孙文杰：《投资效率、资本形成与宏观经济波动——基于金融发展视角的实证研究》，《中国社会科学》2004 年第 6 期。

[158] 师文明、王毓槐：《金融发展对技术进步影响的门槛效应检验——基于中国省际面板数据的实证研究》，《山西财经大学学报》2010 年第 9 期。

[159] 舒敏、林高星：《透过"三性"看税制对中小商业银行的影响》，《郑州航空工业管理学院学报》2010 年第 6 期。

[160] 孙浦阳、武力超、付村：《银行不同所有制结构与经营绩效关系——基于中国 47 家不同所有制银行的面板数据分析》，《数量经济技术经济研究》2010 年第 12 期。

[161] 宋光辉、郭文伟：《我国商业银行盈利性、增长性和充足性分析》，《特区经济》2007 年第 2 期。

[162] 肖皓、赵玉龙、祝树金：《金融业"营改增"福利效应的动态一般均衡分析》，《系统工程理论与实践》2014 年增刊。

[163] 熊东洋：《缩小我国区域经济发展差异的税收政策研究》，《税务与经济》2012 年第 4 期。

[164] 徐为人：《银行税理论与实践研究》，《税务研究》2011 年第 2 期。

[165] 童锦治、吕雯：《我国银行业实际税负水平对其盈利能力影响的实证研究》，《税务与经济》2010 年第 2 期。

[166] 王定祥、刘杰、李伶俐：《财政分权、银行信贷与全要素生产率》，《财经研究》2011 年第 4 期。

[167] 辛浩、王韬、冯鹏熙：《商业银行税制影响的国际比较和实证研究》，《国际金融研究》2007 年第 12 期。

[168] 徐洁、吴祥纲：《中国银行业税收负担与银行"三性"关系实证分析——基于中国 16 家上市商业银行数据》，《中国流通经济》2013 年第 4 期。

[169] 许伟、陈斌开：《银行信贷与中国经济波动》，《经济学季刊》

2009 年第 18 卷。

[160] 薛薇：《银行税收理论与制度研究》，经济管理出版社 2011 年版。

[171] 王立勇、高伟：《财政政策对私人消费非线性效应及其解释》，《世界经济》2009 年第 9 期。

[172] 王小鲁、樊纲：《中国经济增长的可持续性——跨世纪的回顾与展望》，经济科学出版社 2000 年版。

[173] 王莹：《金融业增值税现实考察和路径选择》，《税收经济研究》2013 年第 4 期。

[174] 魏陆：《中国金融业实施增值税改革研究》，《中央财经大学学报》2011 年第 8 期。

[175] 伍志文、鞠方、赵细英：《我国银行存差扩大成因的实证分析》，《财经研究》2004 年第 4 期。

[176] 闫肃：《中国金融业税收政策研究》，博士学位论文，财政部财政科学研究所，2012 年。

[177] 杨飞：《中国金融企业税收负担研究》，博士学位论文，西南财经大学，2010 年。

[178] 杨林、迁婕：《中国商业银行税收负担与经营绩效相关性的脉冲响应分析》，《税收经济研究》2013 年第 5 期。

[179] 杨默如：《我国金融业改征增值税的现实意义、国际经验借鉴与政策建议》，《财贸经济》2010 年第 8 期。

[180] 杨万东：《商业银行存贷差问题讨论综述》，《经济理论与经济管理》2006 年第 6 期。

[181] 易纲、樊纲、李岩：《关于中国经济增长与全要素生产率的理论思考》，《经济研究》2003 年第 8 期。

[182] 尹恒：《银行功能重构与银行业转型》，中国经济出版社 2006 年版。

[183] 尹希果、陈刚、潘杨：《分税制改革、地方政府干预与金融发展效率》，《财经研究》2006 年第 10 期。

[184] 尹音频：《对金融税收的效应分析》，《四川财政》2000 年第 1 期。

[185] 尹音频：《金融业流转税负的影响因素分析》，《财经科学》2003 年第 1 期。

[186] 余利丰、邓柏盛、王菲：《金融发展与中国生产率增长——随机前沿分析的视角》，《管理科学》2011 年第 4 期。

[187] ［美］约瑟夫·E. 斯蒂格利茨（Josep hE. Stiglitz）：《公共部门经济学》，郭庆旺等译，中国人民大学出版社 2005 年版。

[188] 曾富全、吕敏：《西部开发税收优惠效果与北部湾经济区选择——以广西上市公司税负水平为实证分析》，《学术论坛》2009 年第 4 期。

[189] 曾庆宾、冯晓燕：《完善银行业税收政策减轻银行业税收负担》，《南方金融》2006 年第 1 期。

[190] 张鹤：《商业银行资本结构、投资策略与宏观经济波动》，经济科学出版社 2010 年版。

[191] 张洁颖、郭晓峰：《财政自动稳定器及其在经济波动中的效力分析》，《江西社会科学》2007 年第 5 期。

[192] 张杰：《国有银行的存差：逻辑与性质》，《金融研究》2003 年第 6 期。

[193] 张璟、沈坤荣：《地方政府干预、区域金融发展与中国经济增长方式转型——基于财政分权背景的实证研究》，《南开经济研究》2008 年第 6 期。

[194] 张军、金煜： 《中国的金融深化和生产率关系的再检测：1987—2001》，《经济研究》2005 年第 11 期。

[195] 张维：《金融机构与金融市场》，科学出版社 2008 年版。

[196] 张馨等：《当代财政与财政学主流》，东北财经大学出版社 2000 年版。

[197] 张志强、肖淑芳：《节税收益、破产成本与最优资本结构》，《会计研究》2009 年第 4 期。

[198] 赵以邗、张诚、胡修林：《金融业营业税对我国银行业发展的影响分析》，《武汉金融》2009 年第 7 期。

[199] 赵志耘、杨朝峰：《中国全要素生产率的测算与解释》，《财经问题研究》2011 年第 9 期。

［200］ 郑慧：《我国商业银行存贷差扩大原因的实证分析》，《山西农业大学学报》（社会科学版）2010 年第 6 期。

［201］ 周立：《渐进转轨、国家能力与金融功能财政化》，《财经研究》2005 年第 2 期。

［202］ 周立、王子明：《中国各地区金融发展与经济增长实证分析：1978—2000》，《金融研究》2002 年第 10 期。

［203］ 周志波、刘建徽、田婷：《我国金融业增值税改革模式研究》，《财经问题研究》2013 年第 12 期。